CRIMINEEL ETEN

Marian Husken

Crimineel eten

Aan tafel met de onderwereld

Uitgeverij Balans

Omslagontwerp Moker Ontwerp
Foto auteur Hans van den Bogaard
Typografie en zetwerk Peter Verwey, Heemstede
Druk Bariet, Steenwijk
ISBN 978 94 600 3082 6
NUR 339

facebook.com/uitgeverijbalans
twitter.com/balansboeken
instagram.com/uitgeverijbalans

'Mensen zijn kokende apen.'
Richard Wrangham, biologisch antropoloog Harvard University in *Koken. Over de oorsprong van de mens*

'Leave the gun. Take the cannoli.'
'Peter Clemenza' in *The Godfather*

INHOUD

VOORAF

'Gewoon: een hapje eten en een drankje drinken', zó omschreef Willem Holleeder zijn dagelijkse activiteiten aan zijn rechters. Eten speelt een centrale rol in het criminele leven. Dat geldt niet alleen voor Amsterdamse topcriminelen. Misdadigers over de hele wereld blijken graag af te spreken bij een broodjeszaak, een wegrestaurant, een pizzeria of een Japans eethuis om er hun zaken te regelen. Is dit inderdaad de *way of live* van een boef in de georganiseerde misdaad? Of is het de culturele erfenis van de gangsters en de maffiosi uit films en boeken zoals *The Godfather, The Sopranos* of *Goodfellas*?

Crimineel eten biedt een blik in de keuken van gangsters. Voor dit boek heb ik onderzoek gedaan naar de 'all time favorites' van de penoze in Nederland, maar ook van *the Mob* in New York en het land van hun herkomst: Italië.[1] Ik at in veel van hun favoriete restaurants en broodjeszaken of kookte hun geliefde gerechten. Ik ploegde door politie- en justitiedossiers en las stapels boeken van maffia-spijtoptanten, undercoveragenten, misdaadjournalisten en biografieën van godfathers, onder wie Al Capone en Klaas Bruinsma. Ook keek ik urenlang films, documentaires en tv-series. Ik sprak met criminologen en andere deskundigen en natuurlijk ook met criminelen en drugsbaronnen. Komt hun voorkeur voor lekker en veel eten voort uit de armoede uit hun jeugd? Of konden ze hun criminele winsten eigenlijk nergens anders voor gebruiken? Of onderscheid je je in de maffia door je eetgedrag? Is het met elkaar eten een manier om respect te tonen?

Wat bleek? Wát en waar je eet bepaalt voor een belangrijk deel je status in het criminele circuit. Snel verdiend geld wordt grif uitgegeven in toprestaurants. Sterker nog: 'Maffiosi in een zaak staan garant voor kwaliteit. Hun aanwezigheid is vergelijkbaar met een Michelin-ster,' aldus een culinair recensent.

Eten staat ook centraal binnen de gevangenismuren. Echte 'mannen van eer' koken in de bajes het liefst zélf. 'Eigen pastasaus bereiden is net als het liefdesspel. Telkens ietsje anders. Maar het resultaat zorgt voor een glimlach op je gezicht,' noteerde een Amerikaanse maffiabaas in het kookboek dat hij na zijn detentie schreef. De Nederlandse drugsbaron Greg R. was daarom maar wat blij met zijn butagasstelletje in zijn Italiaanse cel, vertelde hij me. Als topcriminelen zelf geen keukenprinsen zijn, laten ze medegedetineerden een uitvoerige maaltijd bereiden. Zo liet Heineken-ontvoerder Cor van Hout een medegevangene – een Italiaanse kok – op zijn kosten voor hem koken toen hij achter de tralies zat.

Crimineel eten geeft inzicht in de manieren waarop het 'goede leven' en het 'slechte pad' met elkaar zijn verweven. Waar komt de fascinatie van crimineel en niet-crimineel met het eten van de maffia eigenlijk vandaan? Waar halen de peetvaders bij voorkeur hun broodje of waar gaan ze dineren? Waarom willen misdadigers investeren in een restaurant of een pizzeria? Hoe komt het dat er zoveel liquidaties plaatsvinden in of bij eetgelegenheden? En wat bespreken de criminelen bij het eten van hun Hollandse biefstuk of hun Italiaanse pasta?

Tot slot: de favoriete recepten van 's werelds grootste schurken en soms ook van 'la mamma' of 'la nonna'.

1 HET MENU VAN DE GODFATHER

De legendarische Joe '*the Boss*' Masseria (1879-1931) zou John's nog altijd kunnen binnenstappen. De in Sicilië geboren maffiabaas woonde hier in New York om de hoek.

Het witte damast op de tafels van zijn favoriete buurtrestaurant is gesteven. Het menu is onveranderd: de befaamde *chicken parmigiana* prijkt nog steeds op de kaart. Het kapsel van de obers – een stevige vetkuif en grijze slapen – is rechtstreeks ontleend aan de mode van weleer. Het etablissement aan 302, East 11th Street, New York, heeft van oudsher een vergunning als cocktailbar. De candelabra's achter in de zaak werden voor het eerst in 1933 aangestoken. Toen werd na dertien jaar het einde van het verbod op alcohol – de Amerikaanse drooglegging – gevierd. Het zijn nu indrukwekkende sculpturen van kaarsvet.

De obers hebben nog altijd speciale aandacht voor een tafel met blonde vrouwen met 'big hair'. Gangsterliefjes zitten immers uren bij de kapper. De mannen zwermen voortdurend om hen heen. Voor Europese begrippen zijn de porties *Fettuccine Alfredo* of *Meatballs* met spaghetti van John's gigantisch. Dat zijn ze kennelijk ook voor de roddelende oudere dames uit de buurt die aan een belendende tafel naast ons zitten: de plastic zakken naast hun stoelen zijn gevuld met grote witte dozen, *doggy bags* voor thuis.

In dit restaurant kan, net als in oude tijden, alleen contant worden afgerekend. Op een officiële bon moet niet worden gerekend.

Wie zich verdiept in 'crimineel eten' kan niet om New York City heen. Hier begint de maffia-eetgeschiedenis. Vanaf het begin van de twintigste eeuw verrezen in deze stad de eetcafés en restaurants van de Italiaanse migranten uit Europa. Het is ook de tijd dat de Verenigde Staten voor het eerst kennismaakten met de georganiseerde misdaad. De bendes van Ieren en Oost-Europese Joden gingen de Italianen voor, maar die waren minder gedisciplineerd dan de grote *famiglia's*. De Italianen toonden zich trots op hun eigen voedsel. Mulberry Street in de wijk Little Italy lijkt er tot op heden van te getuigen. Het is een waar openluchtmuseum.

'John's restaurant was de locatie waar opnamen werden gemaakt voor de tv-series *Boardwalk Empire* en *The Sopranos*,' vertelt Eric Ferraro me. Hij is zelf vierde generatie immigrant uit Italië en neef van de beroemde bakkerij Ferraro op de hoek van Mulberry Street. 'Als je de echte traditonele *cannoli* wilt proeven, moet je daar zijn.' Volgens mijn rondleider in New York wil deze bakker Ferraro zeker niet worden verward worden met die andere *Paticceria Caffé Roma*, op de hoek met Broome Street, die voor een deel in maffiahanden was. Ook die bakkerij klopt zich in 2015 nog altijd op de borst vanwege zijn cannoli, de veelgeprezen gefrituurde deegrolletjes die zijn gevuld met verse ricottacrème, kleine stukjes gekonfijte zuidvruchten, noten en soms ook nog stukjes chocolade.

Eric Ferraro is makelaar en buurthistoricus en werkt eveneens als locatiescout voor de filmindustrie. Hij schreef onder andere, met de hulp van misdaadjournalisten en wetenschappers, de *Manhattan Mafia Guide*.[1] Hij verontschuldigt zich meteen voor het overzicht dat hij maakte van de criminele geschiedenis in de wijken waar hij opgroeide. 'Mijn boek is niet bedoeld om de maffia te verheerlijken, of Italiaanse Amerikanen in een slecht daglicht te plaatsen,' zegt hij.

Etnische afkomst luistert nog altijd nauw in de Verenigde Staten. Ferraro's familie bestond voor de helft uit *cops*, de andere helft had zich destijds aangesloten bij de maffia, legt hij uit. 'De scheidslijn tussen goed en kwaad liep soms door de families heen. Dat was niet alleen bij ons zo.'

Wie met Ferraro door de Lower East Side loopt, hoort het laatste nieuws. Veel zaken blijken nog altijd in het bezit van een van de vijf maffiafamilies die New York in de vorige eeuw onderling hadden verdeeld: Gambino, Colombo, Bonanno en Lucchesse en de Genovese-clan, waarbinnen Joe '*the Boss*' Masseria en diens rechterhand en latere opvolger Charley '*Lucky*' Luciano (1897-1962) de dienst uitmaakten. Ferraro legt uit hoe vroeger de maffia landgenoten geld vroeg in ruil voor protectie tegen andere bendes. 'Dat ging niet om extreem hoge bedragen. Je gaat een koe immers niet meteen in één keer leegmelken. Die vele kleine bedragen bij elkaar zorgden echter wel voor een goed inkomen van de maffiosi.'

Tegenwoordig wonen in de Lower East Side mensen met een meer dan bovenmodaal inkomen. De appartementen zijn gewild. 'In de *tenements*, de sociale huurkazernes, huisden in de jaren twintig en dertig de grote immigrantengezinnen,' vertelt Ferraro. 'Op de ijzeren brandtrappen kweekten de Italianen hun eigen groenten en tomaten. Tussen de stoeptegels groeide de basilicum. Ze bleven er hun hele leven wonen.' Dat gold ook voor veel maffiabazen, volgens de buurthistoricus. 'Die capo's hadden vaak al genoeg geld bij elkaar geharkt om elders in de stad luxer te gaan wonen, maar ze bleven liever in de buurt bij hun eigen mensen. Dan voelden ze zich veilig.'

De rijk geworden gangsters leven nu vooral in de *suburbs*, legt hij uit tijdens de rondgang door de wijk. 'Ze zijn in de tweede helft van de twintigste eeuw vertrokken naar New Jersey. Daar wonen de *bosses* hoog in de heuvels. Er staan grote hekken om hun villa's. Er is bewaking. Maar iedereen weet je ook daar precies te vertellen wie tot the Mob behoort, net als vroeger in Little Italy.'

Kreeft

De Italiaanse maffiafamilies mogen dan uit Mulberry Street zijn vertrokken, de huidige uitbaters van de restaurants in Little Italy – meestal Oost-Europese migranten – doen er alles aan om de herinnering aan hen levend te houden. Die hebben heel bewust Italianen ingehuurd als 'stoepiers' – mannen die buiten het 'authentieke' Italiaanse eethuis promoten en vooral toeristen naar binnen moeten lokken. De obers worden gerekruteerd uit de allergoedkoopste arbeidskrachten die er zijn te vinden: Mexicanen en Chinezen. Maar ook zij houden de Italiaanse schijn op. Bij het aanbevelen van de gerechten op de menukaart strooien ze kwistig met uitdrukkingen in gebroken Italiaans. De etalages van de restaurantjes zijn getooid met foto's van de beruchte en beroemde Italiaans-Amerikaanse kopstukken uit het maffiaverleden. Maar ook de acteurs uit *The Sopranos* ontbreken niet aan de muur of achter het raam.

Umberto's Clam House, waar de mobsters graag kwamen eten, is verhuisd naar de overkant. Op het oude adres, Mulberry Street 129, zit nu Da Gennaro. De aria's van Verdi, gezongen door Enrico Caruso, moeten er de Italiaanse sfeer van vroeger versterken. Op het menu bij dit restaurant staan typisch Siciliaanse gerechten. De *carciofo ripiene*, gevulde artisjokken met knoflook, olijven, tomaat en broodkruim, zou bereid kunnen zijn door *la nonna* – een grootmoeder.

Bij Grotta Azzura, op de hoek van Mulberry Street en Broome Street, waaien de klanken van Frank Sinatra's *I did it my way* je buiten al tegemoet. De favoriete crooner van de maffia was hier zelf een veel geziene gast. Op de kaart staat het lievelingseten van maffiabaas Joe Masseria, die niet alleen in John's kwam, maar hiernaartoe ging als hij iets te vieren had. Dan kwam er *kreeft à la Fra Diavola* op tafel: een schaal vol schelpdieren, een pittige tomatensaus en linguine.

Aan de tafel naast mij zitten twee Russische zakenlieden met een slab om te genieten van hun kreeften die ze wegspoelen met de duurste champagne van de kaart: Christal Louis Roederer à 400 dollar per fles. In de ogen van de Italianen hebben de Oost-Europese *bizznizz-men* geen smaak. Die Russen bestellen gewoon het duurste van de kaart. Of soms zelfs het hele menu in één keer. Zo ook deze Russen in Little Italy. Hun tafel staat vol met nog veel meer gerechten.

Minestrone

De geschiedenis van de maffia in Amerika heeft eindeloos veel boeken en rapporten opgeleverd over immigranten die de weg naar een beter bestaan vonden via de misdaad. East Manhattan raakte destijds door de toestroom van Italiaanse immigranten overbevolkt, maar tegelijkertijd draaide de economie als nooit tevoren. De buurt telde talloze Italiaanse kruideniers, groentezaken, naaiateliers, cafés en restaurants. Er was vraag naar vertrouwde producten uit het moederland: citroenen, olijfolie en wijn. Artisjokken voor de *minestrone* werden geïmporteerd uit Californië. Er werd, kortom, eerlijk geld verdiend. Dat geld hield de belofte in van een beter leven. Ook degenen die het slechte pad op wilden, zagen hun kansen in deze wijken groeien. Al was het slechts een klein percentage van de totale groep nieuwkomers – drie tot vier procent – die zich bezighield met misdaad.

Aanvankelijk bleef de criminaliteit in Little Italy beperkt tot vechtpartijen en diefstal, maar daar kwam al snel een nieuw fenomeen bij: afpersing. Wie weigerde om het afgedwongen protectiegeld te betalen, kreeg te maken met geweld of ontvoering van de kinderen. De criminelen schrokken nergens voor terug, ze chanteerden ook beroemde personen. Een van hun slachtoffers was de Italiaanse operazanger Caruso. Hij had zijn afpersers tweeduizend dollar betaald, maar toen dat uitlekte in de media volgden er nog veel meer dreigbrieven van andere bendes aan het adres van de tenor. Sterker nog, de eerste bende afpersers eiste nóg eens vijftienduizend dollar[2] van de vermaarde zanger. Als hij niet aan hun wens tegemoet kwam, wisten ze hem te vinden, schreven ze.

De slachtoffers deden nauwelijks aangifte van de bedreigingen. En als dat wel gebeurde, kwamen de zaken bijna nooit voor de rechter.[3]

Italiaans fruit

De maffiosi bestalen in het begin alleen hun landgenoten, pas in latere jaren kreeg *La Cosa Nostra* ook belangen in andere Amerikaanse bedrijven en organisaties. Een van de standaardwerken over de groei van de maffia is van de hand van Thomas Repetto: *American Mafia. A Hisory of his Rise and Power* (2004). Repetto was professor aan het City University College of Criminal Justice in New York en twintig jaar lang ook president van New Yorks Citizens Crime Commission. Hij verhaalt over de grote oorlogen tussen de vijf Italiaans-Amerikaanse misdaadclans en hun invloed op de samenleving. Bij hem vind je geen 'troebele romantiek', maar beschrijvingen van de rauwe werkelijkheid van de maffiosi. Het zuiden van de Verenigde Staten was de eerste natuurlijke bestemming geweest voor de Italiaanse immigranten vanwege het overeenkomstige klimaat. In de jaren daarvoor was eerst al de export van Italiaans fruit naar Amerika op gang gekomen, de arme Siciliaanse landarbeiders reisden gewoon het voedsel achterna. Zo belandden ze in New Orleans, maar ook in de grootste zeehaven ter wereld: New York. Hun slechte reputatie ging de Sicilianen vooruit. De schrijver Alexandre Dumas[4] had de agrarische gemeenschap op het Italiaanse eiland al omschreven als 'een paradijs bevolkt door demonen'. Maar volgens Repetto namen de Italianen in hun nieuwe land alleen maar de slechte gewoonten over van migranten uit Ierland, Polen en de Joden uit Oost-Europa die hun waren voorgegaan. Het waren gewoonten die al diepgeworteld waren in het leven van de Amerikaanse stedelingen. Ook die eerdere migranten hadden bendes gevormd. Pas toen de Italianen zich gingen bezighouden met valsemunterij kwamen ze als groep bovendrijven. Door nepdollars te drukken en te verspreiden overschreden ze niet alleen de wet van de staat waarin ze woonden. Valsemunterij was een ander soort – een federaal – misdrijf waarop hoge straffen stonden. Door vals geld in omloop te brengen schopten ze tegen de schenen van 'uncle Sam' zelf aan – de overheid van de Verenigde Staten dus. Om valsemunterij te bestrijden was in 1865 de *Secret Service* opgericht. De geheime dienst diende met alle voorhanden zijnde middelen te voorkomen dat het Amerikaanse volk zijn vertrouwen verloor in de waarde van de dollar. De eerste Italiaanse criminelen die zich bezighielden met valsemunterij liepen daardoor een extra groot risico om te worden gepakt.

Er was volgens Repetto echter nog meer waardoor de Italiaanse misdadigers zich onderscheidden van leden van andere migrantenbendes. De leden van die groepen schoten elkaar bij de minste of geringste onderlinge belediging overhoop. Als hun leider werd opgepakt, viel daarna de bende uit elkaar. Maar de Italianen hadden sinds ze zich in Amerika hadden gevestigd een meer zakelijke instelling gekregen, volgens deze hoogleraar. Zij vochten elkaar de tent niet uit, maar sloten al snel onderlinge bondjes en verdeelden de stad in territoria. Hun bendes gingen daardoor steeds meer lijken op ondernemingen uit de bovenwereld, al hielden ze zich niet aan de wetten die daar golden. De Italiaans-Amerikaanse criminelen werkten nationaal en soms zelfs internationaal samen om hun gemeenschappelijke belangen veilig te stellen. Als een van hun leiders werd opgepakt, kon de organisatie gewoon blijven doorgaan met haar criminele activiteiten. Maar om deze Italianen nu maar meteen te benoemen als een nieuw soort 'supercrimineel', zoals de Amerikaanse pers deed, dát ging Repetto te ver. Dat was volgens hem niet zo.

Toch was er wel degelijk wat aan de hand.

Soepsteen

Een Britse historicus, Mike Dash, kleurde nadien het beeld van de eerste Italiaanse criminele immigranten in New York nader in. Dat deed hij aan de hand van nooit eerder gepubliceerde documenten uit de archieven van de Amerikaanse geheime dienst, oude rechtbankverslagen en privécorrespondentie. Het leverde een fascinerend boek op over *The First Family* – de eerste maffiaclan in New York, de Morello-familie. Dash geloofde niet dat de Italiaanse criminelen het gedrag van hun Ierse, Poolse en Joodse voorgangers in de Amerikaanse misdaad hadden gekopieerd, integendeel. De Sicilianen hadden in Amerika meteen hun eigen unieke vorm van georganiseerde misdaad geïntroduceerd. Zij waren de voorlopers geweest van de maffia in hun moederland die uitzwermden naar de nieuwe wereld. Na de Siciliaanse misdadigers volgden ook nog de 'bloedbroeders' uit andere regio's: de *'Ndrangheta* uit Calabrië en de *Camorra* uit Napels en omstreken.

Dash deed voor zijn boek onderzoek naar de criminele carrière van de Siciliaan Guiseppe 'Joe' Morello. Volgens Dash was hij de eerste godfather in New York. Morello had een mismaakte arm en een hand met één vinger, en dat had hem de bijnaam 'de Klauw' bezorgd. Op Sicilië had Morello zich schuldig gemaakt aan veediefstal, het innen van protectiegeld en moorden. Aan het eind van de negentiende eeuw was de grond in Italië Morello te heet onder de voeten geworden en was de maffioso naar New York gevlucht. Uitvoerig beschrijft Dash de situatie in het toenmalige Italië, waar Morello was opgeleid in de misdaad. Op Sicilië waren de landarbeiders straatarm, meedoen met de maffia bracht eten op tafel en zorgde voor een klein beetje relatieve rijkdom. De klassenverschillen in het stadje Corleone, waar 'de Klauw' in 1867 was geboren, waren immens. Rond 1900 woonden hier alleen de rijken in een huis met ramen en een privaat. Vlees was voor de armen onbetaalbaar. Bij de boerenarbeiders stonden alleen brood en soms bouillon en groenten op tafel.

Armoede dus, als reden om in de misdaad te stappen, om eten op tafel te kunnen zetten. Of, om het in de woorden van Dash te zeggen: 'Gezien de leefomstandigheden op Sicilië zal het geen verbazing wekken dat de maffia diepe wortels had in Corleone. *La mala vita* trok, zeker als het enige alternatief werken op het land was.'

In een van de vele maffiabiografieën die ik las verhaalde ook een Amerikaanse gangster zelf over het lot van zijn grootouders die met de boot naar de Verenigde Staten waren gekomen. 'Ze waren zo arm, dat mijn nonna soep kookte van stenen. Het ging tenslotte om de mineralen, daar zat misschien nog iets van kracht in.' Deze nakomeling zag in zijn Italiaanse afkomst dan ook een rechtvaardiging voor zijn latere daden in de misdaad in Amerika. En dat gold ook voor andere maffiosi.

Artisjok

Bij 'georganiseerde misdaad' wordt vaak gedacht aan één strak geleide organisatie. Maar zo zat de Siciliaanse maffia aanvankelijk niet in elkaar. In de dorpen en steden waren verschillende bendes actief die alleen samenwerkten als het ze uitkwam. Wat de maffiosi wel bond was hun gezamenlijke wantrouwen tegen de vaak corrupte overheid. Vanaf de twaalfde eeuw tot aan midden negentiende eeuw – de eenwording van Italië – speelden namelijk buitenlandse overheersers de baas op Sicilië. Na de Italiaanse eenwording had het gezag van de opeenvolgende centrale overheid van 'Rome' eveneens weinig oog voor de noden van het eiland. Daar speelden de maffiosi op in.

Op Sicilië werden de maffiabendes *coschi* [5] genoemd – *cosca* is de naam voor de artisjok met zijn strak samengepakte harde blaadjes die het hart van de bloem afschermen. Buiten Italië wisten maar weinigen dat deze prachtige grote distel als zinnebeeld diende voor de structuur van de criminele bendes. Dat beeld werd voor het eerst aan de buitenwereld prijsgegeven door Anton Blok. Deze Nederlandse cultureel antropoloog deed maandenlang veldwerk op Sicilië en deed hiervan verslag in de vorige eeuw in *The Mafia of a Sicilian Village 1860-1960*[6]. Hij beschrijft hoe de arme boeren zich onderdrukt voelden door de overheid en dat zij zich genoodzaakt zagen om het recht in eigen hand te nemen. De bendeleden bestonden uit vaders, zonen, ooms en neven. Die konden elkaar vertrouwen, bij buitenstaanders was dat nog maar de vraag, vonden ze. De leiders schilderden zichzelf af als mannen van grote waardigheid – *uomini di onore*, mannen van eer. De maffia was altijd politiek conservatief. De mannen van eer beschouwden zichzelf als kampioenen van de gevestigde orde en dat zijn ze ook.

Wie mocht toetreden tot een cosca onderging eerst een intimiderend inwijdingsritueel[7]. Dat nam enige tijd in beslag. De nieuweling werd uitgetest met vergaande opdrachten. Hij moest in staat zijn om mensen te doden, te vermoorden. Bij de geheime inhuldiging van het nieuwe lid werden rituele handelingen uitgevoerd die ontleend waren aan de vrijmetselarij. Een *stoppagliero* prikte met een naald in de vinger van de aankomende maffioso totdat zijn bloed tevoorschijn kwam. Dat bloed werd op een heiligenbeeld of bidprentje gesmeerd. De regels van de cosca stonden geschreven op een document dat bij de inwijding symbolisch werd verbrand. De nieuwe 'soldaat' moest vervolgens met deze as in de hand een plechtige eed afleggen dat hij zijn organisatie niet zou verraden. De nieuweling werd gewaarschuwd dat als hij de *omertà* (zwijgplicht) doorbrak, hij zou branden in de hel – net zoals met dit papier was gebeurd. Wie de regels overtrad, moest vrezen voor zijn leven.

Een stoofschotel

Het is de moord op een verrader, een man die niet gehoorzaamde aan zijn leider, die de 'geheime' Siciliaanse maffia in Amerika op de kaart zette met als eerste godfather 'Joe' Morello, alias 'de Klauw'. Mike Dash omschrijft in *The First Family* het karakter van zijn hoofdpersoon Morello aan de hand van een citaat van een negentiende-eeuwse schrijver: 'De ware authentieke maffioso is ingehouden in zijn spreken en ook in zijn luisteren, en vertoont veel geduld. Als hij in het openbaar wordt beledigd, laat hij dat niet openlijk blijken, maar moordt pas erna.' Zo ook dus Morello. Hij hield zich op de achtergrond, maar kon uitstekend organiseren, was geslepen en kende geen mededogen. 'De Klauw' had de kunst afgekeken van zijn stiefvader, die de leider was van een cosca op Sicilië. En hij was er goed in. In Amerika hield Morello zich net als op Sicilië bezig met valsemunterij en afpersing.

Het boek van Dash leest als was het een detectiveroman. 'De Klauw' had volgens de wetten van de maffia opdracht gegeven voor een moord. Het slachtoffer heette Benedetto Madonia. Op de dag dat de man verdween, zat hij te eten in een 'spaghettirestaurant' in Prince Street in Little Italy. Dat was geen eethuis zoals we dat nu kennen, maar een achterkamer zonder ramen in een smoezelig café. Er stonden ruwe houten tafels, er hingen gaslampen en in de hoek stond een walmende kachel. Verstofte strengen knoflook hingen aan de muur. Er hing een geur van gekookte groenten. Madonia at een stoofschotel van bonen, *bietole* en aardappelen; stevig boers eten uit de provincie Palermo. Zijn zwaar gehavende lijk werd enkele dagen later, op 14 april 1903, gevonden in een ijzeren vat dat gedumpt was in de rivier, ver weg van Little Italy.

De politie tastte op dat moment echter in het duister over de identiteit van het slachtoffer. De man bleek als een schaap te zijn geslacht: zijn keel was doorgesneden en al het bloed was weggestroomd. Het ging dus om een goed voorbereide moord. Zelfs de labels in het ondergoed van de man waren weggeknipt. De kranten hadden veel aandacht voor deze wrede 'vatmoord'.

Begin twintigste eeuw stond recherchewerk nog in de kinderschoenen, maar de slimme Joseph 'Joe' Petrosino, de 'Italianen-expert' binnen de New Yorkse politie, kon toch achterhalen dat het ijzeren vat waarin de man was gevonden voorheen suiker bevatte. De ton was afkomstig van een bakker in Little Italy, in Elizabeth Street. Hij verkocht niet alleen brood, maar had ook veel suiker nodig voor zijn gebak. Het ging om een *Caffé Pasticceria* waar veel Italiaanse arbeiders kwamen. Het slachtoffer was dus vermoedelijk iemand uit deze buurt, vermoedde Petrosino. De patholoog van de politie had bovendien de inhoud van de maag van de dode onderzocht. Daarmee kon de etnische afkomst van het slachtoffer worden bevestigd. De man had namelijk net een Siciliaanse maaltijd achter de kiezen. Maar ondanks al die wetenschap had Petrosino nog steeds geen naam van de vermoorde Italiaan. Tot er hulp en informatie kwam vanuit de geheime dienst.

Het hoofd van de Secret Service, William Flynn, had het politieonderzoek naar 'de vatmoord' met meer dan normale belangstelling gevolgd. Volgens hem moesten de daders gezocht worden in de hoek van de Italiaanse gangsters die zich bezighielden met valsemunterij. Zijn medewerkers hadden deze Italianen al een tijdje in de gaten gehouden en in kaart gebracht. Volgens Flynn betrof het leden van 'de geheimste en verschrikkelijkste organisatie ter wereld'. Het ging om de Morello-clan. De politie ging met Flynns informatie aan de slag, met als resultaat dat de bende van 'de Klauw' werd aangehouden.[8] Maar al waren Morello en zijn mannen in de gevangenis beland, ze zwegen tegenover hun verhoorders als het graf, net zoals ze dat op Sicilië gewend waren als ze werden gearresteerd.

Door een anonieme tip – een brief zonder afzender – achterhaalde rechercheur Petrosino alsnog de naam van de dode: Madonia. De Siciliaan was afkomstig van het platteland even buiten New York en was pas een week in Little Italy. Toen Petrosino op bezoek ging bij de echtgenote van het slachtoffer om het slechte nieuws te brengen, kwam er eindelijk schot in het onderzoek. De vrouw klapte uit de school over de reden van de moord. Madonia had gewerkt voor Morello, die aan het hoofd stond van een groot geheim genootschap waarvan hij ook lid was. Madonia had zijn leider Morello om hulp willen vragen voor haar broer, die in de gevangenis was beland. Haar broer was onvoorzichtig geweest met het verspreiden van vals geld. Het gevolg was dat hij werd gearresteerd. 'De Klauw' zou daarover kwaad zijn geweest en daarom haar man hebben vermoord. Morello zou met deze afrekening hebben laten zien dat met hem niet viel te spotten en dat de wetten van de Siciliaanse maffia ook in New York golden.

De aanhouding van 'de Klauw' voor de 'vatmoord' vond plaats in 1903. De media stonden er bol van. De Verenigde Staten waren in de greep van de georganiseerde misdaad geraakt. Eerder waren deze geluiden ook al te horen geweest, maar waren weggewimpeld,[9] zoals dat ook heden ten dage soms ook nog gebeurt, zelfs onder experts. Maar bij de 'vatmoord' achtte de toonaangevende krant, *The New York Times*, voor het eerst bewezen dat er een directe link bestond tussen de liquidatie en de georganiseerde misdaad. De Italiaanse maffia had haar tentakels uitgestrekt tot in New York en andere grote steden. Waar de maffia voor stond, maakten de journalisten ook duidelijk aan hun lezers. Het plegen van een moord is voor deze gangsters niets anders dan 'een manier om de dagelijkse verveling te verdrijven', noteerde de krant. 'Maffiosi treden meedogenloos op en zien er geen been in om iedereen om te brengen die in de weg staat of hun geheimen verraadt.'

'De Klauw' – de godfather van de 'First Family' – gedroeg zich als een ware 'man van eer'. Hij hield zich aan de omertà. Hij bleef zijn mond houden tegenover de politie en daarna ook tegenover zijn rechters. Morello kreeg vijfentwintig jaar celstraf voor de 'vatmoord', waarvan hij er slechts tien zou uitzitten. Wegens goed gedrag mocht hij daarna de gevangenis verlaten.

Alcohol

'Godfather' Morello keerde in 1913 terug in Little Italy, maar zijn clan was niet langer de enige cosca die zich bezighield met afpersing en andere illegale zaken, zoals de handel in sterkedrank tijdens de drooglegging. Vier andere Italiaanse maffiafamilies die inmiddels in New York waren neergestreken eisten eveneens hun aandeel in de zwarte-alcoholmarkt op. Ook waren er nog Ierse en Oost-Europese criminelen die hun inkomsten binnenharkten met de verkoop van whisky en gin. Vaak werd er onderling gevochten, maar op een bepaald moment besloten de Italianen dat het verstandiger was om met elkaar en met de Ieren en de Oost-Europese Joden te gaan samenwerken. Dat luidde een nieuw tijdperk in. De Morello's sloten onder meer een zakelijk verbond met Joe Masseria. Hij had eerst als 'soldaat' tot hun eigen clan behoord, maar was inmiddels een ster binnen de Genovese-familie. Masseria was opgeklommen tot een van de leiders van dit syndicaat. De adjudant van Joe the Boss was Charley 'Lucky' Luciano, die hem later in mediabekendheid nog zou overschaduwen.

Masseria had vooral met zijn 'alcoholbusiness' veel mazzel gehad. In het 'gebied' waar hij de scepter zwaaide – Kenmare Street in Little Italy – lag de zogenaamde 'stoepbeurs'. Op die plek kwamen de handelaren uit heel New York informeel bijeen om alcohol te kopen en te verkopen. Van al die drankhandel kon Masseria zijn percentage opeisen. Het had hem tot een vermogend man gemaakt, en dat mocht iedereen weten ook. Hij hield er een uitbundige levensstijl op na, in tegenstelling tot de leiders van de oudere generatie. 'De Klauw' Morello had zich zijn hele leven, net zoals de oude machtige godfathers op Sicilië, onopvallend gekleed om vooral niet de aandacht van de politie op zich te vestigen. De nieuwe capo's daarentegen showden hun rijkdom en hoopten op die wijze juist extra gezag af te dwingen onder hun mannen en in de buitenwereld. Masseria droeg zijden overhemden en maatpakken, maar omdat hij mollig en klein van stuk was zag hij er desondanks toch slonzig uit. Hij had ook onbehouwen eetgewoonten. Jo Bonanno, een andere, meer flamboyante godfather, ergerde zich aan het gebrek aan manieren van Masseria. Bonanno: 'Joe viel op een bord spaghetti aan alsof hij een kwijlende bulldog was. Hij had de tafelmanieren van een Hun.'

Maar dat was nog maar het minste, en zeker niet het enige, wat andere maffiosi stoorde in het optreden van 'Joe the Boss', zou later blijken.

Knoflooksap en peper

De Italiaans-Amerikaanse maffia – zelf sprak men later over La Cosa Nostra[10] – harkte op meerdere fronten haar winsten bij elkaar. De gangsters werden rijk door de illegale alcoholhandel. Ze smokkelden drugs en ook de casino's en de illegale loterijen waren in handen van maffiosi, en bovendien verdienden ze geld met voedsel, met eten dus. In de bovenwereld wist men zich verzekerd van inkomsten door de kartelvorming in de groente- en de olijfoliehandel. Ciro Terranova, de 'Artisjokkenkoning', bestelde zijn artisjokken in Californië voor zes dollar per krat en verkocht ze met dertig tot veertig procent winst in New York. Zijn gewelddadige reputatie en zijn status binnen de maffia zorgden er wel voor dat zijn afnemers zijn prijs betaalden. Keurige ondernemers durfden niet naar de overheid te stappen om tegen de kartelvorming te protesteren. Wanneer ze dit deden zouden ze hun winkel of bedrijfje kwijt kunnen raken door wraakneming door de maffia. Maar niet alleen uit angst liet men dit na, het gebeurde ook omdat men van oudsher weinig vertrouwen had in de staat. Als zakenman kon je alleen maar slagen als je je rekening voldeed. Dat deden ze dus.

De maffiosi hadden ook nog een nieuwe vorm van criminaliteit ontdekt, waarmee ze niet alleen hun inkomen spekten, maar waardoor ze ook – dat was nog belangrijker –

macht en invloed verwierven. Het ging om arbeidsfraude – *racketeering*[11]. De maffia had de vakbondsbestuurders in de greep. Ze konden zo hun macht laten gelden, bijvoorbeeld bij de *Teamsters*[12], waardoor de maffiosi bepaalden wat er gebeurde in de wereld van het transport – belangrijk als het om de prijs gaat voor het vervoer van verse groenten of vlees. Dat ging als volgt. De corrupte vakbondsbestuurders zetten op hun beurt de keurige ondernemers onder druk om alleen hun leden in dienst te nemen. Deden de bedrijven dat niet, dan volgden er represailles. De arbeiders die eerst aan een baantje werden geholpen, werden daarna leeg geknepen door de maffia,[13] meestal weer met behulp van de bond. Maar kennelijk was het nooit genoeg. De vijf grote maffiaclans betwistten elkaars territorium en gingen elkaar te lijf. Men probeerde elkaar te bestelen – te 'rippen' – en er werden moordopdrachten uitgezet. Voor die liquidaties werden huurmoordenaars uit Italië besteld die de klussen in de Verenigde Staten moesten klaren. Die killers hadden in de eerste jaren een heel speciale techniek ontwikkeld om iemand om zeep te helpen. Ze laadden hun wapens met kogels die waren ingewreven met knoflooksap en peper. Als het slachtoffer niet meteen dood was zou hij daarna wel door een infectie aan zijn kogelwonden bezwijken.

Chicken Parmigiana

Joe Morello stond in deze onderlinge maffia-vetes zij aan zij met Joe the Boss Masseria, totdat 'de Klauw' in 1930 werd geliquideerd. Masseria gaf daarna het sein voor een waar bloedbad in deze oorlog tussen de oude generatie die de lakens uitdeelde en een groep *Ricottari* – het woord riccotaro is afgeleid van ricotta (verse kaas) en staat voor een jong en veelbelovend lid. Binnen achtenveertig uur werden vijftig oude capo's vermoord. Maar godfather Masseria zou uiteindelijk ook zelf in een kogelregen sterven, al leek hij in de voorgaande jaren op een kat met negen levens.

De eerste huurmoordenaar die Masseria had moeten doden, faalde. Joe the Boss had net op tijd zijn hoofd weggedraaid, de kogels doorboorden alleen zijn hoed en zijn jas, volgens *The New York Times.* Masseria wist wie achter de aanslag zat, namelijk zijn zakelijke rivaal en aartsvijand Umberto Valenti, ook wel 'het Spook' genoemd, die behoorde tot de Bonanno-familie. Valenti dankte die bijnaam aan zijn vermogen om na zijn gruweldaden spoorloos te verdwijnen. Valenti had bij een eerder treffen van de twee clans een aantal van Masseria's mannen de dood in gejaagd. Joe the Boss zon dus op wraak. Hij nodigde onder het mom van vredesonderhandelingen Valenti uit voor een lunch in zijn buurtrestaurant John's voor de *chicken parmigiana.* Zijn rivaal nam de invitatie aan.

Een paar dagen na de mislukte aanslag op Masseria at Valenti in John's inderdaad zijn laatste maaltijd. De overlevering vertelt niet of Valenti de beroemde kipschotel had besteld. Masseria's rechterhand Charley 'Lucky' Luciano schoot 'het Spook' na de lunch op straat dood. Het ooggetuigenverslag in de *New York Times* meldt dat het een heftige schietpartij was, op klaarlichte dag, waarbij ook nog twee onschuldige omstanders het leven lieten. Een tiener vertelde de verslaggever dat hij de liquidatie beschouwde als 'the coolest thing' in zijn leven. De maffiosi in hun snelle nette pakken hadden heel beheerst gehandeld en ze konden zelfs ontkomen, vertelde de jongen. Masseria werd toen de politie arriveerde meteen aangehouden voor de moordopdracht. Hij vroeg grinnikend aan de agenten of hij soms eerst nog zijn pyjama kon ophalen. De laatste keer dat hij in de cel was beland had de politie namelijk vergeten om hem nachtgoed en een kussen te geven. Masseria dacht dat hij overal mee wegkwam. Maar niet lang na dit treffen

kreeg hij ook zelf een uitnodiging voor een speciale lunch.
Van zijn adjudant Charly 'Lucky' Luciano.

Dodenlunch

Charley Luciano (1897-1962) was op zijn negende vanuit Sicilië naar Amerika geëmigreerd en stond bekend als sluw en genadeloos. Hij was op één ding uit: veel geld verdienen. Hij was daarom in het zakendoen minder stringent dan zijn Boss Masseria, die alleen wilde handelen met Italianen en niet met andere groepen. Hij dacht zijn winsten hierdoor juist te kunnen verdubbelen. Hij wilde ook een einde maken aan de onderlinge oorlog tussen de maffiafamilies die door Masseria was begonnen en slecht was voor ieders handel, ook voor de dons op Sicilië met wie de Amerikanen in zaken waren. Voor La Cosa Nostra sloot Luciano in het geheim een verbond met de andere Italiaanse clans in New York, waaronder dus ook de Bonanno-familie. Een soort Raad van Bestuur – *il Commisione* – zou garant moeten staan voor de nieuwe manier van zakendoen. Voor een alleenheerser als Masseria was er niet langer plaats.

Nuova Villa Tamara op Coney Island in New York is het restaurant waar op 15 april 1931 Joe The Bos de dood in de ogen zou zien. Zijn riante lunch, die hij samen met Luciano nuttigde, bestond uit antipasti, spaghetti met rode oestersaus, en natuurlijk zijn lievelingsgerecht, kreeft à la Fra Diavola. Hij dronk daarbij een liter chianti.[14] Daarna stormden huurmoordenaars de eettent binnen en maakten een eind aan het leven van Guiseppe the Boss Masseria. Een van zijn rivalen, godfather Joe Bonanno, blikte vijftig jaar later in zijn autobiografie zonder enige wroeging terug op deze afrekening in maffiastijl. 'Ik denk dat Joe gelukkig was op het moment dat hij doodging. Hij had net een fantastische maaltijd verorberd. Joe stierf met een volle maag.'

Na de dood van Masseria nam Salvatore Maranzano[15] de leiding van de maffia in New York op zich. Deze Siciliaanse capo was kort daarvoor vanuit Europa naar New York gestuurd om de Amerikaanse gangsters tot de orde te roepen. De rust moest terugkeren, zo vonden de Siciliaanse maffialeiders. De onderlinge strijd tussen de familieclans in de nieuwe wereld bemoeilijkte immers 'het handelsverkeer met de oude wereld'. Maranzano had voor zijn opdracht Lucky Luciano ingeschakeld. Die had hem geholpen om Joe the Boss voorgoed uit te schakelen. Maar Maranzano ontpopte zich vervolgens als een leider die nog een graadje eigengereider bleek dan Joe the Boss. Salvatore Maranzano liep niet alleen naast zijn schoenen van verwaandheid, hij liet zich ook direct gelden als een zeer dwingende *capo dei capi*. Bovendien had hij een eigen geheime agenda en hield hij er een dodenlijst op na waar ook Luciano op stond. Maar voordat die afrekening kon plaatsvinden, was Luciano al op de hoogte van dit snode plan van zijn voormalige bondgenoot. Hij had meteen tegenmaatregelen genomen en opdracht gegeven om Maranzano te vermoorden. Die liquidatie vond plaats op 31 juli 1931.

Luciano nam nu zelf de macht over en zette zijn plannen voor een nieuwe manier van zakendoen door: vanaf dat moment werkten de Italianen ook samen met groepen van andere etnische komaf.

De moord op Maranzano markeerde de opkomst van een nieuwe moderne maffia, volgens Mike Dash. Maar dat betekende niet dat de gangsters de oude mores hadden afgelegd. De nieuwe leider, de 'zakenman' Luciano, had meer gemeen met de allereerste Amerikaanse godfather 'Joe' Morello dan op het eerste gezicht lijkt.

De geschiedenis van de Amerikaanse maffia begint echt met het gebroken hart van de familie Morello en met het stof en bloed in het stadje Corleone op Sicilië,[16] volgens Mike

Dash. Deze criminele organisatie heeft haar reputatie als de angstaanjagende, best georganiseerde en meest tot de verbeelding sprekende boevenbende van de Verenigde Staten net zozeer te danken aan Morello als aan de latere beruchte en meer bekende gangsters van Luciano's generatie, vond de historicus. De maffiawetten uit het oude land bleven immers van kracht in het nieuwe land. La Cosa Nostra kon op deze wijze tientallen jaren de georganiseerde misdaad in de Verenigde Staten domineren.

De Albanese slager

De geest van al deze oude maffiosi waart nog altijd door Little Italy en niet alleen in Mulberry Street. Maar soms is het even zoeken. Veel andere straten blijken in 2015 ten prooi te zijn gevallen aan de veryupping zoals die plaatsvindt in veel oude buurten in een grote stad. In de *social clubs* in New York waar de mobsters in de jaren twintig hun vertier zochten, zit in de meeste benedenetages nu een trendy pui. Er wordt designerkleding verkocht of er is een speciaalzaak voor thee gevestigd. Maar wie naar binnen kijkt op 238 Elizabeth Street gaat terug in de tijd. Begin twintigste eeuw was dit een berucht adres. Op de tweede verdieping was een geheim clublokaal met damesvertier waar alleen leden toegang toe hadden. Het Italiaanse familiebedrijfje op de begane grond werd daarna aan een Albanese slager, een kennis, overgedaan. Ook in New York woonden Italianen en Albanezen broederlijk samen, net als destijds in Calabrië en op Sicilië. De vleeshouwer in Elizabeth Street is onderhand de oudste ondernemer van de buurt, maar hij verkoopt nog altijd zijn worstjes en gehakt. Het oude houten hakblok dat een prominente plaats inneemt in de zaak, werd weliswaar afgekeurd door de strenge inspecteurs van de voedsel- en warendienst, maar hij heeft het niet verwijderd.

Topregisseur Martin Scorsese groeide als kind op in deze

straat. Hij woonde aan de overkant van de slagerij en was de buurjongen van de vader van buurthistoricus Eric Ferraro. Enkele scènes uit Scorsese's Italiaans-Amerikaanse liefdesdrama *Who's knocking at my door* zijn opgenomen bij de slagerswinkel. Harvey Keitel had de hoofdrol, Scorsese's moeder trad ook op in de film. Zelf vervulde de filmmaker een van de bijrollen als gangster. Dit alles bij elkaar versterkt mijn indruk van een Little Italy dat bestond uit voortvarende Italiaanse grootfamilies met alom handige connecties. Hoe hecht alle instanties met elkaar waren verweven in de tijd van de drooglegging blijkt ook als ik voor 85 East 4th Street sta. In het souterrain van het gebouw zit nog altijd het kantoor van een vakbond. Een marmeren trap leidt me naar de eerste etage: daar zit een theater. Geen variété meer zoals destijds, het is nu de thuisbasis geworden van een links toneelgezelschap. Op de verdieping daarboven bevindt zich de KGB-Bar, het is er donker en schemerig, net als in de wilde jaren twintig. Toen was hier een *speakeasy*. De bezoekers die zogenaamd voor het theater van een etage lager kwamen, konden hier aan de notenhouten tap in theekopjes hun illegale alcohol drinken. De donkere bar is gevangen in de tijd, je kunt er 's avonds nog altijd je whisky drinken en denken dat elk moment Al Capone met zijn luitenants langs kan komen.

The Mob stond garant voor sterkedrank en de aanvoer ervan. De politie zorgde ervoor dat zij met rust werden gelaten, zegt Eric Ferraro, die me hier rondleidt. 'De agenten zaten aan de overkant. Er werden alleen invallen gedaan als ze hun extra zakcenten van de gangsters niet hadden ontvangen. Eigenlijk was er een stil verbond tussen iedereen. Het gewone volk wilde immers kunnen drinken en de overheidsdienaren hadden geen zin in een opstand of een relletje.'

In Little Italy wist iedereen van elkaar wat hij deed en aan welke kant hij stond, zegt hij. 'Je kon in deze wijk niets doen zonder toestemming van de maffia. Zelfs niet als je slechts een eenvoudig voedselstalletje wilde opzetten. Je moest altijd betalen.'

Of dat ook gold voor Ferraro's overgrootvader 'Cappy' Capitini wil ik weten, want hij had kort ervoor verteld dat zijn opa een Italiaanse kruidenierszaak dreef in Prince Street. Het antwoord op deze vraag ontwijkt hij.

Ook de volgende kwestie die ik aanstip blijkt een heikel onderwerp voor de toch zo praatgrage gids: hoeveel invloed hebben de maffiosi in 2015 nog in deze buurt? De gezaghebbende Selwyn Raab, onderzoeksjournalist bij *The New York Times,* beschreef in zijn boek *Five Families* immers dat de macht van de maffia in de bovenwereld zou zijn gebroken. Veel van de beruchte godfathers bleken gestorven. Andere kopstukken en hun bendeleden werden veroordeeld voor moorden en racketeering en kregen megastraffen opgelegd.

Ferraro geeft nu een formeel antwoord: 'De acties van voormalig aanklager en "zero tolerance"-burgemeester Rudy Giuliani (1994-2001) zorgden ervoor dat de leiders van de families Geneveso, Luchese, Gambino, Colombo en Bonanno voor tientallen jaren achter de tralies zijn verdwenen.'

Als Ferraro deze zin uitspreekt, kijkt hij erbij alsof hij zijn eigen antwoord niet gelooft. Dat doet hij ook niet, maar hij wil geen gezeur, zegt hij.

Eric Ferraro is weer zijn spontane zelf als ik over de maffia en hun eten begin. Desgevraagd volgt enthousiast het geheime familierecept van zíjn tomatensaus – iedere Italiaan claimt immers de beste *marinara* te maken. Ferraro somt geduldig de ingrediënten op: goede olijfolie, knoflook, pruimtomaten, peterselie, oregano, basilicum, hete pepers, suiker en niet te vergeten *cilantro* (koreander). 'En dan maar lekker lang stoven. Minstens een uur.'

Pasta Fagiole

Is de macht van de godfathers in Amerika werkelijk gebroken? Hebben de Five Families in 2015 echt geen invloed meer op bijvoorbeeld de prijs van de groente of andere producten in de voedselindustrie zoals voorheen? Waar Eric Ferraro zich verschool achter de officiële rapporten, klapt de Amerikaanse socioloog/criminoloog Frederick Martens uit de school. Hij is deskundige op het gebied van 'georganiseerde misdaad' en deed jarenlang onderzoek naar La Cosa Nostra. Hij stelt dat de maffia baat heeft bij stilte en altijd heel berekenend is geweest. Martens: 'De benden controleerden niet de hele Verenigde Staten, maar men had invloed op strategische plekken. En dát heeft men nog steeds.'

De Amerikaanse hoogleraar zit tegenover me in een eenvoudig Italiaans restaurant in de buurt van Broadway, waar de gangsters in de clubs destijds hun illegale whisky aan de man brachten en zorgden voor entertainment. Tijdens een bord *Pasta Fagiole* belt de deskundige naar zijn informanten uit de onderwereld om een verhaal dat hij wil gaan vertellen nog eens te checken. Zijn zegslieden behoren tot de maffia en zijn goed ingelicht volgens de Amerikaanse wetenschapper.

De tactieken van nu verschillen weinig van vroeger, zo blijkt. Martens komt daarvoor eerst met een voorbeeld dat op het eerste gezicht weinig te maken heeft met eten. Het gaat over het opruimen van het puin van het World Trade Center in New York na de terreuraanslag van 9/11. 'Dat was een zeer lucratieve opdracht, die veel afvalbedrijven graag hadden binnengehaald. Met een oude truc die de maffia in het verleden vaak heeft uitgehaald bemachtigden ze deze klus. Dat weet ik van een direct betrokkene. Ik noem die zegsman veiligheidshalve: "Vito".'

Aanvankelijk had een staatscommissie het afvoeren van de rommel en de steenresten van de ineengestorte wolkenkrabbers toebedeeld aan een firma uit Californië. De maffia had vervolgens haar invloed gebruikt binnen de vakbond – de *Teamsters* – waarbij de vrachtwagenchauffeurs zijn aangesloten. Zodoende kon het transport door deze uitgekozen firma worden gesaboteerd met langzaamaanacties.

Martens hoorde van 'Vito' wat de maffiosi daarna hadden gedaan. 'Hij zei dat ze even met "Rudy" hadden gebeld. Let wel, Vito zei geen "Giuliani", maar noemde alleen de voornaam van de burgemeester van New York.'

De hoogleraar wil hiermee benadrukken dat de maffia kennelijk nog altijd erg close is met het bevoegde gezag. Deze interventie van the Mob bleek bovendien haar vruchten te hebben afgeworpen volgens 'Vito'. Na het telefoontje aan de burgemeester was de transportklus overgenomen door een ander bedrijf, waar hij en zijn mensen het wel voor het zeggen hadden.

Martens wil met dit voorbeeld aangeven dat wie de macht heeft binnen de transportwereld, het ook nu – net als destijds – voor het zeggen heeft in bepaalde delen binnen de voedselindustrie. 'De Fulton Fish Market wordt tot op heden gecontroleerd door the Mob. Het is immers zo eenvoudig. Als je vis wil vervoeren heb je gekoelde vrachtauto's nodig. De chauffeurs dienen lid te zijn van de bond en vis is uiterst bederfelijke waar. Als je dus je zin niet krijgt als het om de prijs van het vervoer gaat, staak je. Hoe duurder het transport, hoe duurder de waar.'

Hij wijst daarbij op een oud maffia-gezegde: 'Je hoeft maar één man te doden om de boodschap over te brengen.' Hij wil daarmee zeggen: 'Alleen al een volgende bedreiging door de maffia is soms dan al voldoende om mensen te laten doen wat zíj verlangen. Maar of de mobsters nu rijk zijn geworden door dit alles is nog maar de vraag. Al ging er in het begin van de twintigste eeuw heel veel geld door de handen van de maffiosi, de meesten stierven, stelt Martens. 'Slechts een enkeling pakte het slim aan. Het geld ging erdoorheen als water. Het kwam makkelijk binnen, maar ze gaven het even snel weer uit. Ze gingen altijd uit en waren dol op lekker eten.'

Merels voor de maffia

'Een goed recept maakt dat je je even in een andere tijd en een andere wereld waant', schrijven de samenstellers van het *Cookbook book* – het kookboek der kookboeken dus. Ze verwoorden wat andere kookdeskundigen ook al vaak beweren.[17] Er zit een kern van waarheid in.

Om meteen een misverstand weg te nemen: de auteurs zijn geen criminelen. De samenstellers – artdirector Annahita Kamali en kunstenaar/fotograaf Florian Böhm – maakten 'hun ultieme kookboek' aan de hand van receptenbundels en kookbijbels door de eeuwen heen. Het is een fraaie uitgave met in facsimile afgedrukte omslagen en recepten. Er is aandacht voor *Apicius*, het eerste Romeinse kookboek uit de oudheid, tot aan de introductie van de mediterrane keuken in de rest van Europa met de aanverwante 'way of life'. De eer voor dat laatste komt toe aan de Engelse Elizabeth David (1913-1992), wier recepten je bij wijze van spreken niet eens hoefde te koken. Het was volgens haar bewonderaars al voldoende dat je las hoe zij haar Italiaanse gerechten maakte. Je kreeg daardoor het gevoel dat je even later in Sicilië aan tafel kon gaan om de lekkerste pasta van je leven te eten.

In het wereldwijde overzicht in *Cookbook book* ontbreekt ook een omslag van een kookboek over het maffia-eten niet, tezamen met enkele lievelingsrecepten. Ook hiervoor geldt dat je je even in een andere wereld waant: in een eethuis in Little Italy in New York. Het gaat om een afbeelding van een antiquarische uitgave van Joe Cipolla's *The Mafia Cookbook* uit 1970.[18] Gangsters waren kennelijk dol op *Jailbirds* en *Shotgun Pigeons*. Voor het Jailbirds-recept werden merels (ontdaan van veren) in de pan gekookt. Daarna werden de nog warme vogels met blaadjes van een bosbessenplant in een zak gedaan en een tijdje weggelegd zodat de geur in het vlees trok. 'Deze ongewone schotel wordt koud opgediend en de vogels blijven meerdere dagen houdbaar', noteerde maffiakok Cipollo. Maar op zangvogels mag in Nederland niet worden geschoten. Wie echt wil weten wat de godfathers in de jaren twintig aten, zal naar de poelier moeten voor duif.

Recept Shotgun pigeon / Duif 'Lupara'

Een Lupara is een geweer met een afgezaagde loop, dat werd geladen met spijkers en andere scherpe dingen etcetera.

4 duiven
fijngesneden salieblaadjes
1 handvol fijngesneden peterselie
2 uitgeperste tenen knoflook
2 eetlepels fijngesneden kappertjes
enkele eetlepels olijfolie
geraspte schil van een citroen
witte azijn
zout en peper

Pluk de duiven – dat gaat net zoals met merels. Deze keer gaan de ingewanden er wel uit, maar bewaar de hartjes, de maagjes en levertjes. Spoel de duiven na het schoonmaken goed af. Snijd de borstfilets los en snijd zo veel mogelijk vlees van de overige botten. Houd de borstfilets heel en apart. Snijd het overige vlees en het orgaanvlees in kleine stukjes. Doe de fijngesneden kruiden – salie, peterselie, knoflook – in een kom en voeg daar ook de kappertjes aan toe. Verhit enkele lepels olijfolie in een braadpan op een matig vuur en bak hierin de borstfilets mooi bruin. Blus het geheel af met enkele eetlepels azijn, voeg het citroenraspsel toe en laat het vocht verdampen.

Bestrooi pas daarna het fijngesneden vlees en het kruidenmengsel met wat zout en peper, doe dit in de pan en laat alles afgedekt één uur zachtjes smoren op een laag vuur. Serveer het vlees warm.

2 EEN CRIMINEEL IMAGO

Misdaad kent geen grenzen. Met wijdvertakte netwerken leveren de criminelen overal ter wereld wat de consument wil: drugs, seks, tabak, luxeartikelen en goedkope arbeidskrachten.[1] Begin jaren negentig dacht een aantal misdaadjournalisten en wetenschappers[2] daarom dat er sprake was van een heuse *pax maffioso* tussen de misdaadsyndicaten die de gehele wereld omspande. De centrale leiding van de maffia zou in Palermo zitten. De maffia zou een eigen grondwet hebben, een heuse regering en tal van kolonies over de hele wereld bezitten. Uit eerder onderzoek van de Utrechtse criminoloog en antropoloog Frank Bovenkerk en mijzelf bleek dat er bovendien sprake was van een wereldomspannende maffiose levensstijl.[3] Zou het een met het ander te maken hebben? Of was er iets anders aan de hand?

Coca-Cola

Criminelen die hun dagelijks brood verdienen in de georganiseerde misdaad lijken allemaal dezelfde opvattingen te hebben over goed en kwaad. Zij hebben hun eigen wetten en mores. De rituelen bij begrafenissen en het vieren van succes verschillen niet veel van elkaar. Veel pracht en praal, dure restaurants en clubs, drank, willige vrouwen en vooral veel voedsel. Dat geldt voor Londen, Amsterdam, voor de Spaanse Costa's, Melbourne of Moskou of waar dan ook.

Bovenkerk gelooft desgevraagd niet in de pax maffioso als verklaring voor al die gelijkenissen. Hij stelt dat economische en politieke omstandigheden in een land eenzelfde soort reactie, dan wel oplossing oproepen. Op plaatsen waar illegale markten ontstaan – door drugshandel of bijvoorbeeld mensensmokkel – is er altijd ook sprake van gedwongen protectie en afpersing. Daarnaast is er de Amerikaanse hegemonie, zowel op het gebied van legale zaken als op het gebied van de populaire cultuur. Bovenkerk: 'Niet alleen met Coca-Cola en de hamburgers van McDonalds hebben de Verenigde Staten de wereld veroverd, zo ging het ook met "organized crime", althans, zoals die wordt weergegeven in Amerikaanse gangsterromans, maffiafilms en misdaadsoaps. Beginnelingen in de criminaliteit hebben leermeesters nodig – en zeker dáár waar voor het eerst sprake is van "georganiseerde misdaad". De media leverden hun die rolmodellen en vooral Hollywood zorgde voor de valse romantiek rond het spannende gangsterdom.'

Bovenkerk heeft eenzelfde verhaal als zijn Britse en Amerikaanse wetenschappelijke collega's als het gaat om de focus van Italiaans-Amerikaanse criminelen op eten: 'De arme immigranten – of ze nu wel of niet crimineel waren – besteedden in Amerika hun pas verworven rijkdom aan datgene wat ze in Sicilië het meest ontbeerden: voedsel. Vooral vlees. Je kunt met je criminele winsten een groot huis kopen of een dure auto, maar dat valt vaak te veel op, dan heb je al snel de politie dan wel de belastingdienst achter je aan.' Hij wijst op de arrestatie van Al Capone, de legendarische boss uit Chicago die in zijn jonge jaren tot de Five Points Gang in New York behoorde en samenwerkte met Lucky Luciano. Capone was jarenlang de politie te slim af, maar door zijn manier van leven trok hij toch de aandacht van de fiscus en belandde in de cel. Bovenkerk: 'Met lekker en duur eten op tafel kun je als gangster echter zonder veel risico laten zien dat je het gemaakt hebt en bij de andere misdadigers respect afdwingen. De vraag is of zich binnen de Nederlandse onderwereld – waar velen ook van eenvoudige komaf zijn – op dit terrein een identiek patroon aftekent als in de georganiseerde criminaliteit in Amerika.'

Achter de barbecue

De gewone man en de crimineel konden zich begin twintigste eeuw identificeren met de hoofdpersonen en de thema's uit de vroege gangsterfilms als *Little Caesar* (1930), *Public Enemy* (1931), *Scarface* (1932), *The Enforcer* (1950), *On the Waterfront* (1954) en nog veel meer.[4] De schurken in die jaren leken op Robin Hoods die de welvaart in het land volgens eigen inzicht opnieuw verdeelden. Die gangsters waren nog eenlingen – dat wel. Maar ze werden neergezet als weldoeners: als mensen uit de sociaal lagere klassen die de mogelijkheden in het nieuwe land hadden benut om sociaal te stijgen. Ze hadden de Amerikaanse droom op hun eigen wijze succesvol nagejaagd. Ze hadden iets gedaan wat veel mensen nalaten omdat die daar te bang voor zijn, te braaf of het verwerpelijk vinden.

Dankzij de Amerikaanse cinema leerde het miljoenenpubliek in de tweede helft van de twintigste eeuw de Italiaans-Amerikaanse variant van de 'georganiseerde misdaad' kennen. Eerst verscheen er in 1969 het magistrale boek *The Godfather* van Mario Puzo. De verfilming van dit maffia-epos door Francis Ford Coppola[5] in de jaren zeventig versterkte de indruk dat ook de misdaad kansen bood tot een carrière. Bovendien bleek dat er in die duistere wereld zelfs regels golden die dienden te worden nageleefd. Er liepen wijze mannen rond voor wie je respect moest hebben, zoals Don Vito Corleone – emigrant uit Sicilië – en hoofdpersoon in *The Godfather*. Hij was als het ware een rechtschapen – een 'honest to God' – gangster. Vito's zoon Michael Corleone groeide op in de Verenigde Staten en speelde de hedendaagse mobster. Puzo beweerde dat hij de figuur van patriarch Don Vito en zijn maffiafamilie had verzonnen. Deze bedachte misdaadtraditie werd daarna voortgezet door de makers van andere films: *Once upon a Time in America* (1984), *The Untouchables* (1987), *The Godfather III* (1990), *Goodfellas* (1991) enzovoort.

In de Amerikaanse films worden maffialeiders omringd door een interessante coterie uit de samenleving: advocaten (*consigliere* – raadgevers), bodybuilders en 'golddiggers', vrouwen die uit zijn op de aandacht en het geld van de baas. Een maffialeider heeft ook altijd 'vrienden' om zich heen, hij omringt zich met mindere goden, kleine boeven. Mobsters doen hun criminele zaken in restaurants en hamburgertenten en de avonden brengen ze door in (nacht)clubs. Thuis spelen ze de pater familias. Op zondag en bij feestdagen zit de crimineel immers met de hele familie aan tafel en bij speciale gelegenheden kookt de man of staat hij achter de barbecue grote hoeveelheden vlees te grillen.

Het grote publiek gaat ervan uit dat men ondertussen nu echt alles weet over de hiërarchie binnen de maffia en over het glamourleven aan de *dark side*. Vooral ook omdat dezelfde maffiose manier van leven sindsdien opdook in Amerikaanse *true crime*-boeken, die geschreven werden door gangsters zelf of werden opgetekend door hun biografen.

De vraag die zich nu opdringt luidt: heeft de werkelijkheid zich inmiddels aangepast aan het papier en het witte doek zoals sommige deskundigen stellen? Want ook gangsters lezen boeken en blijken nog altijd gek op films.

Of was het toch andersom?

Calamari

Het ware misdaadleven is terug te vinden in de politie- en media-archieven. Gangsters praten onbevangen aan de telefoon over hun zakelijke afspraken die zich afspelen in horecagelegenheden, zonder dat ze doorhebben dat ze worden afgeluisterd. Rechercheurs schaduwen verdachten en volgen hen op de voet als ze naar een restaurant gaan en observeren hun gedrag.

Politiemensen maakten foto's van de gasten op begrafenissen en huwelijksfeesten. Uit de justitiedossiers valt te reconstrueren dat de feiten uit de harde werkelijkheid soms nauwelijks verschilden van de filmfantasieën over de maffia. Dat valt vooral op in de politieonderzoeken naar de conflicten in het criminele milieu waarbij doden vielen. Misdadigers werden en worden heel vaak doodgeschoten bij een restaurant of soms zelfs binnen aan tafel.[6] Waarom juist daar?

Kennelijk gaan de elkaar op leven en dood bestrijdende partijen ervan uit dat wanneer iemand net een lekkere biefstuk achter de kiezen heeft, hij waarschijnlijk net even minder alert is dan anders voor de buitenwacht. De afrekeningen in het criminele milieu gingen meestal gepaard met grof geweld. Maar de maffiageschiedenis leert dat er soms ook geniepig te werk werd gegaan om van een tegenstander af te komen. De vijanden van maffiakopstuk Al Capone hadden de chef-kok van zijn favoriete restaurant – het Bella Napoli Café in Chicago – 35.000 dollar beloofd als hij blauwzuur in de favoriete minestrone van de gangster wilde doen. De chef verklapte het complot aan de maffiabaas.[7]

Het vergiftigen van eten van de vijand is in het milieu van de georganiseerde misdaad echter een uitzondering, meestal stierven de maffiosi na het nuttigen van een heerlijke maaltijd in een regen van kogels. Neem nu de gewelddadige aanslag op 'Crazy Joe' Gallo (1929-1972).

Gallo kon pochen op een mooie misdaadcarrière als *enforcer* voor de Colombo-familie. Hij had voor hen gemoord. Hij had samen met anderen in 1957 een rivaliserende gangster doodgeschoten die zijn haren liet knippen bij de barbier van het Sheraton-Hotel. Een van zijn maten maakte daar later nog grappen over: hij had deel uitgemaakt van Gallo's Barbershop Quintet. Wie echter zoveel vijanden maakte, moest goed blijven opletten. En dat deed Gallo even niet. Begin jaren zeventig was Gallo een rijk man. In het geheim bezat hij meerdere nachtclubs en hij was eigenaar van twee illegale naaiateliers waar herenpakken werden gemaakt. Hij vierde uitvoerig zijn 43ste verjaardag met zijn gezin en familie. Aan het eind van de avond belandde hij met hen bij Umberto's Clam House – toen nog op de oude plek op de hoek in Mulberry Street. Hij had daar twee tafels gereserveerd voor zijn gezelschap. Een man aan de bar zag Gallo binnenkomen. Het bleek een verrader te zijn die snel aan Gallo's vijanden doorgaf dat de maffioso op deze vergevorderde feestavond wat minder op zijn hoede zou zijn. Vier schutters drongen vervolgens bij Umberto's naar binnen, waar Gallo zich net te goed deed aan de schotels met kreeft, calamari, mosselen en andere schaaldieren. Twintig schoten maakten die avond een einde aan zijn leven.[8]

Varkenskarbonade

Al deze bloedige afrekeningen in het criminele milieu in New York in de twintigse eeuw zorgden voor schreeuwende krantenkoppen over gevaarlijke en nietsontziende maffiabazen. Negatieve publiciteit dus, die de criminelen node konden missen. Want de pers riep de autoriteiten tevens op om voor eens en altijd een einde te maken aan de georganiseerde misdaad in New York. De verslaggevers streden met het woord als het ware zij aan zij met de 'good guys' die mobsters moesten arresteren.

De meeste maffiosi hadden daarom een bloedhekel aan de pers, maar Al Capone was de eerste maffiabaas die inzag dat je als crimineel eveneens gebruik kon maken van de macht van de pen. Justitie had hem neergezet als een van de grootste gangsterbazen aller tijden. Hij probeerde zijn imago op te pimpen door met de media te gaan praten. Hij deed zich voor als een nette zakenman die ten onrechte in de clinch was geraakt met de belastingdienst over zijn riante inkomen. Capone maakte school. Sommige journalisten bleken het maar wat spannend te vinden om met criminelen te praten. Andere bosses benaderden nadien ook verslaggevers en lieten hun biografie optekenen.

Met name in deze memoires ligt de nadruk op de mens achter de boef. Dat leverde pikante anekdotes op over de bravoure van de maffialeiders. Niet zelden speelden de scènes zich af in clubs en eetgelegenheden waar vaak ook met veel vertoon politie-invallen plaatsvonden. Een capo werd gearresteerd in zijn lievelingsrestaurant in Little Italy nog voordat hij aan de hoofdmaaltijd toe was. Toen de recherche hem meenam, riep hij de bediening stoer toe dat hij zeker wist dat hij al terug zou zijn als zijn geliefde varkenskarbonades op tafel zouden worden gezet.[9]

Boss Joe Bonanno schept in zijn memoires op over zijn rijkdom. Over zijn eerste kogelvrije Cadillac, zijn jachtpartijen, zijn uitjes met 'the boys' in de nachtclubs van New York, zoals The Copacabana en de diners die hij aanrichtte voor zijn vrienden, onder wie een rechter. En niet te vergeten: het huwelijksfeest van zijn zoon in het luxe Astor Hotel met een diner voor 2886 gasten. Een banket, een staatshoofd waardig. De bruidstaart was astronomisch hoog: zes verdiepingen van cake op cake met crème en vruchtjes en versieringen van marsepein. Bonanno ging ook terug naar Sicilië om daar een weeshuis te openen. Kortom: hij had een spannend leven met pracht en praal en hij was een goed mens.

Het relaas van Joe Bonanno uit 1983 lijkt wel heel erg een

blauwdruk van Puzo's *The Godfather* uit 1969.[10] Zowel Vito Corleone als Bonanno kwam op jonge leeftijd vanuit Sicilië naar de Verenigde Staten en leefde een maffioos leven. Ze wilden dat hun zoon de nieuwe leider van de familieclan zou worden. Beiden overleefden een aanslag en stierven uiteindelijk op latere leeftijd aan een hartaanval. Puzo had altijd gezegd dat hij zijn *Godfather*-trilogie verzonnen en gebaseerd had op meerdere personen die hij had gekend, maar na deze memoires twijfelden veel mensen daaraan. Het leek er wel heel erg op dat Puzo zijn gefantaseerde Vito Corleone had gemodelleerd naar de werkelijkheid van Bonanno. Al claimden nadien ook nog andere peetvaders dat juist zij model hadden gestaan voor de 'eerlijke Don Vito'.

Fictie en werkelijkheid zijn als het om een crimineel imago gaat soms nog nauwelijks te onderscheiden.

De villa in Tucson waar 'de Don' Bonanno zijn laatste dagen sleet als 'pensionado' kwam in 2004 op de markt om te beginnen voor 495.000 dollar. Het liep storm volgens een neef van de Boss die belast was met de verkoop. De reden: het familieonderkomen werd aangeprezen als een 'Godfather House'.

In november 2014 stond ook het protserige Engelse landhuis op Staten Island te koop waar regisseur Francis Ford Coppola zijn buitenopnamen had gemaakt voor het epos over de familie Corleone. Onder de lommerrijke bomen ontving de Godfather zijn talrijke gasten voor de copieuze bruiloft van zijn dochter Connie. De laatste niet-criminele huiseigenaar had nadien het huis zo aangepast alsof Don Vito er werkelijk had gewoond. De grote eetkamer met zijn donkere houten lambrisering deed denken aan de tijden van de speakeasy tijdens de drooglegging. Via een deur belandde je vanuit dit vertrek in de kelder, een soort grot met bar en biljart voor mannen. Bijna drie miljoen is nu de vraagprijs voor dit onderkomen. Maar dan krijg je volgens de makelaar Joseph Profaci ook een keuken '*To die for*'.

Koken met kogels

Joe Cipollo stond meer dan tien uur in de keuken om te koken voor 'Mister Maranzano' en zijn *picciotti* – pas tot de maffia toegetreden jonge mannen. De criminele kok uit Sicilië werd in 1911 in New York ingewijd als maffialid. Hij was zelf destijds dus ook zo'n *picciotto.* Hij schrijft erover in zijn *Maffia Kookboek,* dat in 1975 in Nederland uitkwam.[11] Deze uitgave was opgesierd met een kogelgat in alle pagina's.

Joe had achter de pannen gestaan voor veel maffialeiders en hun bendeleden. Hij had *Spaghetti Aglio Olio* voor Salvatore Maranzano gemaakt, daarna volgden schotels met kip en kalfsvlees. Maar één ding herinnerde hij zich maar al te goed van deze Boss, die van een lekkere maaltijd hield. 'Eerst moesten de messen en pistolen van tafel worden weggehaald, daarna gaf Maranzano het teken dat het eten kon doorkomen.'

Cipollo haalde in zijn boek ook herinneringen op aan 'de artisjokkenkoning' Ciro Terranova, die hij nog had meegemaakt. Ciro had altijd glimmend gepoetste schoenen, een dikke sigaar in zijn mond, een grote diamant in zijn dasspeld en zorgvuldig gemanicuurde nagels. Ciro – en hij alleen – bepaalde de prijs die er betaald moest worden voor de artisjokken. Als een restauranthouder hiertegen protesteerde, kreeg hij van Ciro zogenaamd een 'speciaal contract' aangeboden. De weigeraar ontving thuis een exclusief pakketje met artisjokken. Cipollo: 'Ciro had zelf bij het inpakken van de groente gestaan om er zeker van te zijn dat er nog wat extra's in werd gestopt. Een bal dus, maar daarin zat een tijdbom.'

Artisjokken 'Terranova' volgens Cipollo

6 artisjokken
sap van 1 citroen
3 eetlepels olijfolie
3 eetlepels peterselie
1 gesnipperde ui
1 eetlepel tomatenpuree
zout
6 kleine aardappelen

Pluk de blaadjes van de artisjokken en leg ze in het water waaraan het citroensap is toegevoegd. Schil ondertussen de aardappelen en snijd deze in niet te kleine stukjes.

Doe de olie in een grote pan met een stevige bodem. Voeg hier de ui en de peterselie en de uitgelekte artisjokkenbladeren aan toe. Licht aanbakken.

Verdun de tomatenpuree met een klein beetje warm water, doe er een beetje zout bij. Gooi dit al roerend bij de groente in de pan. Laat het geheel even kort doorkoken.

Daarna doe je de blokjes aardappelen bij de artisjokkenbladeren, giet er nog zo'n 150 ml water bij. Laat het geheel op een niet al te heet vuur zo'n 40 minuten garen. De saus moet dan dik zijn.

Het gerecht dient heet te worden opgediend.

3 INNEMENDE ZAKENLIEDEN

Analyse this – het is een situatie die uit het misdadige leven is gegrepen en zal een halve eeuw later terugkomen in een gelijknamige film (met Robert de Niro) en nog weer later in een dvd-serie: *The Sopranos.* Gangsterbaas Frank Costello (1891-1973) besprak met een psychiater zijn problemen met zijn gangsterbestaan. Een lastige situatie gezien de geheimhoudingsplicht van een maffioso. Costello kwam uit Calabrië en werd rijk tijdens de drooglegging. Hij was onder anderen bevriend met Ciro 'de artisjokkenkoning' en was de zakenpartner van Lucky Luciano. Costello groeide op in het overbevolkte getto van East Harlem. Hij compenseerde de armoede van vroeger door later altijd een pickfijne outfit te dragen.

Net als 'Don Vito' uit *The Godfather* wilde ook Costello niets met de verkoop van drugs te maken hebben. In die zin was hij een 'old school'-mobster, voor de rest blonk hij uit als een moderne gangster. In 1937 had Costello de leiding van Luciano overgenomen en daarna was hij twintig jaar lang de nummer één van de onderwereld. Vanwege zijn politieke contacten werd Frank the Boss beschouwd als de 'prime minister' van de maffia. De joyeuze gangster deed zijn zaken vanuit Duke's Restaurant in New Jersey – *The Mafia White House.* Hij hield onder andere van champignons die gebakken werden met knoflook en courgette met munt. Als die schotel op tafel stond, was dat aanleiding voor zijn verhaal over de buurt waar hij was opgegroeid. De kinderen werden er niet klaargestoomd voor Yale of Harvard. In zijn woorden: 'Het kroost schoot er als paddenstoelen uit de grond.'

Tijdens die etentjes in Duke's zouden beslissingen zijn genomen over wie moest worden 'opgeruimd'. Er waren indertijd zelfs mensen die dachten dat je alleen nog maar met zijn toestemming tot rechter kon worden benoemd.

Costello poetste zijn imago in de media op door zich voor te doen als een innemende zakenman. Hij hield zich vooral bezig met de gokwereld en was eigenaar van winkels en bedrijven en investeerde ook in onroerend goed. De maffioso schopte het zelfs tot lieveling van het publiek toen hij in de jaren vijftig vragen moest beantwoorden van de overheidscommissie[1] die onderzoek deed naar de invloed van de georganiseerde misdaad op de samenleving. Die hoorzittingen waren voor het eerst in de Amerikaanse huiskamer te volgen, want ze werden op de televisie uitgezonden.

Het mocht niet baten, Costello belandde voor enkele maanden in de gevangenis. Nadien werd hij nog een aantal keren opgepakt, onder andere voor belastingfraude. Maar hij kreeg het toch voor elkaar om voorwaardelijk te worden vrijgelaten. Zijn maffiabestaan bezorgde hem sindsdien wel extra spanning en zorgen. Dat zal ertoe bij hebben gedragen dat Costello zich tot een psychiater wendde. Hij moest bij al zijn afspraken in hotellobby's en restaurants niet alleen op zijn hoede zijn voor de politie, maar ook voor zijn vijanden uit het criminele milieu.

Op 2 mei 1957 was hij er bijna geweest. Costello had die avond nog laat gesproken met een van zijn 'adjudanten' bij Chandler, een restaurant in het Theater District. Hij nam een taxi terug naar zijn luxeappartement aan Central Park. Toen Costello naar de lift liep, glipte een man, een beroepskiller, langs de portier. En terwijl de vent zijn pistool op Costello richtte, riep hij triomfantelijk uit: '*Frank, this is for you!*'

Als de sluipschutter zich had beheerst, was de afrekening geslaagd geweest. Costello had zich op het moment suprême – toen hij zijn naam hoorde – omgedraaid om te kijken wie hem riep. Als de kogels hem in zijn rug hadden geraakt, had de maffialeider de afrekening niet overleefd. Uiteindelijk zou Costello net als de fictieve Don Corleone een natuurlijke dood sterven. Beiden kregen een hartstilstand.

Kortom – het was zoals de Britse criminoloog Mike Presdee al schreef: '*They are playing in their own fucking movie.*'

Barbecue

Tony, de hoofdrolspeler uit de tv-serie *The Sopranos* (1999-2007), speelde de maffioso van de eenentwintigste eeuw. Tony Soprano gaat net als Costello naar een psychiater maar moet daar net als de echte maffiabaas Costello omzichtig mee omgaan. Niemand mag van zijn angsten weten. Ook Soprano kampt door zijn 'zakendoen' met het leven. Een leven waarin naast gruweldaden ook het genieten van voedsel centraal staat.

Tony Soprano kent als zoon van Italiaanse immigranten ouders de verhalen over legendarische maffiosi van weleer. Hij hoort over Lucky Luciano en Al Capone uit de eerste hand van zijn 'uncle Junior', de broer van zijn moeder Livia. Tony, tweede generatie, was 'een uitverkorene'. Net als die eerste mobsters had hij geen keus gehad voor een ander leven, vindt hijzelf. Maar hij spiegelt zich vooral aan de man van eer Vito Corleone, en niet aan de eerste echte godfather 'de Klauw' Morello, die stal van zijn mede-Italianen. Tony Soprano beschouwt zichzelf ook als een soort eerzame *lonesome cowboy*, die alles overheeft voor zijn familie, zijn vrouw Carmela, die uitstekend kan koken, en zijn kinderen Maddow en Anthony Junior, 'A.J.'. Hij kijkt dan ook vaak naar oude films: *Little Caesar* en *Public Enemy*. Hij heeft normale burgermansverlangens en jaagt de Amerikaanse droom na om rijk te worden. Zijn kroost moet het nog verder schoppen in de maatschappij dan hij, vindt hij.

Het is het dubbelleven dat Tony nekt en dat hem voor de kijker juist extra interessant maakt. Het zorgt voor spannende afleveringen. Naast een zogenaamde eerzame burger is Tony ook een harde crimineel die anderen afperst en rondhangt met hoeren in zijn eigen club, de Bada Bing. Hij schrikt zelfs niet terug voor moord. In de serie vinden in totaal zesenzeventig mensen en vier dieren de dood.[2]

Je ziet Tony op het tv-scherm glunderen achter de barbecue te midden van zijn upper class-buren, de Cusamano's. Hij denkt heel even dat hij 't heeft gemaakt, net als zij. Maar die buren blijken alleen maar naar zijn partijtje te zijn gekomen omdat ze nieuwsgierig zijn naar de wereld van Soprano, die hun heeft verteld dat hij 'in de afvalindustrie' werkt. Tegelijkertijd vinden ze het ook een beetje eng. Zij weten uit de geromantiseerde boeken en films over the Mob dat de maffia in deze sector haar belangen heeft. Ze weten ook hoe die belangen worden behartigd. Het is een wereld waarin verraders en concurrenten netjes worden 'opgeruimd'. Of, zoals maffiosi het zeggen: 'Die slapen bij de vissen.' De verwijzingen in *The Sopranos* naar andere maffiafilms als *The Godfather*, *Mean Streets*, *Goodfellas* en *Scarface* zijn talloos. De serie heeft daardoor een nog hoger werkelijkheidsgehalte dan eerdere mobstermovies.

Tony ziet bijvoorbeeld in zijn jonge neefje Christopher Moltisanti zijn opvolger. De filmheld van Chris is niet 'Don Vito', maar natuurlijk diens zoon Michael Corleone. Maar Moltisanti's echte held is Tony Montana uit *Scarface*, die net als hij niet vies is van een lijntje cocaïne. Het witte doek is voor de jonge maffioso de werkelijkheid. Als Chris niet snel genoeg wordt geholpen bij de bakker schiet hij de bediende in zijn voet. 'It happens', is achteraf zijn commentaar. Identieke woorden vielen in *Goodfellas,* waarin zich eenzelfde soort scène afspeelt.[3]

De Soprano's vormen een maffiafamilie die inmiddels is gestegen op de maatschappelijke ladder. Ze wonen in een villa in New Jersey en doen er alles aan om op een geslaagd Amerikaans gezin te lijken.

Dit alles tezamen maakt dat de kijker gelooft dat hij nu echt zelf aan tafel is geschoven bij de Italiaans-Amerikaanse onderwereld, bij de mannen die gewoon jouw vriendelijke buurman kunnen zijn.

Een kortstondig bezoek aan kennissen in een villawijk in New Jersey maakt mij duidelijk dat veel Amerikaanse Soprano-kijkers als het ware het gevoel moeten hebben gehad dat ze bijna naar een documentaire keken. Mijn gastvrouw kan mij precies aanwijzen welk restaurant de maffiosi uit hun buurt bezochten en achter welke grote hekken de rijke criminelen waren neergestreken.

Een witte fabrieksboterham

'*The Sopranos* is de beste serie aller tijden', schreef *Vrij Nederland*-criticus Jeroen Vullings toen hoofdrolspeler James Gandolfini doodging in 2013. Voor hem was het dan ook Tony die was gestorven. Dát hakte er bij Vullings in, verklapte hij. Tony was gevoelig en vulkanisch, oermenselijk, puur natuur, onweerstaanbaar, duister, een icoon van onze tijd, vond hij. '*The Sopranos* laat de kijker meer zien dan alleen misdaad, het gaat ook over verwachtingen, ingedut familieleven en familieroutine. Met de misdaden van Tony kunnen we ons niet identificeren, maar we hadden wel met hem te doen vanwege de herkenbaarheid.'

Dát hadden wereldwijd miljoenen kijkers met Vullings gemeen.

Dat bleek al eerder uit de essaybundel *A Sitdown with the Sopranos* (2002) over het fenomeen van herkenbaarheid in deze maffiaserie. Maar wat boeide de kijker nu het meest? Volgens de samenstelster van het boek, hoogleraar Regina Barreca (Engelse literatuur en feminisme), twijfelden Amerikanen vaak over hun identiteit. Die zouden ze kunnen vinden in waarden als eer, familie en loyaliteit. Dát zou volgens haar de belangrijkste reden zijn dat het publiek naar maffiafilms kijkt. Barreca: 'Van *The Godfather* tot *The Sopranos* hebben schrijvers gebruikgemaakt van de maffia om deze waarden van een glamourrandje te voorzien. Het gaat om een edelmoedigheid die in het werkelijke leven misschien niet bestaat, maar het is diezelfde edelmoedigheid die maakt dat je deze boeken en films graag wilt lezen en zien.'

Ook de doorgewinterde misdaadjournalist George Anastasia, zelf van Italiaans-Amerikaansen huize, boog zich over het succes van *The Sopranos*. Als Shakespeare nu zou leven, was hij de scenarioschrijver van deze serie geweest, schrijft hij. Wat Anastasia daarmee wilde zeggen was: de tv-serie gaat vooral over onze fascinatie voor het kwaad. En het gaat óók over rolmodellen. Anastasia verhaalt over de rol die afstamming speelt binnen de Amerikaanse samenleving. Hij meent dat veel niet-Italiaanse Amerikanen graag van identiteit zouden willen ruilen met een Italiaan omdat die de kunst verstaat om het leven te omarmen. Als Anastasia dat naar zichzelf vertaalt staat dat gelijk aan: je emoties laten zien, tijd voor je familie maken en goed eten. 'De Soprano's bieden hun kijkers daartoe de gelegenheid,' vindt hij.

Anastasia schrijft ook over zijn eigen favoriete Italiaanse restaurant in New York, Pizzicato, waar de obers nadat de bestelling is opgenomen je meteen voorzien van knapperig Italiaans brood en een fles *extra virgine* olijfolie op tafel zetten. 'Met dat brood, gedoopt in de fantastische olie uit Italië, ben je in de hemel. Maar tijdens het eten vallen er kruimels op de tafel. Dat staat slordig. [...] Er zijn mensen die zich daar druk over maken.' Hij waant zichzelf op zo'n moment een 'Soprano', bekent hij. Net als Tony kan hij niet begrijpen dat mensen zich druk maken over zoiets als kruimels en daarover gaan zeuren. 'Dat is onbegrijpelijk. Tony noemt die types "Wonder Bread Wops" – mensen die liever een zachte witte fabrieksboterham eten met margarine en jam. Die mensen kruimelen niet, maar aan hun brood zit kraak noch smaak.' In de ogen van Anastasia is zulk gedrag vooral 'erg Amerikaans'.

De misdaadjournalist merkt bovendien dat zijn informanten en zegslieden binnen the Mob de serie *The Sopranos* op de voet volgden. 'De problemen van Tony Soprano waren de hunne', noteert hij. Dát liet hij David Chase, de maker van het gangsterepos, weten in de vorm van een open brief in zijn krant de *Philadelphia Inquirer*. Anastasia wilde Chase hiermee een hart onder de riem steken, want er was niet alleen lof, maar ook kritiek op het beeld dat door diens serie weer eens was ontstaan over 'dé Italiaanse Amerikaan'. De Sopranos zouden te veel het clichébeeld benadrukken dat iedere Italiaan eigenlijk een maffioso zou zijn, terwijl er ook beroemde filmers en misdaadbestrijders van Italiaanse komaf zijn. Dat laatste weten de mensen heus wel, vindt de verslaggever. Anastasia: 'Die critici zijn slapjanussen met een bekrompen geest. Dat zijn mensen die spaghetti snijden met een mes en met een lepel opeten.'

Op tafel

De eetcultuur was en is essentieel voor de Italiaans-Amerikaanse gemeenschap. De overvloedige zondagsdis bij De Soprano's getuigt er menigmaal van. Maar de 'originele' spijzen die daar op tafel komen, blijken niet rechtstreeks te zijn gekopieerd uit het hartland van de maffia: Napels, Sicilië of Calabrië. De Italiaanse historicus Simone Cinotto verdiepte zich in de geschiedenis van het eten van de migranten.[4] Hij is expert op het gebied van voeding, cultuur en communicatie. De eerste Italiaanse landverhuizers waren boerenarbeiders die niet verder keken dan het eten dat ze kenden uit hun eigen streek. De noorderlingen kookten polenta en aten kastanjes, de zuiderlingen volstonden met zwart brood en groentesoep, volgens Cinotto. Een enkele keer werd het eten aangevuld met kaas, salami, gedroogd vlees en in zout ingelegde sardines. Soms was er spek of olijfolie, zelden boter.

Door de toegenomen rijkdom en overvloed aan ingrediënten en de multiculturele samenleving in Amerika ontstond pas de creativiteit in het koken van de Italiaanse Amerikanen schrijft hij. Anders dan in Italië was alles immers verkrijgbaar. En als het niet te verkrijgen was, werd het geïmporteerd. Allerlei voedsel dat men kende vanuit Italië en dat men daar toen niet kon kopen was in New York dan ook voorhanden: artisjokken, courgettes, asperges, aubergines, pepers, het loof van cichorei en broccoli. Olijfolie en blikken tomaten werden zelfs verscheept vanuit het oude moederland. Uiteraard had de maffia bij dit alles vaak een rol: die controleerde deze open markten.

De Italiaanse Amerikanen kookten met de herinnering aan het land dat ze hadden achtergelaten. De zo ontstane recepten kregen de status van het 'traditionele Italiaanse eten', maar waren in werkelijkheid varianten erop, vindt de voedseldeskundige. In Italië hadden de landarbeiders en bedienden alleen maar kunnen dromen van het eten van de welgestelden: vlees, pasta, wit brood en suiker. Ze hadden gezien welke overvloedige schotels tijdens feestdagen of andere festiviteiten op tafel stonden bij de rijken. Nu waren ze in staat die ingrediënten zelf ook aan te schaffen. De immigranten konden met het voedsel dat ze in Amerika op tafel zetten laten zien dat ze het gemaakt hadden. Het eten leek alleen maar op dat in Italië, en kreeg bovendien een Amerikaanse twist. Bekende voorbeelden zijn spaghetti met gehaktballen, het kalfsvlees in marsalasaus of de zogenaamde traditionele kwarktaart met Pasen.

Zondagsdis

Eten staat voor een identiteit en voor een sociale klasse. Al hadden veel gezinnen die niet in de maffia zaten het niet breed, ze zaten wel met zijn allen aan tafel. Velen hadden ook de illusie dat er niet alleen op zondag maar ook door de week beter eten bij hen op tafel stond dan de rijken in Amerika ooit kregen voorgeschoteld.

De Italiaanse zondagsdis was en is de smeerolie tussen generaties, volgens Cinotto. Samen thuis eten betekende dat je de kinderen beter onder controle kon houden.

De Italianen hebben meer dan welke andere immigrantengroep in de Verenigde Staten de identiteit van de consument omarmd, meent de voedingsdeskundige. In Italië stonden deze mensen, als er geen eten in huis was, soms in de keuken met borden te rammelen om de buren te laten denken dat er goed werd gegeten. Ze wilden het decorum bewaren. In Calabrië hingen de vrouwen uit het raam om zogenaamd het tafellaken uit te kloppen van een maaltijd die nooit was opgediend. Nu ze wel voedsel konden kopen logen de hoeveelheden eten die op zo'n zondag moesten worden weggestouwd er niet om.

Wie gestegen was in zijn sociale klasse zette in Amerika op zondag behalve soep en salade op zijn minst ook drie verschillende vleesmaaltijden op tafel en vier of vijf groentegerechten met venkel en selderij. Daarna volgden nog fruit, noten en gebak. Gasten van buiten de familie moesten helemaal overladen worden met voedsel. Bij sociale gebeurtenissen – doop, bruiloft of begrafenis – werd er ook stevig uitgepakt. Het eten dat op die bijeenkomsten traditiegetrouw hoorde te worden opgediend zou stammen uit de plaats van herkomst, maar veelal zijn het ook aangepaste mythen over voedsel. Als voorbeeld noemt Cinotti het copieuze 'Feest van de Zeven Vissen' op kerstavond, of de cakejes met Pasen. Niet het rituele kerkelijke feest was tijdens die dagen het belangrijkste voor de immigranten, maar het eten. Het gezamenlijk eten van de grootfamilie stond bovendien voor meer. Bij de maaltijden werden de zaken besproken; buitenstaanders waren niet welkom.

De geschiedenis van het Italiaanse koken is in Amerika als het ware 'uitgevonden'. Het brave tijdschrift *Good Housekeeping* vroeg zich in 1918 al af waarom het Italiaanse eten zo goed was en schreef: 'Bij iedere Italiaan stroomt het bloed van een ware kunstenaar door de aderen. Wie goed wil kunnen koken heeft visie, verbeelding nodig en moet gevoelig zijn voor de fijne nuances in smaak, kleur, vorm en compositie. Dat is het geheim van de latino. Die heeft dat net iets meer dan wij.'

Bij de artikelen over het geïdealiseerde Italiaanse eten stonden zonder uitzondering foto's van grote families aan lange tafels. Vaak stonden die tafels buiten onder de druiventrossen. Eenzelfde idyllisch beeld zie je terug in de films uit die tijd. Trefwoord was hartelijkheid. Ook hoorde er bij het eten muziek: 'O sole mio'. De Italiaanse restaurants haakten aan bij die geromantiseerde werkelijkheid. Obers in kleine restaurantjes in de Lower East Side zongen ineens bij alles wat ze deden: bij het schoonmaken van de tafel, bij het opnemen van de bestelling en het brengen van het eten. De eettenten hadden namen die de gast de illusie moesten geven dat hij aan tafel zat bij een familiebedrijf – een huiskamerrestaurant waar moeder achter de pannen stond en waar vader serveerde, de zelfgemaakte wijn uitschonk en gratis wijze levenslessen gaf.

Pasta con le sarde

Het clichébeeld van het Italiaanse restaurant met de tafeltjes met het rood-wit-geblokte kleedje, de chiantiflessen met stro en 'spaghetti met gehaktballen' heeft lang bestaan. Het leverde eigenaars een goedlopende business op. Maar op den duur werd het toch minder. Daarvoor waren meerdere redenen. Vanaf de jaren dertig was er spaghetti in blik te verkrijgen, waarmee thuis een snelle maaltijd op tafel kon worden gezet. Bovendien vielen er ook voor de Italianen nieuwe immigrantenkeukens te ontdekken en ontstonden er fusiongerechten. Kortom de Italianen 'veramerikaniseerden'.

In de eenentwintigste eeuw is echter 'de echte Italiaan', de culinaire artiest, de man achter het fornuis weer helemaal terug. De Soprano's blijven hier ook dicht bij de werkelijkheid. Thuis is het Tony's vrouw Carmela die nog altijd zelf uren in de keuken staat om haar veel geprezen *baked ziti* en rigatone met worstjes en tomatensaus te maken. Carmela: 'Misschien ben ik ouderwets, maar koken is een manier – misschien wel de beste – om mijn familie duidelijk te maken dat ik om hen geef en hen liefheb.' Zelfs de jongste generatie – haar kinderen Meadow en 'A.J.' – vond haar Italiaanse eten cool, zo blijkt uit de serie. Italiaans eten is 'in'. Hun idolen zoals Brad Pitt hielden immers ook van knoflook en pizza.

Met een typische eenvoudige Siciliaanse schotel – *Pasta con le sarde* (sardientjes) – zoals haar eigen moeder die kookte, hoeft Carmela niet meer bij Tony aan te komen, biecht ze op aan de 'meesterchef' in de serie: Artie Bucco. Hij is de jeugdvriend van Tony en geen lid van de maffia.[5] Dat leidt op z'n zachtst gezegd wel eens tot spanningen. Bucco's eerste restaurant, Vesuvio, ging op mysterieuze wijze in vlammen op. Maar als Tony en Carmela echt iets te vieren hebben, gaan ze samen uit: 'echt lekker eten' bij Nuovo Vesuvio, Bucco's toptent.

Bucco speelt in de serie het archetype van de Italiaanse man achter het fornuis. Hij komt uit een familie van restauranthouders en werkte zich op tot wie hij nu is, de chef van een restaurant waar Italiaanser (Avellinees) wordt gekookt dan in Italië zelf. Zijn specialiteit is *Kwartel à la Sinatra.* Zijn geheim geeft hij prijs in een kookboek over *The Sopranos.* Hij gebruikt zongedroogde tomaten uit de laars van Italië. Hij bedacht het recept zelf, toen hij Frank Sinatra hoorde zingen: 'Luck Be a Lady'.

Koken doe je met je hart, wilde de chef-kok daarmee zeggen. Acteur John Ventimiglia, die deze rol vertolkt, overtuigt de kijker zeer van het levensmotto van Bucco.

Wie wil niet laten zien dat hij een hart heeft? Een crimineel toch zeker ook.

In *The Godfather* zegt de vriend van Don Corleone niet voor niets: 'Leave the gun. Take de cannoli.' En mobster Tony Soprano houdt dat motto eveneens in ere. Niet alleen eet hij graag met zijn gezin en alle aanverwanten, maar hij doet dat vooral met zijn maffiose vrienden. Zij zijn zijn team, zijn stam, zijn ware familie. Zijn maffiafamilie gaat voor alles: 'Zelfs voor je vrouw, je kinderen, je moeder en je vader,' stelt hij.

Met zijn mannen deelt Tony het echte leven – het leven op straat, het misdadige leven. De Italiaans-Amerikaanse journalist en auteur Bill Tonelli verwoordt dat prachtig in *The New York Times* (2001) in een recensie over *The Sopranos*: 'De mannen in deze serie doen wat de meesten van ons diep in ons hart ook willen doen. Bij elkaar zitten en lanterfanten, je tijd verdoen zonder de schijn op te houden voor beschaafde dames. Lekker veel drinken, roken, vloeken, broodjes met veel vlees en kaas eten, een wapen dragen en een dikke rol bankbiljetten in je zak hebben zitten.'

Ook de Amerikaanse filosoof Al Gini[6] boog zich over de fascinatie voor de filmmaffiosi. Hij schrijft: 'Tony houdt van de risico's en gevaren die hij en zijn mannen nemen "om het eten op tafel te kunnen zetten". Maar het belangrijkste is toch wel – althans in hun eigen ogen – dat Tony en zijn team met hun daden kunnen bewijzen dat ze echte mannen zijn. Ze zijn jagers en de wereld is hun jachtterrein.'

Zondagse saus

Het *Sopranos Family Cookbook*[7] was net zo populair als de dvd-serie. Het stond in 2002 weken achtereen op de bestsellerlijst van *The New York Times*. Met een klein beetje 'hulp van zijn vrienden' biedt kok Artie Bucco (acteur John Ventimiglia) de lezer een keur aan Napolitaanse gerechten. De maffiagasten in zijn restaurant Nuovo Vesuvio leggen in het kookboek uit wat zij het lekkerst vinden. En ze geven tips over hun Italiaanse *way of life*.

Patriach en *old school*-gangster 'uncle Jun' Corrado Soprano pleit voor het in ere houden van de traditie. Hij meent dat de keuken van la mamma de beste is. 'Niemand ging eraan dood of klaagde over te veel cholesterol of dat soort onzin.' Zijn favoriete schotel is *Pasta Fazool – Pasta Fagioli* in de winter. Een delicieus huwelijk tussen cannellonibonen en *ditalini*-pasta. In de zomer kookte zijn moeder *Giambotta*, een stoofpot met een keur aan groenten: rode paprika's, volrijpe tomaten, aardappelen, aubergine, ui en veel verse basilicum.

Voor de jonge generatie, boss Tony Soprano, gaat het natuurlijk om vlees: echte kerels barbecueën, vindt hij.

Zijn advies aan zijn vrienden: 'Zorg vooral voor een mooi vuur.' Kwaliteitsvlees is een vanzelfsprekendheid – daar heb je het niet eens over. Tony: 'Gebruik niet van die armoedige houtskool van een koopjeswinkel zoals de meesten dat doen.' Hij haalt zijn neus op voor dat soort mannen: 'Die grillen hun varkenskarbonade tot het een stuk schoenleer is geworden.'

Zijn echtgenote Carmela Soprano bekent dat ze trots is op haar kookkunst, al maakt haar dat tot 'slaaf van mijn afwasmachine'. De weekenddiners houden de familie echter bij elkaar. Carmela: 'Je praat anders alleen maar via briefjes die op de ijskast zijn geplakt.' Ze kookt anders dan haar moeder, die uit het arme Sicilië naar Amerika kwam. Met enig dedain van de nouveau riche: 'Die zet nog *Pasta con le Sarde* op tafel. Dat wil Tony niet onder zijn neus zien. Om eerlijk te zijn, ik ook niet.'

Carmela's Ziti al Forno

(8 tot 12 porties)

Het voordeel is dat je het van tevoren kunt maken, maar het is erg veel werk.

1 pond ziti (dunne buisjespasta)
Zondagse Saus
90 gram vers geraspte pecorino Romano of parmigiano-reggiano
250 gram ricotta
250 gram mozzarella, in kleine stukjes gesneden

Eerst moet er *Zondagse Saus* worden gemaakt.

2 eetlepels olijfolie
1 pond spareribs
1 pond kalfsvlees of 2 kalfskarbonades
1 pond Italiaanse varkensworstjes met venkel
4 tenen knoflook
1 blikje tomatenpuree (60 gram)
3 kleine blikken Italiaanse gepelde tomaten – zelf fijnhakken
+/- 500 ml water
zout, versgemalen peper
6 blaadjes verse basilicum in stukjes gescheurd

Nu volgen de ingrediënten voor de gehaktballetjes die ook nog straks aan de saus worden toegevoegd.

1 pond runder- of half-om-halfgehakt
55 gram broodkruim – liefst zelfgemaakt
2 grote eieren
1 theelepel fijngehakte knoflook
45 gram vers geraspte pecorino Romano of Parmezaanse kaas
2 eetlepels vers geknipte platte peterselie

1 theelepel zout, vers gemalen peper
2 eetlepels olijfolie

Bereiding: verwarm de olie in een grote pan met stevige bodem op een niet al te heet vuur. Doe de porties vlees na elkaar in de verhitte olie, rondom bruin braden. Leg ze daarna op een bord. Doe hetzelfde met de worstjes. Schep daarna het meeste vet uit de pan en voeg de knoflook toe die je goudkleurig moet bakken. Haal dan de knoflook weer uit de pan en gooi weg. Voeg meteen al roerend de tomatenpuree toe. Ongeveer één minuut laten koken en dan meteen de fijngehakte bliktomaten erbij doen. Giet vervolgens het water erbij, voeg toe zout en peper naar smaak, en tot slot de basilicum.

Nu mogen alle porties vlees weer terug in de pan. Het deksel gaat erop en het geheel mag nu zo'n twee uur stoven. Als de saus te dik wordt, mag er wat water bij.

Ondertussen maak je de gehaktballetjes: doe alle ingrediënten in een grote schaal en meng het geheel door elkaar met je handen. Daarna de handen met koud water afspoelen en balletjes draaien. Voor de ziti mogen de balletjes niet groter zijn dan een druif. Verhit de olie en bak ze snel bruin, ze hoeven nog niet gaar te zijn. Als de stoof zo'n twee uur heeft opgestaan worden ze toegevoegd en vervolgens moet het geheel nog 30 minuten zacht stoven. Als het vlees, de worstjes en de gehaktballetjes zacht en gaar zijn, haal je ze uit de saus en zet je ze apart weg voor een tweede gang of een andere dag.

Dit is de Zondagse Saus voor de *Ziti al Forno.*

Nu kan de ziti – of andere buisjespasta – 'al dente' worden gekookt – in ruim water dus, met zout naar smaak.

Verhit de oven voor op 180 graden.

Als de pasta klaar is laten uitlekken, in een grote schaal doen en driekwart van de saus en de helft van de gemalen kaas erdoorheen roeren. Dan de gehaktballetjes toevoegen.

Vervolgens gaat driekwart van deze geprepareerde pasta in een diepe ovenschaal, leg daar de ricotta op, de mozzarella en een deel van de overgebleven geraspte kaas. Giet daar een kop saus overheen.

Daarop wordt de rest van de pasta toegevoegd en bestrooi dit met het laatste deel van de geraspte kaas. Dek de schaal af met aluminiumfolie. De ziti kan uren van tevoren worden klaargemaakt en in de koelkast worden bewaard, mits de pasta een halfuur voordat deze de oven in moet eruit wordt gehaald om op kamertemperatuur te komen.

Bak de ziti 45 minuten, haal dan de folie eraf en laat nog minstens 15 tot 30 minuten in de oven staan of langer. De pasta is door en door warm als de saus aan de zijkant van de schaal begint te bubbelen. Haal de schaal uit de oven. Dek die af en laat de schotel nog 15 minuten staan voordat die op tafel wordt geserveerd.

Als er van Carmela's door eenieder opgehemelde *Ziti al Forno* nog wat over is, sluipt maffiabaas Tony zelfs 's nachts nog naar de ijskast om ervan te eten. Zo bedwingt hij thuis de demonen die hem in zijn slaap achterna zitten – de mannen die 'slapen bij de vissen'.

4 KLAAS EN WIJN

Daar zaten ze dan, de jongens van de gestampte pot. Niet op een kruk in de snackbar, maar aan een mooi gedekte tafel in het restaurant met spiegelwanden in het chique hotel aan de statige Apollolaan in Amsterdam. Vechtsport was hun wereldje. Klaas Bruinsma was hun baas. Met zijn allen vormden ze 'de Firma', een internationale groothandel in softdrugs, waarmee miljoenen winst werd gemaakt. Bruinsma's taal was alleen niet die van hen. Zij waren jongens uit de sociaal lagere klasse. Klaas was een lange studentikoze vent, een womanizer, gewend om zich te begeven in de betere kringen in het Gooi en in Amsterdam-Zuid. Zijn vader was de directeur van een limonadefabriek die hij groot had gemaakt: de Amerikaanse droom – van krullenjongen tot miljonair.

Men heeft zich vaak afgevraagd waarom zo'n jongen uit een gefortuneerd milieu in de drugs wilde gaan. Welnu: Klaas wilde zijn vader naar de kroon steken. Dat lukte hem met zijn illegale handel, die vooral snel veel geld opleverde. Bovendien genoot hij ondertussen ook van zijn wilde, gevaarlijke leven. Zijn afkomst verloochende Bruinsma daarbij niet.

Het gezelschap was in een wat baldadige bui. Toen de ober informeerde wat ze zoal wilden eten, riepen zijn mannen in koor: 'Alles wat op de menukaart staat!' Met die boodschap droop de man af naar de keuken. Vervolgens stormde de kok achter zijn fornuis vandaan en liep recht op de tafel met Bruinsma en consorten af. 'Wat ze wel niet dachten? Of ze alles konden maken?'

Minachting was daarop zijn deel. 'Man, zit niet zo te zeuren. We betalen er toch voor!' riepen de bendeleden.

Maar op dat moment wees Bruinsma zijn mannen terecht. 'Zo ga je niet met een kok om,' vond hij. 'Een kok heeft zijn beroepseer. Daar moet je respect voor tonen. Dus: jullie bestellen gewoon wat je wilt eten. Daarmee uit.'

Uit eten

De naam Klaas Bruinsma (1953-1991) alias 'de Lange', 'Frans van Arkel' of 'de Dominee', is sinds de jaren tachtig synoniem voor 'de georganiseerde misdaad in Nederland'. Op de Crime Top 100[1] die in de zomer van 2015 is gepresenteerd stond hij op nummer 1. Een kwarteeuw na zijn gewelddadige dood kwam hij nog altijd uit boven Willem Holleeder, de huidige verpersoonlijking van het 'grote kwaad'.

'Bruinsma kickte erop om maffiabaas te worden. Ik zie nu in de jaren 2000 dat nog steeds om me heen: mensen in het criminele milieu die net als "de Lange" zo'n godfather-syndroom hebben,' aldus een van mijn zegslieden. Deze wil niet met zijn naam in de publiciteit, zoals sommigen van zijn collega-drugsbaronnen. Toch kan hij zich met zijn staat van dienst met hen meten. Tot op heden is het hem gelukt om in de 'twilight zone' te blijven, en zo wil hij het graag houden. Criminelen in Nederland zijn steeds meer op Amerikaanse gangsters gaan lijken, vindt hij.

Zelf ziet hij er met zijn *Financial Times* onder handbereik eerder uit als een beurshandelaar dan als een grootgrutter in illegale softdrugs. Mijn informant ergert zich aan het vlagvertoon tijdens begrafenissen van andere, beruchtere gangsters en de borstklopperij die hij om zich heen ziet in de misdaadwereld.[2] Hij heeft zelf de opkomst van Klaas Bruinsma en alle publiciteit rondom de maffiabaas nog van dichtbij meegemaakt. 'Ook de anderen zitten tegenwoordig net als Bruinsma de hele dag naar *The Godfather* te kijken. Een schilderij van Don Corleone hangt bij hen aan de muur. De film *Scarface* hebben ze duizend keer gezien. Ze doen allemaal hetzelfde als wat "de Lange" in zijn tijd deed. De baas spelen, je altijd laten vergezellen door bodyguards, met een Rolex-horloge om lopen en in een peperdure auto rijden.'

Net als in de Amerikaanse maffiafilms gingen Bruinsma en zijn bende regelmatig grandioos uit eten. Baas Klaas koketteerde daarbij met zijn dure smaak: alleen luxe restaurants en hotels waren goed genoeg voor hem. Hij sliep in het majestueuze Amstel Hotel, hij dineerde in de chique restaurants in Amsterdam-Zuid. Of hij ging met zijn bende aan tafel in het zeer exclusieve Japanse restaurant in het 23 etages tellende Okura Hotel, dat in 1971 was geopend door prins Claus. Ook dineerde hij daar soms met een van zijn vriendinnen.

Bruinsma was een trendsetter, maar als jongen uit de betere kringen was hij ook een beetje een buitenbeentje in het criminele milieu. Voordien maakte de oude Amsterdamse penoze, onder wie Frits van de Wereld, de dienst uit in de drugshandel. Van de Wereld smokkelde samen met Volendamse vishandelaren met hun kotters de hasj het land binnen. Bruinsma pakte het grootser aan. De softdrugs importeerde hij met tonnen tegelijk en het zo verdiende geld liet hij rollen (en ook beleggen in onroerend goed en aandelen).

Vier schoten maakten op 27 juni 1991 een eind aan Bruinsma's leven, een gangsterdood. Hij stierf op het beruchte moment dat hij even niet alert was. De 37-jarige handelaar in verdovende middelen stortte neer voor de deur van het Hilton Hotel aan de Amsterdamse Apollolaan, waar hij de avond aan de bar had doorgebracht.

De boeken en films die nadien over het leven van Klaas Bruinsma werden geschreven, getuigen van een misdaadcarrière als een capo dei capi, de baas der bazen. Het gegeven dat een rijke jongen uit de bovenwereld als een grote gangster was gestorven, intrigeerde menigeen. Hoe word je een maffiabaas?

Ook de wetenschap boog zich hierover. Criminoloog Frank Bovenkerk deed bijvoorbeeld onderzoek naar misdaadcarrières en schreef over de psychologie van de topcrimineel, onder wie dus Bruinsma. Een interessant boek: *Misdaadprofielen.* Bruinsma was met zijn afkomst onder de grote boeven een uitzondering, de anderen waren vrijwel allemaal van lagere komaf. Volgens Bovenkerk was Klaas Bruinsma uitgegroeid tot 'een historische concentratiefiguur'. Hij vergeleek hem met iemand als Karel de Grote. Aan die keizer werden zoveel heldendaden toegeschreven dat hij meerdere levens nodig zou hebben gehad om die allemaal te verwezenlijken, meent de academicus. 'Deze eenzijdige selectie van feiten leidt tot retrospectieve vertekening.' Bovenkerk stelt dat de georganiseerde criminaliteit zich in Nederland in twee gedaanten manifesteerde: 'Naar buiten toe werd de gelikte wereld van de film *The Godfather* getoond, maar intern heerste de rommeligheid van de *Driestuiversopera.* 'In de Nederlandse kranten konden de misdaadbazen over zichzelf lezen dat ze heel grote criminelen waren, heuse maffiabazen zelfs. Volgens de criminoloog gingen ze dát vervolgens dan ook doen. De Nederlandse drugshandelaren kopieerden gewoon het sterk geromantiseerde beeld van 'de mannen van eer' met hun eigen regels en gewoonten.

Chivas Regal

Bruinsma had er een heuse studie van gemaakt, zo wil de overlevering. Twee vrienden die met Klaas optrokken op het lyceum in Amsterdam vertelden erover voor mijn boek *In de ban van Bruinsma* (2004). Ze spraken over hem alsof hij nog onder ons was en elk moment kon aanbellen in de keurige straat in Amsterdam-Zuid waar een van hen woonde. 'Het gaat erom in het leven dat je een drive hebt. En die had Klaas in grote mate. Dat soort mensen lijkt het geheim van het leven te kennen. Zij hebben de doelgerichtheid, waardoor ze suggereren dat zij weten waarom je leeft. Het lijkt erop alsof zij weten waar ze naartoe gaan, al is dat niet zo. Maar op andere mensen maken zij die indruk. Dat was de kenmerkende charme en het charisma van Klaas.'

Klaas wilde zich graag slimmer voordoen dan hij was, meenden ze. 'Klaas was geïnteresseerd in *how to become incredibly well informed in one evening*. Hij wilde graag weten wat de beste literatuur en de beste muziek was.' Zijn vrienden moesten naar de platenzaak om de honderd beste klassieke lp's te halen of de vijf beste boeken ter wereld. 'Gewoon om die in huis te hebben. Vóór alles gold dat alles het beste moest zijn. Hij dronk niet zomaar whisky, maar chivas regal.'

Ze vertelden ook dat Bruinsma biografieën had aangeschaft van Amerikaanse gangsters als Al Capone, Lucky Luciano en 'Teflon Don' John Gotti. Hij paste hun werkwijze toe in Nederland en introduceerde ook de *way of life* van de mobsters. In die tijd liep iedereen in spijkerbroek, maar Klaas kleedde zich net als de maffiosi: netjes. Hij droeg mooie overhemden, had een vouw in de broek en er hing een wolk van dure aftershave om hem heen.

Als Nederlands eerste peetvader creëerde hij zijn eigen wetten en regels. Een van zijn vroegere vrienden: 'Klaas leek een beetje op een oudtestamentische god. Soms werd een stad vernietigd omdat er twee onrechtvaardigen woonden en soms werd de stad om die reden gespaard.' En: 'Je was dan wel zijn vriend, maar dat zei ook niet alles. Lees de Bijbel er maar op na: Jezus, de zoon van God, werd door zijn vrienden uitgeleverd aan zijn vijanden. De andere kant van vertrouwen is verraad. Het kan niet los van elkaar bestaan. Er moet verraad zijn in de wereld.'

In de tijd dat Bruinsma de scepter in de onderwereld zwaaide vonden er negen liquidaties plaats. Leden van zijn organisatie gingen eraan als ze overliepen naar de concurrentie, zichzelf wilden verrijken of omdat ze – al dan niet vermeend – politie-informant waren geworden. Maar met een heuse public relations-campagne probeerde Bruinsma de scherpste kantjes van zijn misdadige bestaan van een gouden randje te voorzien.

Kaviaar

Bruinsma sprak als een geroutineerde maffiabaas af met de media in hotels en bars waar hij zijn onderwereld- en bovenwereldzaken regelde. *Parool*-journalist Bart Middelburg werd aangepakt omdat hij in zijn krant onwelgevallige stukken over 'de Dominee' schreef – een godfather die probeerde te infiltreren in de bovenwereld met zijn aankopen in vastgoed. Het bleef niet bij bedreigingen, er volgde ook een strijd in de rechtbank om de rechtmatigheid van die stukken aan te vechten. Tevergeefs.

Verslaggever Bert Voskuil, die een stuk over Klaas Bruinsma wilde maken voor het tijdschrift *Nieuwe Revu*, kreeg een uitnodiging om naar het Hilton Hotel te komen. De drugshandelaar wilde ook met Voskuil eerst de condities voor een vraaggesprek doornemen voordat er überhaupt sprake van zou zijn.

De ontmoetingsplek was in die tijd berucht en bekend: 'Barretje Hilton'. Het was de *place to be* voor snelle jongens uit de onder- en bovenwereld. IT-entrepreneur Willem Smit en vastgoedmakelaar Harry Mens kwamen er. Levensgenieter Tonio Hildebrand (1930-2005), met zijn markante snor en eeuwige havanna, hing er aan de bar. Hij was oud-autocoureur en vriend van prins Bernard. Hildebrand was geen keiharde crimineel, meer een schelm. Ook acteur Rijk de Gooyer was regelmatig van de partij en kende Bruinsma, die Barretje Hilton eveneens frequenteerde. De Gooyer[3]: 'Die Klaas was een correcte jongen, kwam uit een goed milieu. Hij nam altijd zijn eigen wijn mee, dat weet ik nog. Hij was een echte kenner.'

Journalist Bert Voskuil ontmoette er inderdaad een 'knappe man in een prachtig zwart Italiaans maatpak' die zich met een sonore stem aan hem voorstelde als 'Bruinsma', vertelt hij me.[4] De belangrijkste voorwaarde van de drugsbaron om aan het artikel voor *Nieuwe Revu* mee te werken luidde: inzage vooraf en eruit mogen halen wat hem niet zinde. Voskuil stemde ermee in en dacht: dat zien we later wel weer. Hij was van plan om bij die onderhandelingen zijn poot goed stijf te houden. Ze hadden 'een deal'.

Het zou het enige officiële interview worden met godfather Bruinsma dat werd gepubliceerd.

Op de goede afloop liet Bruinsma op voorhand al een fles armagnac aanrukken. Voskuil: 'Echt duur spul. Toen de eerste fles van wel zo'n 300 gulden op was, volgde een tweede.' Daarna werd de journalist uitgenodigd in 'het clubhuis', het toenmalige luxe bordeel Yab Yum in Amsterdam. Voskuil had daar geen bezwaar tegen, zegt hij. 'Criminelen kom je nu eenmaal niet in de kerk tegen, wel in het bordeel of in de kroeg. Bovendien was er ook een "keurige afdeling" waar alleen champagne en kaviaar werden geserveerd.' Bruinsma ging naar boven met een van de vrouwen. Voskuil niet. Die keek diep in het glas en werd daarna door de lijfwachten van de maffiabaas naar huis gebracht. 'Het gaf geen pas, vond Bruinsma om dronken achter het stuur te zitten. Ook zijn lijfwachten mochten geen alcohol drinken.'

Voskuil, die met iedereen over de baas mocht spreken,

kwam erachter dat Bruinsma een liefhebber was van Franse wijnen. 'Hij bewaarde de mooiste flessen uit de topjaren in de kelder van een café van een vriendin van hem. Hij was met haar bevriend geraakt toen zij nog achter de bar stond in het Amstel Hotel. Het klikte tussen hen. Later had hij haar het café gegeven waar de wijnen werden bewaard en waar ze lange tijd zelf achter de bar stond.'

Het interview met Bruinsma vond uiteindelijk plaats tijdens een etentje. Deze keer niet in een duur restaurant of in een bar maar *en famille*, bij de Voskuils thuis in Haarlem, in zo'n net straatje. Bert Voskuil: 'Ik had een fles heerlijke Italiaanse wijn gekocht, Barolo.' Bruinsma stond voor de deur met een veel te grote bos bloemen voor zijn vrouw, herinnert de oud-verslaggever zich.[5] De crimineel stal het hart van Voskuils zoontje Koen door hem een ritje in een van zijn snelle Ferrari's te beloven. Het bleef uiteindelijk niet bij die ene ontmoeting tussen de verslaggever en de drugsbaron.

Ook de keer dat Voskuil later mocht meezeilen op de *Amsterdamned* bleek Bruinsma, die aan het roer stond, een goed gastheer. Aan boord waren twee jonge blonde meisjes ('een van hen zou de latere prinses Mabel kunnen zijn geweest') die voor de catering zorgden: broodjes zalm en paling. Ook ontbeet Voskuil met de drugsimporteur. Bijvoorbeeld 'bij Brinkmann op de Grote Markt in Haarlem'. Hij was erbij toen Bruinsma zijn diner liet brengen op zijn suite in het Amstel Hotel. 'Nadat de ober de zilveren cloche had neergezet, tilde Bruinsma die op en keek even naar het smaakvolle eten op het bord, maar hij roerde het niet aan.' De drugsbaron en de journalist gingen daarna een stukje lopen, dat wil zeggen: Klaas wilde praten en zijn visie op het leven geven, legt Voskuil mij uit. Hij luisterde gefascineerd naar de zware crimineel die zich omringde met luxe, ook al gingen de zaken toen al minder voorspoedig. Bruinsma bleek te beschikken over een enorm organisatietalent. Voskuil: 'Hij had zo een multinational kunnen runnen.'

Bruinsma wenste ook in zijn nadagen nog altijd het beste van het beste. Tot in het absurde. Voskuil: 'Hij en zijn mannen gingen wel gek met drank om. In Yab Yum werden voor de grap flessen champagne van 400 gulden kapot gegooid. Bruinsma zelf genoot eigenlijk nergens meer van, zelfs niet van zijn beroemde Franse topwijnen. Hij was ook geen echte kenner, hij had die wijnen meer om de blits te maken.'

Roti

Na Bruinsma's dood had Voskuil nog een aantal gesprekken over Bruinsma met diens rechterhand Etienne U., van Surinaamse komaf. Etienne U. koos voor een andere stijl dan 'de Lange'; hij wilde *low profile* blijven. 'Eutje' had zijn conclusies getrokken uit alle publiciteit rond 'de godfather' van de Lage Landen. Dat was slecht voor de zaken. Voskuil: 'Hij had er geen behoefte aan.' Het spannende leven in de georganiseerde misdaad leek Etienne U. weliswaar niet te hebben opgegeven, veronderstelde de verslaggever, die hem graag wilde uithoren. Maar hij trakteerde Voskuil niet op luxehotels en dure drank, maar op 'een spaatje' in café Wildschut in Amsterdam-Zuid. Ze hadden een keer een praatje in een Surinaams eettentje bij een eenvoudige roti. De verslaggever mocht zelf betalen. Volgens Etienne U. was Bruinsma met al zijn drugsmiljoenen arm gestorven, maar hij wilde niet dat Voskuil publiceerde wat hij hem hierover vertelde. Nadien kwamen de mannen elkaar nog eenmaal tegen bij het Italiaanse eetcafé Panini in de Vijzelstraat. Etienne U., in een keurige blauwe blazer, was er voor iemand anders, hij was aan het zakendoen. Voskuil: 'Ineens draaide hij zich om en riep naar me: "De broodjes met mozzarella zijn heerlijk. Moet je ook nemen." Toen Etienne U. daarna zelf was uitgegeten, zei hij tegen me: "Ik word te dik, dat is mijn enige probleem."'

Maar dát alles speelde zich af begin jaren negentig, kort voordat andere media over de nieuwe en gewelddadige kant van drugsbaron Etienne U. gingen schrijven. Bart Middelburg van *Het Parool* had eerst al Bruinsma uit de schaduw van de georganiseerde misdaad getrokken met zijn onthullende artikelen over diens handel en wandel. Nu kweet hij zich opnieuw van zijn taak. Hij zette 'Eutje' – tot diens grote ergernis – als rechterhand van Bruinsma op de kaart als een grote, gevaarlijke gangster. Voskuil berichtte niet over zijn eerdere ontmoetingen met U., ook al hadden ze gesproken over de moorden in de kringen van Bruinsma en andere zaken.

Vervolgens barstte er een schandaal los over de belastingaanslag van 'drugsbaron' Etienne U. – hij zou de fiscus ruim twintig miljoen gulden schuldig zijn over zijn criminele winsten. Justitie kon U. niet vinden. Toen speelde het verslaggeversbloed alsnog op bij *Revu*-journalist Bert Voskuil. Hij maakte een verhaal voor zijn tijdschrift waarin hij schreef dat Etienne U. vrijelijk in Amsterdam rondliep terwijl de Fiod hem zocht. Die publicatie in de *Revu* kreeg een staartje. Toen Voskuil kort daarna Etienne U. op het Oudekerksplein op de Wallen tegenkwam, liep die meteen op de verslaggever af en verkocht hem een rake klap op zijn oog. 'Nooit meer iets over mij publiceren,' had 'Eutje' hem daarbij toegevoegd.

Sindsdien zag de verslaggever de Surinaamse hasjhandelaar nooit meer terug. Voskuil wijdde later nog een gedicht aan de man die hem een blauw oog bezorgde in zijn recent verschenen bundel *Alle dertien fout*[6].

Zelf had ik in 1999 met de destijds 45-jarige Etienne U. een exclusief interview. U. was na een langdurig proces over zijn betrokkenheid bij een grootschalige cocaïnehandel vrijgesproken wegens gebrek aan bewijs. Hij vond dat daarmee zijn blazoen was geschoond. Hij had niet veel zin in het vraaggesprek, maar voor één keer maakte hij een uitzondering.

Etienne U. hield niet van de media, zei hij. Die hadden hem in zijn ogen gecriminaliseerd met hun verhalen over drugssmokkel en zijn gewelddadige karakter. Hij bevestigde dat hij Voskuil 'een stomp' had gegeven. Maar in zijn ogen had deze journalist die straf ook verdiend. Hij had Voskuil als een kennis beschouwd, hij had hem zo nu en dan 'geholpen', ze hadden ook wel eens samen gegeten. U.: 'De afspraak was daarbij dat hij niet over mij en mijn privéleven zou schrijven.' Voskuil had dat toch gedaan. Het stak Etienne U. vervolgens nog meer dat toen hij de journalist tegenkwam deze net deed alsof er niets aan de hand was. Hij wilde hem bij die ontmoeting zelfs bijna omhelzen. Vandaar dat hij die dreun uitdeelde, zei U. Maar toen Voskuil op de grond lag en hij weg wilde lopen, had U. gezien dat twee zakkenrollers de journalist te grazen wilden nemen. Die had hij weggejaagd, vertelde U.: dat vond hij 'te erg'. Omdat Voskuil aangifte tegen hem had gedaan, was hij zelf naar het politiebureau gestapt en had de situatie met de klap uitgelegd. De hulpofficier had hem een schikking aangeboden. Nadat U. zich ervan had vergewist dat 'slachtoffer Voskuil' daar geen enkele cent van zou ontvangen, had hij betaald. 'Vijfhonderd gulden voor één klap!'

Naar zijn zeggen zat Etienne U. in de 'vrije handel': hout, textiel, vis. Daarmee was hij rijk geworden en had hij de beschikking over een huis in Paramaribo en in Parijs. Hij wist echt niet waarom justitie hem op de kaart had gezet als een topcrimineel met als bijnaam 'de Generaal', hield hij vol.

Toen Etienne U. hoorde dat hij uit de gevangenis naar huis mocht, had hij gebak besteld voor het voltallige personeel en de gedetineerden van de penitentiaire inrichting in Almere, waar hij op dat moment al meer dan twee jaar in voorarrest zat. Volgens Etienne U. kon 'de beste bakker van Almere' deze grote bestelling niet in één keer aan. Dus toen het busje de eerste lading taartjes kwam afleveren bij de gevangenis, ontstond er onrust aan de poort. Want al die 288 gebakjes zouden moeten worden gecontroleerd. Gevangenen mogen namelijk niet zelf buiten een firma uitzoeken, legde U. uit. Hij begreep wel dat de instelling problemen had met zijn gebaar. De standaardregel luidde immers dat voedsel dat bezoekers meenemen naar een gedetineerde moet worden nagekeken. Niet omdat in ieder taartje een vijl verstopt zou kunnen zijn, maar omdat in eten vaak contrabande werd verstopt, vertelde hij. Zelf rookte hij geen jointje, ook was hij geheelonthouder. Hij deed alleen aan 'bodypudding'.

Ik begreep even niet waar hij het over had. Lachend legde hij het uit: 'Lekker eten. Het vervelende is dat je daar te dik van wordt. Maar daar ben ik aan verslaafd.'

Naar verluidt zou Etienne U. de afgelopen jaren zo nu en dan in Antwerpen hebben verbleven. Daar kwam een Belgische journalist de Nederlander regelmatig tegen in zijn Italiaanse buurtrestaurantje.

Koken voor Klaas

Als de dag van gisteren herinnert Bert Voskuil zich wat hij en zijn echtgenote Ineke destijds Klaas Bruinsma hebben voorgezet. De recepten bleken desgevraagd zelfs nog bewaard in zijn computer. Hij stelt ze voor dit boek beschikbaar. Het 'hogeschool-kokswerk' voor het diner voor 'de Dominee' nam zijn vrouw voor haar rekening, zegt hij. Het voorgerecht maakte hij zelf. Voskuil: 'We hebben er echt tijd aan besteed. En wat bleek? We hadden gekookt voor een man die niet werkelijk meer kon genieten van wat dan ook in het leven.'

Zalmrol

Max. 4 personen.

Kan een dag van tevoren worden gemaakt.

Drie eieren klutsen met een vork, niet laten schuimen. Een lepel koud water erbij en peper en zout. Hiervan omelet bakken: grote koekenpan, klontje boter goed heet laten worden, ei erin laten lopen, vuur op laag en deksel op de pan. Af en toe kijken of de bovenkant droog is. Dan voorzichtig op een plank laten glijden en afkoelen. Een ons gerookte zalm erover verdelen. 150 gram mon chou met wat fijngesneden peterselie zacht roeren met de mixer en met een vork en mes voorzichtig uitsmeren over de zalm. Oprollen, in aluminiumfolie en in de koelkast.

Opdienen: op bordjes drie plakken zalmrol (scherp mes nodig) neerleggen, beetje veldsla of ander groen, halve cherrytomaatjes, wat geroosterde pijnboompitjes en wat dressing erover druppelen. Dressing: walnootolie, een vierde deel balsamico-azijn, scheutje maggi, goed schudden.

Voorbereiding.

'S Middags op de dag zelf.

Aardappelgratin

Twee à drie vastkokende aardappels per persoon, bijvoorbeeld nicola. 20 minuten koken, afgieten en af laten koelen. In dunne plakken snijden en dakpansgewijs in een ovenvaste schaal neerleggen, afgedekt bewaren. Daarna ongeveer driekwart bekertje slankroom, peper, fijngesneden peterselie, één à twee teentjes geperste knoflook in een schaaltje doen en mengen. Klaarzetten bij de aardappels.

Groente

Drie kleuren paprika's wassen en in 'zoute droppen' snijden. Een bosje lente-uitjes in stukjes snijden, een teentje knoflook uitpersen. Samen roerbakken in olijfolie, ongeveer vijf minuten. Beetje peper en zout erop strooien. Aantal blaadjes basilicum erover knippen.

Peultjes afhalen en onder water zetten.

Kastanjechampignons schoonborstelen, in vieren snijden en bakken. Beetje peper en zout erover, bewaren.

Saus voor het vlees

Potje wildfond (Domburg, Cronje) inkoken tot de helft. Flinke scheut rode wijn erbij, plus port en een beetje cognac. Verder in laten koken. Binden met allesbinder.

Voor het toetje alvast 10 tot 12 lange vingers bedruppelen met marasquin.

Als je het voorgerecht opdient alvast de oven aanzetten op maximaal.

Na het voorgerecht: slankroommengsel over de aardappels gieten, ongeveer een half zakje geraspte kaas erover strooien, in de oven zetten.

Peultjes opzetten, 10 minuten koken. Intussen het vlees (bijvoorbeeld lamshaasjes, malse biefstuk, of entrecote) droog deppen, paar minuutjes bakken in hete boter, dan peper en zout erover strooien, op voorverwarmde schaal leggen (bijvoorbeeld boven op de pan met peultjes) en afdekken met aluminiumfolie. Paddenstoelen in bakvet verwarmen, eventueel scheutje water erbij, over het vlees leggen. Saus zachtjes verwarmen, of in de magnetron. Paprika's drie minuten op vol in de magnetron. In principe is nu alles klaar om op te dienen (even kijken of de aardappels een lichtbruin korstje hebben, anders kortstondig onder de grill).

Dessert: Omelet Vesuviënne.

De oven moet maximaal heet zijn!!!!

Op een platte ovenvaste schaal de lange vingers in een vierkant neerleggen, een paar achterhouden om rechtop te zetten. Drie eiwitten met 90 gram suiker eindeloos lang kloppen met de mixer, tot het echt heel dik is en de mixer strepen trekt. Probeer een halve eierschaal heel te houden en bewaar die. IJs uit de diepvries: met een mes stukken eraf snijden en op de lange vingers leggen, zodat de onderrand niet bedekt wordt. Een bergje maken. De rest van de lange vingers ertegenaan zetten. Dan het eiwit ertegen en eroverheen lepelen, zodat er geen enkel gaatje overblijft, en met de lepel pieken maken. Daarna in de oven schuiven en in de gaten blijven houden, het duurt maar een paar minuten, tot het eiwit licht gekleurd is. Uit de oven halen (pas op, gloeiend heet), de halve eierschaal er voorzichtig in drukken. Beetje Strohrum in gieten, of iets anders dat goed brandt. Aansteken en voorzichtig op tafel zetten. Je kunt het zo eten of er iets van fruit bij doen.

5 RATTEN IN HET RESTAURANT

Heineken-ontvoerder Cor van Hout (1957-2003) was zijn beste vriend. 'Lachen dat je met hem kon. En lekker eten ook.' Martin Kok, die zelf geen geheim maakt van zijn criminele carrière, was er altijd als de kippen bij als Van Hout zijn maten ruimhartig trakteerde, vertelt hij mij in 2015. De anekdotes over Cor van Hout in restaurants, bars en cafés zijn legio. 'De roverhoofdman', zoals Kok zijn vriend schertsend noemt, had als motto: 'Een dag niet gelachen, is een dag niet geleefd.'

Op een keer zat de jongensclub in het Italiaanse restaurant *Napoli* in het centrum van Haarlem. Kok somt op wie er destijds in 2000 aanschoven: het zijn alom bekende namen uit de justitiedossiers. Er werden dure flessen wijn besteld van wel honderd gulden per fles, die in rap tempo werden geleegd. Ook de duurste ossenhaas, tarbots en ander lekker eten van de ellenlange menukaart werden op tafel gezet, zoals *Linguine ai frutti di mare al Cartoccio* – de zwarte spaghetti van inktvis met venusschelpen, mosselen, garnalen en zalm.

'Cor was in dit restaurant in Haarlem kind aan huis. Hij mocht er bij wijze van spreken in de keuken in de pannen roeren,' zegt Kok. 'De rekening voor ons gezelschap was ruim duizend gulden.'

Toen de mannen aan het eind waren van het eetfestijn had Kok een leuk plannetje bedacht voor een gokspelletje, zegt hij. Op de tv had hij gezien dat er bij AVRO's Wie-kent-kwis een spelletje werd gedaan waarbij cavia's werden gebruikt:

het beestje dat als eerste door een poortje rende had gewonnen. 'Je moest als deelnemer vooraf raden wie de snelste zou zijn. Onze servetten konden dienen als poortjes.'

Cor van Hout zag het al helemaal voor zich en trok meteen weer wat flappen uit zijn zak. Martin Kok regelde dat een taxichauffeur voor vijfhonderd gulden een kooi vol cavia's zou ophalen bij een dierenwinkel. Kok: 'Die zaak had te weinig cavia's, maar ze hadden nog wel genoeg tamme ratjes. Dus kwam die brave chauffeur terug met een kooi ratten. Die werd bij ons op tafel gezet.'

Ze bedachten toen een ander spelletje, vertelt Kok. 'Cor vond dat we onze mannelijkheid maar eens moesten bewijzen. Ratten moest je aanpakken. Hij zou beginnen en een van de beesten eigenhandig doodmaken. Van Hout pakte met een servet een rat uit de kooi en sloeg er keihard mee op onze tafel. Hij gooide hem toen zo over zijn schouder weg. Het dier was alleen niet dood en vluchtte onder de tafel van andere gasten, daarna schoot hij onder de verwarming. Iedereen in dat restaurant begon te gillen.'

'Wij achter die rat aan,' zegt Martin Kok, na al die jaren nog gnuivend van de pret. 'Cor pakte zijn wapen. Ik kreeg de rat te pakken onder de verwarming. Ik heb dat beest met een wandelstok een paar stevige meppen verkocht. Het bloed spoot eruit. De obers waren in paniek. Die konden het niet zo waarderen. We moesten vertrekken en die ratten meenemen.'

Toen de groep van Van Hout buiten stond, kwam er net een klasje verstandelijk gehandicapte kinderen uit een tehuis langs. Kok: 'We wilden die ratten als huisdiertjes aan hen meegeven, maar dat mocht niet van de begeleider. We hebben ze daarna met kooi en al tegenover het restaurant in de Singel gekiept.'

Aardappelen

Cor van Hout was een man met twee gezichten. Een crimineel al in zijn jonge jaren, maar volgens de overlevering ook een boef met een goed hart. In de misdaadbiografie *Cor*, die door Hendrik Jan Korterink in 2013[1] werd geschreven, hadden zijn broers en zussen een verklaring voor zijn prille daden in de misdaad.

Het is een familieleven als in een smartlap.

De kleine Cor had een vader die in de gevangenis was beland en een stiefvader die al geen haar beter was en ook nog eens aan de drank was verslingerd. 'Corretje' stal in zijn jonge jaren voor zijn moeder, zodat zij eten op tafel kon zetten voor het gezin, dat bestond uit vijf kinderen, vertelde een van zijn zussen – zo arm waren ze. Hij jatte koffie en aardappelen op de markt. Toen Corretje samen met zijn moeder zijn stiefvader in de gevangenis opzocht, had die hem voor de gein *Al* genoemd, naar Al Capone. Cor werd er later mee gepest door andere kinderen, omdat er 'Ellie' van werd gemaakt. Wisten zij veel. Van Houts zus Laura in de biografie: 'Cor wilde niet langer dat we hem Al noemden. Hij was de bijnamen zat. Maar onderling hadden we het nog wel vaak over Al.'

Opgroeien in de Amsterdamse Kinkerbuurt als een kleine crimineel, zoals Van Hout deed, valt niet te vergelijken met een jeugd in Little Italy in New York City of op het platteland op Sicilië. Daar rekruteerde de georganiseerde misdaad haar eigen jonge mensen om ze in te lijven in hun organisaties. Toch zijn er vergelijkingen te trekken tussen beruchte Italiaans-Amerikaanse maffiadons en Cor van Hout. Het gaat om het soort misdrijven dat de Amsterdammer pleegde: kidnapping, afpersing en drugshandel. Van Hout wilde dan wel geen Al Capone worden genoemd, maar hij streefde in zijn jonge jaren een vergelijkbare criminele carrière na. En zijn criminele activiteiten leken ook zeer op die waarmee La Cosa Nostra zijn enorme winsten bemachtigde.

Dom Pérignon

De Hollandse criminelen kenden in de jaren zeventig La Cosa Nostra vrijwel alleen maar van het witte doek of de tv. De Italiaanse maffiosi zelf waren nog niet in de Lage Landen doorgedrongen. Maar de manier waarop die filmgangsters te werk gingen, had de penoze kennelijk op ideeën gebracht om ook snel even rijk te worden. In 1977, enkele jaren voordat de door Cor van Hout bedachte ontvoering van bierbrouwer Alfred Heineken zou plaatsvinden, werd Nederland al opgeschrikt door een spraakmakende kidnapping waar een geur van maffiapraktijken omheen hing. Het ging de afpersers om de steenrijke Amsterdamse ondernemer Maup Caransa. Zijn miljoenen had hij bijeengeharkt als huisjesmelker. Hij bezat niet alleen een groot aantal panden in de Kalverstraat, ook bijna alle uitgaansgelegenheden aan het Leidse- en Rembrandtplein waren in Caransa's handen. In zijn onroerend-goed-portefeuille zaten eveneens veel bekende luxe hotels: het Hotel Américain, het Amstel Hotel en natuurlijk ook het naar hem zelf vernoemde Caransa Hotel. Het verhaal wil dat Caransa zelf onderhandelde met zijn kidnappers en probeerde af te dingen op de losprijs die ze van hem verlangden voor zijn vrijlating. Hij betaalde ze uiteindelijk 10 miljoen gulden. Caransa was een aantal dagen vastgehouden geweest in een boerderij in Noord-Holland. De Hollandse criminelen zouden bij deze kidnapping hebben samengewerkt met Italiaanse afpersers, maar ze werden ondanks de verdenkingen tegen hen hiervoor nooit veroordeeld.

Weer vijf jaar later, in 1982, vond de ontvoering van Toos van der Valk plaats. De echtgenote van de oprichter van het gelijknamige horecaconcern werd in ons land gekidnapt door Italianen die connecties hadden met een misdaadorganisatie in hun eigen land. Maffiosi dus. Ook hier werd losgeld betaald, daarna was het stil rond Toos. Pas jaren later liet ze haar herinneringen aan de kidnapping in een boek vastleggen. Daarin staat opgetekend dat ze bijvoorbeeld van de ontvoerders op een bepaald moment een gebakje had gekregen. Ze durfde het taartje alleen niet op te eten, bekende ze. Ze had direct gezien dat onder het taartje een rozet zat waarop vermoedelijk het adres van de bakker stond. Dat was zeker niet de bedoeling van de kidnappers geweest, dacht ze, want die hadden haar niet willen vertellen waar ze zich bevond. Nu kon ze er dus achter komen, maar ze durfde niet de benen te nemen. Ze was bang dat de mannen haar zouden kunnen terugvinden nog voordat ze een politiebureau had bereikt. Als maaltijd kreeg de ontvoerde vrouw spaghetti. 'Naast het bord lagen een mes en een vork.' Best gek, vond ze. 'Want Italianen eten hun pasta toch altijd met een lepel en een vork.' Er werd 13 miljoen gulden losgeld betaald voor haar vrijlating.

Er wordt beweerd dat Cor van Hout en zijn kompanen door deze Italiaanse kidnapping van Toos van der Valk op een idee waren gebracht. Maar Van Hout wilde niet horen van na-apen. Hij claimde als het ware exclusiviteit voor zijn plan om in 1983 biermagnaat Heineken te ontvoeren, een misdaad die tot ver in het buitenland voor veel ophef zou zorgen. Van Hout stond op zijn strepen. Hij hield tegenover misdaadjournalist Peter R. de Vries vol dat hij en zijn gabbers anderen niet nodig hadden gehad om zoiets te bedenken; ze waren zelf mans genoeg. Met De Vries schreef Van Hout na zijn arrestatie *De ontvoering van Alfred Heineken.* In het boek werd niet alleen de kidnapping uitvoerig gereconstrueerd, ook de dikke vriendschap tussen de gangsters onderling wordt breed uitgemeten. Die rode draad over de kameraden door dik en dun zorgde ervoor dat dit boek een *everseller* werd. Net als bij de maffia vond godfather Cor dat 'de vriendengroep' vóór de echte familie ging.

Van Hout had bijvoorbeeld zwaar de pest in toen een van de 'bloedgabbers' zich verwaardigde om in 1981 weg te blijven bij hún oud-en-nieuwviering. Op die bewuste avond werden immers de zaken afgesloten en de nieuwe plannen voor het komende jaar uiteengezet. Ze hadden overvallen gepleegd, een aannemingsbedrijf gerund en hadden een heus 'jongenshonk' op een industrieterrein. Met hun incassobureau hadden ze schuldenaars angst aangejaagd en met geweld krakers uit panden geslagen, maar nu, in 1981, werd het tijd, zo vond Van Hout, voor operatie 'Rolls Royce' – *Rich Randsom.* Het ging hierbij om de ontvoering van een captain of industry en dan niet voor een paar lullige miljoenen zoals bij Caransa. Hun eis voor losgeld zou hoger liggen: vijfendertig miljoen – een van de hoogste bedragen ooit. Van Hout had, zoals bij elke jaarwisseling, voor al zijn gabbers een fles *Dom Pérignon* gekocht en in de ijskast gelegd. Van Hout tegen De Vries: 'Of we die ook zouden opdrinken, wist ik nog niet, maar dat was ook niet belangrijk. Ik ben altijd van het type geweest: liever mee verlegen, dan om verlegen.' Van Hout was nu eenmaal geen huisje-baantje-vrouwtje-type, wilde hij maar zeggen. Hij kreeg een kick van het ongewone, van spanning, verandering, sensatie en uitdaging.

Wat volgde, het verhaal van de ontvoering van Heineken, is inmiddels overbekend.

De kidnappers hadden een speciale band met hun slachtoffer Freddy Heineken en zijn eveneens gekidnapte chauffeur als het om eten ging. De mannen kregen zelfs zo nu en dan een pilsje (Heineken) en af en toe een glas Vat 69, het lievelingsmerk van de bierbrouwer. Het menu dat de gabbers de gegijzelden voorzetten was ruim voldoende, maar wel wat eentonig: uitsmijters en brood. 's Ochtends maakten ze voor beiden zes boterhammen met ham en kaas klaar. Ze bakten voor hen 'biefstukkies met een stroganoff-sausje'. Een aantal keren kregen de biermagnaat en zijn chauffeur ook een maaltijd van de afhaalchinees.

Van Hout: 'Als we Heineken vroegen wat hij wilde eten, bestelde hij meestal een compleet *diner dansant* van ik weet niet hoeveel gangen en dure delicatessen. Onder aan zijn bestelling merkte hij dan droog op: *En als dat niet gaat, dan maar een gebakken eitje.*'

Toen het losgeld was betaald vroeg een van de ontvoerders aan Heineken en zijn chauffeur of ze nog een speciale wens hadden. Het zou de laatste avond worden dat ze nog geboeid aan een ketting moesten doorbrengen in de loods waar ze werden verborgen. En jawel. Heineken liet na enkele minuten al weten dat hij graag 'bouillon, een omelette (natuur) + witbrood + boter, koffie en lichte sigaretten' beliefde. 'En 's middags nog graag een kopje thee met melk.' Zijn chauffeur Ab Doderer vroeg om 'frites, appelmoes, boontjes en een pilsje'.

Broodje ham

Cor van Hout valt het best te vergelijken met een *honest-to-god*-gangster. Een man voor wie mensen respect hadden, als hij tenminste niet dronken was. In alle verhalen die over Van Hout en eten de ronde doen is er één constante. Op een of andere manier gaat het er altijd over dat hij het snel verdiende (of gewonnen) geld graag en opvallend liet rollen. Hij deelde het zelfs uit, ook al toen hij nog niet zo puissant rijk was. Hij had een keer – nog lang voor de Heinekenontvoering – verschrikkelijke zin in een broodje met ham en liep met zijn laatste vijf gulden naar Albert Heijn. Daar stond een bedelende zwerver te rillen van de kou. Van Hout kon het gekleum niet aanzien. Hij gaf die man het laatste geld dat hij op zak had. 'Dát was typisch Cor,' zeggen zijn vrienden uit het milieu van wie ik er een paar sprak. Ze wilden liever niet publiekelijk over Van Houts donkere kant met drank, hoeren en snoeren vertellen. Met uitzondering van Martin Kok, die als eigenaar van een escortservice grote party's met 'lekkere sjieke meiden en veel champagne en sushi' organiseerde. Ook voor Cor. Voor die diensten huurde Kok een dubbele suite in het Okura Hotel. 'Lekker handig. Schone handdoeken van het hotel. Alles binnen handbereik,' zegt hij tegen mij. Bij zulke bijeenkomsten hadden ze ook vreselijk veel gelachen: 'Het was een feessie voor Cor.'

Kok: 'Er kwam een eind aan de hotelservice toen de lijfwacht van Cor een Fransman die een recensie over het hotel moest schrijven op de gang een klap verkocht. Die man klaagde over het lawaai op de etage. Mij werd toen de verdere toegang tot het hotel ontzegd.'

Meloensmaak

Cor van Hout hield vooral van drank, sterkedrank. Van het jonge schriele ventje dat ooit in een snackbar stond te flipperen (daar dankte hij zijn bijnaam 'Flipper' aan) was in zijn latere leven met alle biertjes, roseetjes en nog later de mierzoete Bacardi Breezers met meloensmaak nog weinig te herkennen. Zelf noemde Cor dat 'sexy mollig'.

Cor werd door zijn halfbroers in de biografie *Cor* neergezet als een dominante man, die anderen niet altijd even aardig behandelde. Als een ander iets had bedacht, eiste Van Hout de eer op. Zijn halfbroer Martin Epskamp en zijn gabber Willem Holleeder behandelde hij vaak als voetvegen.

Martin Epskamp: 'Cor stuurde Willem Holleeder naar de slager om beleg te halen. Maar dan moest Willem wel naar de joodse slager in Amsterdam-Zuid. Op een keer maakte Willem zich er echter snel van af en kocht vleeswaren bij een andere slager dichterbij. Toen hij daarmee terugkwam, gooide Cor alles zo op straat.'

En bij een andere gelegenheid wees Van Hout Willem Holleeder terecht toen er afgerekend moest worden op een terras in Zandvoort. Willem gaf een normale fooi: een tientje, volgens de zegslieden. Cor deed er patserig nog even honderd gulden bij.[2]

Hij leek hierdoor weer eens op de Amerikaanse maffiabazen van weleer, die soms voor het gemak het bedrag van de rekening dubbel neertelden. Die gaven helemaal een megafooi. Snel geld geef je nu eenmaal snel uit.

En Cor ging gewoon door, getuige enkele anekdotes die biograaf Korterink ter ore kwamen. Bij een Grieks restaurant in de Korte Putstraat in Den Bosch was de groep van Van Hout lang blijven hangen en de eigenaar weigerde nog verder drank te schenken. Cor pakte daarop zijn revolver en bedreigde – zogenaamd – de eigenaar. 'Geef me nog een drankje,' klonk het. De Griek had er weinig waardering voor, hij vond het geen leuke grap, maar gaf het wel. Hij durfde niet te weigeren.

Een soortgelijke foute grap haalde Van Hout uit bij het Italiaanse restaurant Mario in Wijdewormer[3], een trattoria waar met mooie verse producten werd gewerkt. Mario Uva was een topkok en de enige Italiaan die in ons land een Michelin-ster had verdiend. Hij liet in de jaren zeventig en tachtig zijn bezoekers met een limousine van het station halen en brengen. Het was een drukbezocht restaurant waar reserveren gewenst was.

Alles was vol toen Van Hout en zijn posse begin jaren 2000 het restaurant in Wijdewormer binnen kwamen vallen. Volgens een van Cors vrienden[4] had hij bij die gelegenheid tegen eigenaar Mario gezegd: 'We zijn maar met ons vijven en zo weer weg. Ik geef je duizend gulden voor een tafel en het eten betaal ik ook.' Maar Mario zei nee. En toen Van Hout bleef aandringen, hield de chef-kok vol dat hij echt geen tafel meer vrij had. Cor pakte daarop zijn pistool en wees een van de gereserveerde tafels aan en zei: 'Geef me die dan maar.'

De Italiaanse Mario reageerde totaal anders dan zijn collega in Den Bosch. De topkok moest er onbedaarlijk om lachen. 'Ga maar zitten,' riep hij toen. 'Jullie krijgen van mij een fles wijn en dan wegwezen.'

Andere verhalen gaan eveneens over de vele bijeenkomsten met Cor in hotels en cafés en over de vakanties die Van Houts vrienden met hem doorbrachten.

Het leek een eufemisme: 'Cor was lastig als hij een glaasje op had.' Ook hiervan waren voorbeelden te over. Vastgoedhandelaar en seksclub-exploitant Rob Grifhorst (1949-2014) en zijn vrouw Netty waren huisvrienden van de Van Houts. Ze vertelden me dat het gezin in de tweede helft van de jaren negentig soms bijna niet te eten had. 'Cor liep ondertussen in het café maar rondjes uit te delen en te gokken op de paardenrenbaan.'[5] Toen het echtpaar Grifhorst na de eerste moordaanslag op Van Hout (1996) bij hem langsging in Frankrijk voor een goed gesprek over zijn drankgebruik, kwamen ze van een koude kermis thuis.

Rob: 'Cor beloofde toen dat hij het rustiger aan zou doen. Maar als iedereen naar bed was, klom hij gewoon uit het raam om alsnog wat te gaan drinken en gokken.'

Netty: 'Ik heb toen tegen Rob gezegd: "Ik ben er klaar mee. Ik weet niet wat jij gaat doen, maar ik ga naar huis." Die man was niet meer te stoppen.'

Babi Pangang

Cor van Hout leefde en stierf als een maffioso. Hij zat in de drugshandel en bezat bordelen. Er werd twee keer tevergeefs een aanslag op zijn leven gepleegd. Hij was op zijn hoede. Hij dacht dat zijn bloedbroeder Holleeder erachter zat. Die had na de eerste aanslag in 1996 uit angst en voorzorg de andere kant gekozen en zich bij Cors vijanden ingekocht. De twee hadden nadien met elkaar gebroken.

De derde keer was raak. Bij een restaurant. Cor had een zakenafspraak met vrienden bij de Chinees in Amstelveen. *Royal San Kong.* Het eethuis op de kruising van de Dorpsstraat en de Stationsstraat is geen doorsnee Kantonees restaurant. Op het menu staan naast een uitvoerige variatie op de pekingeend ook veel chique gerechten met malse ossenhaas, hele kreeften, zeeduivels en oesters. De prijzen zijn navenant, toch is het er altijd druk.

Cor ging er op vrijdagmiddag 24 januari 2003 lunchen. Zijn chauffeur tevens regelneef 'Bassie' was erbij, die zou hem later naar huis brengen. Van Hout was namelijk op eigen gelegenheid naar Amstelveen gekomen, samen met twee andere vrienden, onder wie Robert ter Haak, die in de botenhandel zat. De avond ervoor hadden Cor, Bassie en Cors kinderen gezamenlijk gegeten bij *Loetje* ('De beste biefstuk van Holland') in Amsterdam Oud-Zuid.[6] Na afloop daarvan had Bassie Cor nog even afgezet bij de Febo voor een kroket. Die was toen naar huis gaan lopen. Nu in Amstelveen had Van Hout een eenvoudige babi pangang genomen. Na de maaltijd stond hij op de stoep te wachten totdat Bassie, die de auto was gaan halen, kwam voorrijden.

Toen Bassie arriveerde lag zijn baas al op de stoep. Met kogels doorzeefd. Bloed liep uit zijn hoofd. Van Hout was niet meer te redden. Het was een klassieke maffia-afrekening. Ter Haak, die naast Van Hout had gestaan, werd zwaargewond naar het ziekenhuis gebracht, maar overleefde de aanslag evenmin.

Van Houts begrafenis – pikant genoeg betaald door Holleeder – was een godfather waardig. Tien zwarte paarden gehuld in witte lijkwaden trokken een witte koets met de kist met Van Hout erin door Amsterdam. Ze reden door de Kinkerbuurt, waar Cor opgroeide, en stopten – zonder enige schaamte – ook nog even bij de cafés in de Jordaan waar Cor graag kwam. Hetzelfde gebeurde voor de winkel in de Van Hallstraat[7], waar hij met zijn bende op de eerste etage de ontvoering van Heineken had voorbereid.

Van Hout had twee levens geleid, bleek op de uitvaartplechtigheid. Eén met familie, vrouwen, kinderen, vriendin en vrienden uit de paardenwereld. De andere wereld was die van de misdaad geweest.

Na Van Houts dochter en zijn broer hield ook Peter R. de Vries een toespraak over de onmogelijke, maar toch jarenlange vriendschap die hij had gehad met Cor. De crimineel en de misdaadjournalist gingen samen naar de paardenrennen, naar Ajax, ze namen wel eens een slok, gingen vissen en er werden veel grappen en grollen gemaakt. Want Van Hout was een gangster die de geschiedenis in ging als iemand met een vlijmscherp gevoel voor humor. Maar ondanks alle grappen en grollen bleef Van Hout wel een onverbeterlijke boef, dát had hijzelf ook tegen De Vries gezegd. Een boef die leefde volgens het principe 'wie zichzelf spaart, krijgt nooit rente'.

Ook de penoze haalde op de begrafenis herinneringen op. Hasjhandelaar in ruste Gijs van Dam senior was bijvoorbeeld vaak met Van Hout naar de paardenraces geweest. Hij vertelde een typerende anekdote over de gulheid van Van Hout, die hem 'Bal' had genoemd. Maar tegelijkertijd maakte dit verhaaltje ook duidelijk dat je Cor niet moest tegenspreken.

Van Dam: 'Cor zei tegen me tijdens zo'n race: "Bal, ik ga dat paard voor je kopen." Ik zei: "Sodemieter op, Cor. Wat moet ik nu met een paard." Cor weer: "Niet zeiken, Bal." Na afloop van de race trok Cor vijf rooien uit zijn zak en ik zat ineens met dat paard. Cor had ook alvast drie maanden vooruit betaald voor de verzorging van het beest. Zo was Cor ook wel weer.'[8]

Er werd op de begrafenis een film getoond die begint met een foto van Van Hout. Op die foto stonden enkele in het Nederlands vertaalde regels van een oud maffialied: *'Ndrang'eta, camurra e mafia.'* Het eindigt met: 'Ik loop onder de hemel en op aarde, en waar ik ook ga, met mijn woorden breng ik wijsheid, bloed en eer.'

De maffiosi zingen verheerlijkt over 'la mala vita'. Voor de 'mannen van eer' was de armoede in hun jeugd een geldige reden voor hun misdadige leven, niets om je voor te schamen. Integendeel.

Cor van Hout wilde zijn nabestaanden kennelijk duidelijk maken dat dat ook voor hem gold.

Vinger in de fles

Ratten doodmaken zoals het gezelschap van Cor van Hout probeerde om hun 'mannelijkheid' te bewijzen is niet alleen een wreed spelletje. Het staat voor meer. Een verrader in het criminele milieu wordt 'een rat' genoemd. Zo'n 'overloper' is zijn leven niet meer zeker.

Justitie noemt een crimineel die uit de school belooft te klappen een spijtoptant – een pentito. De aanklager en de politie maken maar wat graag gebruik van zijn belastende verklaringen tegen zijn vroegere kompanen en bazen. Alleen met de hulp van zo'n kroongetuige kan de georganiseerde misdaad immers worden aangepakt. Amerika en Italië namen daarbij het voortouw.[9] Criminelen die een deal sloten met justitie konden als tegenprestatie rekenen op strafvermindering, een nieuwe identiteit en een nieuw leven buiten the Mob. Na zo'n bekentenis moest een meewerkende getuige soms nog jarenlang komen opdraven om te getuigen in processen tegen zijn voormalige vrienden in La Cosa Nostra, die op basis van zijn verklaring waren aangehouden.

In die tussentijd kreeg een spijtoptant bescherming van de overheid. Dat betekende meestal rondhangen in kale hotelkamers in the middle of nowhere samen met zijn beschermers/bewakers.

De beroemdste Amerikaanse 'rat' – dan wel kroongetuige – die als eerste de omertà verbrak, heette Joe 'Cargo' Valachi (1904-1971). Hij verscheen voor de senaatscommissie die onderzoek deed naar de georganiseerde misdaad. Uitvoerig legde Valachi aan de hand van schema's uit hoe La Cosa Nostra te werk ging. Zelf had hij heroïne gesmokkeld voor de Genovese-familie. Maar ondanks de spraakmakende onthullingen van Valachi zouden zijn verklaringen over de Italiaans-Amerikaanse maffia niemand voorgoed achter te tralies brengen. Daarvoor waren andere informanten en kroongetuigen nodig. (In andere hoofdstukken volgt hierover meer.)

Joseph Iannuzzi, 'Joe Dogs', was zo'n andere spijtoptant, een maffioso met boter op zijn hoofd, die zich tegen zijn vroegere vrienden keerde. Hij schreef in 1993 een kookboek voor 'zijn kinderen': *The Mafia Cookbook*[10] met 37 menu's met recepten die voorheen de goedkeuring van the Mob konden wegdragen. Dogs hield namelijk heel erg van koken: 'Dat wil zeggen, zolang ik niet móet koken. Toen ik moest koken, begon ik het te haten. Als ik weigerde, zouden ze me ontslaan. En later wilden ze me zelfs doodschieten.'

Iannuzzi werkte voor de Gambino-familie, maar viel in 'ongenade'. Zijn boss verdacht hem ervan dat hij geld van de maffia achterover had gedrukt. Joe's beste vriend kreeg van die capo daarom de opdracht om 'de dief' een lesje te leren. Dogs werd door zijn eigen vrienden tot bloedens toe geslagen met honkbalknuppels. Dát was voor hem de reden om zich tegen het maffiasyndicaat te keren. Hij werd informant voor de FBI.

De bescherming van Amerikaanse spijtoptanten is toevertrouwd aan de Marshals Service (die overigens geen contact heeft met de politie). Toen Dogs dus 'om' was, werd hij naar eigen zeggen door een 'Marshal' op het vliegtuig gezet met vijfhonderd dollar op zak. Dat vliegtuig moest hem naar 'het eind van de wereld' brengen om hem te beschermen tegen zijn famiglia. Na vele omzwervingen, van staat naar staat, van hotel naar hotel, kwam hij eindelijk in een appartement terecht met een fonkelnieuwe keuken. Hij ging om de tijd door te komen weer koken en schreef in *The Maffia Cookbook* zijn herinneringen op aan zijn vroegere kompanen, zoals 'Skinny Bobby' en diens vrienden, die zo gek waren op zijn *Veal Marsala*.

Iannuzzi: 'Ze aten het op alsof het hun laatste maaltijd was. Je zou gedacht hebben dat ze daarna allemaal naar de elektrische stoel[11] werden gebracht.' Na het eten ging Dogs terug naar de keuken om koffie voor het gezelschap van Skinny Bobby te zetten. Hij schrok zich te pletter toen hij in diens ijskast keek. Hij zag naast de pot augurken een jampot staan met een mensenvinger erin. Hij pakte de pot en ging terug naar de eettafel. Iedereen begon te lachen. 'O, dat is de vinger van Frankie,' zei Bobby tegen hem. 'Wanneer ik een nieuwe tent open, zet ik die pot achter de bar, zodat het personeel die vinger goed kan zien. Als ze kijken, zeg ik: "Dat is Frankies vinger. Hij had geld van mij gestolen, geld dus van zijn baas."'

Bobby meende dat zijn personeel zich daarom wel twee keer zou bedenken voordat het iets van hem durfde te stelen, schreef Dogs. De tweede keer dat Skinny Bobby Frankie had betrapt, had hij ook diens hand eraf gesneden. Bobby: 'Die hand ligt thuis in New York in mijn diepvrieskist. Zal ik die de volgende keer voor je meenemen, Joe?'

Veal Marsala volgens 'Joe Dogs'

(4-6 personen)

+/- 60 gram bloem

1½ pond kalfslappen (dun gesneden als *scaloppini* – plat slaan met een vleeshamer)

170 gram boter

180 ml zoete marsalawijn

50 ml Grand Marnier

500 gram paddenstoelen (schoonmaken, in plakjes snijden en in 250 gram boter bakken, voeg een scheut zoete sherry erbij en laat 20 minuten zachtjes pruttelen, zo nu en dan roeren)

sap van een ½ citroen

¼ theelepel peper

Haal de kalfslapjes door de bloem en bak ze in een koekenpan met hete boter –niet laten aanbranden! Haal het vlees uit de pan en zet even weg op een bord. Schenk nu de marsala in een sauspan en roer de drank al warmend op, voeg de Grand Marnier erbij en blijf roeren. Tot slot: flamberen tot de alcohol is verdampt en de vlam is gedoofd. De saus laten inkoken tot de helft, daarna mag het vlees weer terug in de pan. Laat het geheel nog vijf minuten koken, ondertussen blijven roeren. Voeg tot slot de paddenstoelen toe, het citroensap en de peper.

Overigens vermeldde Joe Dogs ook nog in zijn *Cookbook* dat de maffiosi na zijn maaltijd 'lekker achterover gingen hangen en vulgaire geluiden maakten'. Zelf was hij na de uitleg van Skinny Bobby over Frankies afgesneden vinger snel teruggegaan naar de keuken om zich ervan te verzekeren 'dat er niet nog meer lichaamsdelen lagen'.

6 DE BROODJES VAN WILLEM

Topcriminelen hebben het razend druk. Zaken doen per telefoon is uit den boze. Hooguit wordt omfloerst aangegeven dat ze elkaar zullen treffen voor een kop koffie 'op de plek waar ik je vorige keer ook zag'. Willem Holleeder reed op zijn zwarte Italiaanse Vespa van de ene afspraak naar de andere. Naar een café, een hotellobby of een eettent. Het is allemaal terug te vinden in de politiedossiers waarin uitvoerig verslag werd gedaan van het hectische leven van de Heineken-ontvoerder. De rechercheurs zagen Holleeder rondjes lopen met een kennis op een parkeerterrein en daarna nonchalant een cafetaria binnen schuiven voor een broodje. Tussendoor moest Holleeder ook de relaties met zijn vriendinnen onderhouden. Al lukte dat soms niet even goed. De meeste vrouwen hebben toch een andere dagbesteding dan mannen in de misdaad.

In een van de vele processen-verbaal staat te lezen hoe Willem belde met zijn (toenmalige) vriendin Maike. Of ze maar even voor hem wilde reserveren rond lunchtijd bij Pasta di Mamma. Een populaire trattoria voor de beau monde bij het winkelcentrum Gelderlandplein tegenover het politiebureau in Amsterdam-Buitenveldert.

Willem: 'Je moet twee plaatsen reserveren.'

Maike: 'Ik moet helemaal niks.'

Willem wilde in de Italiaanse eettent even bijkomen. Hij probeerde haar daarna te overreden om met hem mee te gaan eten: 'Effe een garnalenkroketje en een saladetje.'

Nee dus.

Willem was bij de Amsterdamse trattoria kind aan huis. Hij woonde er immers vlakbij, op de Van Leijenberglaan. De zaak heet in 2015 Gusti di Casta. Er wordt geflirt met de maffiacultuur. Aan de muur hangen levensgrote foto's van Marlon Brando als de Godfather. Een banier van de voetbalclub Forza di Bari siert de wand boven het espressoapparaat. Er staat *kip Milanese* op het menu en natuurlijk Italiaanse broodjes: *Maserati* en *Ferrari*.

Pasta di Mamma staat niet alleen bekend om deze Italiaanse broodjes. De zaak en haar bezoekers belandden in de rechtszaal om andere redenen onder de schijnwerper. Dat gebeurde in 2015. In Amsterdam loopt in hoger beroep het grote liquidatieproces. Hierin viel al regelmatig de naam van Willem Holleeder als opdrachtgever voor tal van afrekeningen in het criminele milieu. Een andere hoofdverdachte, Dino S., wordt door justitie eveneens beschouwd als medeopdrachtgever van deze moorden, al werd hij hiervoor eerder vrijgesproken. Het gaat om de liquidatie van Kees Houtman en die van kroegbaas Thomas van der Bijl in 2005 in Amsterdam. Beiden zijn door huurmoordenaars om het leven gebracht. Holleeder zou op de stoep bij het winkelcentrum in Buitenveldert de opdracht voor de moord op Houtman hebben uitgezet bij Jesse R. en de huidige kroongetuige Peter la Serpe. Holleeder zou bij die gelegenheid tegen Jesse R. hebben gezegd dat 'Houtman eerst' moest.

Over die plannen zou volgens de kroongetuigen – voormalige 'bendeleden' – ook gesproken zijn met Dino S. bij Pasta di Mamma. Maar Dino S. ontkent dit. Hij was niet in die eetgelegenheid op het moment dat Holleeder daar zou zijn geweest. Hij kan het ook bewijzen, beweert hij. De trattoria hangt immers vol met bewakingscamera's. Zijn advocaat wilde daarom graag de beelden uit Pasta di Mamma aan de rechters laten zien om het gelijk van zijn cliënt te bewijzen. Hierop moet te zien zijn wie er aan de tafeltjes zaten onder het balkon met plastic druivenranken en er genoten van hun Italiaanse broodjes en cappuccino's.[1]

Bloedworst

Willem Holleeder is een jongen van eenvoudige komaf uit de Jordaan. In *Holleeder. De jonge jaren* van Auke Kok wordt de volksbuurt waar Wimpie in de Eerste Egelantiersstraat opgroeide neergezet als een soort Little Italy aan het begin van de twintigste eeuw. Een wijk onder de Westertoren waar van oudsher een wantrouwen bestond tegen wettig gezag en waar iedereen 'mekaar kon'. Boeven hadden er bijnamen met een aaibaar karakter zoals 'Pistolen Paultje'. Volgens de Jordanezen was je een vent als je van de rijken stal – dát deed je niet van de armen.

De Jordanezen liepen weg met de door hun eigen Willy Alberti gezongen Italiaanse aria's vol vibrato. De mensen waren er volgens de biograaf eerlijk, eenvoudig en recht voor zijn raap. Jongens konden op straat kattenkwaad uithalen en thuis hadden ze vaak dronken vaders. Holleeder senior had ook een alcoholprobleem. Willems jeugd had net als die van Cor van Hout dus zo het onderwerp kunnen zijn voor een blues-song van André Hazes.

Senior werkte bij bierbrouwerij Heineken en had in zijn jonge jaren profwielrenner willen worden. Die droom plakte hij nu op zijn zoon Willem. 'Bruin brood met bloedworst' moest de jonge Holleeder eten, veel fietsen en niet roken.[2]

Het zou zo anders uitpakken met Wimpie.

Biefstukken

Willem had al aan het vele geld kunnen ruiken toen zijn vader nog de chauffeur was van de biermagnaat. Hij nam hem vaak mee naar zijn werk. Wimpie had bij die gelegenheden de weelde kunnen aanschouwen waarin Freddy Heineken leefde. Dat was een onbereikbare droom voor jongens in de tienerleeftijd die rondhingen in snackbars, zoals hij. Holleeder botste in die tijd vaak met zijn agressieve vader. Willem kon zijn pa pas de baas toen hij ging trainen op de sportschool. Nadat hij Holleeder senior een keer flink in elkaar had getrimd, kreeg de jonge Willem het binnen de familie voor het zeggen. Hij was ondertussen bevriend geraakt met Cor van Hout en had diens criminele leefwijze omarmd. Dat betekende dat Willem eindelijk zelf de nodige flappen op zak had. Hij betaalde en kon dus bepalen wat er in huize Holleeder op tafel kwam. Hij ging lijken op zijn pa, die hij verafschuwde omdat die zijn moeder had gecommandeerd. Nu deed Willem het zelf ook. Hij wilde vooral grote biefstukken op zijn bord zien. En als die niet in huis waren, moest zij die maar effe halen, vond hij.

Holleeders criminele *way of life* buitenshuis werd ook beschreven door biograaf Kok en in de reconstructie van de Heineken-ontvoering door Peter R. de Vries. Hun aannemerszaken deden Willem en Cor van Hout 's ochtends in het koffiehuis. Op de dag dat ze biermagnaat Heineken zouden ontvoeren, zorgde Willem voor een grote schaal warme croissantjes. Cor liet die aan zich voorbijgaan, die ontbeet niet graag. Zo niet Holleeder: nadat hij er al vijf op had, vroeg hij of de anderen nog wat beliefden, want anders at hij ze op. 'Het was zonde om ze te laten liggen,' vond Willem en propte vervolgens nog drie croissants naar binnen.

De gabbers vierden de successen van hun bankovervallen met het drinken van champagne en met gokken in casino's – ook in Las Vegas. Ze gedroegen zich als rijk geworden maffiosi en logeerden daar in het majestueuze Stardust Hotel'[3]. In Amsterdam frequenteerden Holleeder en zijn maten de clubs en cafés rond het Rembrandt- en het Leidseplein, waar ze gul rondjes uitdeelden.

De Heineken-ontvoering bezorgde topcrimineel Willem een jarenlang verblijf achter de tralies. Hij werd in 1987 tot elf jaar gevangenisstraf veroordeeld.

Pekelvlees

Begin jaren negentig was Willem Holleeder weer op vrije voeten. De onderwereld in Nederland was op dat moment veranderd door de toegenomen internationale drugshandel. Kleine jongens van vroeger waren gestegen op de criminele ladder en beschikten over veel geld. Zijn maat Cor van Hout zag meteen ook zijn kansen en investeerde in de drugshandel. Holleeder niet, althans, dat werd niet door de politie vastgesteld. Hij koos een andere weg. Wel zou hij later – aanvankelijk niet van harte – een bondje vormen met het beruchte gangsterduo Sam Klepper en John Mieremet, die eveneens rijk waren geworden met de drugshandel en andere maffiapraktijken. Hun bijnamen luidden niet voor niets Spic & Span – destijds een schoonmaakmiddel. Het tweetal stond erom bekend dat ze zich op rigoureuze wijze ontdeden van hun tegenstanders.

'Sam en Sjon' waren begonnen onder Klaas Bruinsma en beheerden 'de gokkastdivisie'. Ze deden daarnaast ook in drugs en hadden na de dood van Klaas diens handel overgenomen. Daarna waren ze zich bezig gaan houden met afpersing in maffiastijl – de oervorm van *Protection Racket.* Dat wil zeggen: ze chanteerden rijke onroerendgoedhandelaren die Lexington, een bekend café in Amsterdam-Zuid, bezochten: 'Die zakenlieden werden tijdens de borrel geconfronteerd met een probleem – dat de criminelen hen zélf meestal hadden bezorgd. Dat probleem konden de criminelen Sam en Sjon dus voor hen oplossen. Mits ze grof betaalden natuurlijk, aan hén welteverstaan.'

Sam en Sjon hadden in de jaren negentig ook ruzie met

Cor van Hout over geld. Een ruzie die uit de hand liep. In 1996 werd er zelfs een aanslag op het leven van Van Hout gepleegd – zij zouden daar de opdracht toe hebben gegeven. Willem Holleeder had daarna eieren voor zijn geld gekozen en achter de rug van Cor het verlangde geld betaald. Hij was bang dat het duo via hem verhaal wilde halen en dat er ook een aanslag op hem zou worden gepleegd. Die keuze van Holleeder zorgde dus voor de breuk in zijn jarenlange vriendschap met Van Hout, ook al woonde die samen met een zus van Willem. Cor vond dat Willem hem had verraden en naar het vijandelijke kamp was overgelopen. Holleeder meende dat dat niet het geval was. Hij had Klepper en Mieremet louter uit lijfsbehoud betaald. Maar daarna werd hij wel hún probleemoplosser. Hij werd door hen ingezet als pion in het duistere spel van *Protection Racket.*

Willems afspraken met het duo Sam en Sjon stónden als een huis. De twee gangsters woonden in kapitale villa's in Neerpelt, België. Klepper had daarnaast ook nog een *penthouse* bij het Gelderlandplein in Amsterdam-Buitenveldert, voor als hij in de stad was. Ze beschouwden Willem Holleeder als hun vooruitgeschoven post in Mokum. Als Willem in de jaren negentig een 'belletje' met hen pleegde, kwamen ze naar hem toe. Ze moesten immers hun zaken in Amsterdam ook goed blijven regelen. De drie Amsterdamse *wise guys* hadden hun vaste ontmoetingsplekken, die ze vaak cryptisch omschreven aan de telefoon. Ze zagen elkaar bij: 'Anton in de PéCé', waar Holleeder vaak een 'colaatje light' bestelde. Anton was Het Buffet, een lunchroom in de P.C. Hooftstraat 93 – waar nu al jarenlang de gerenommeerde winkel van Oger zit met zijn Italiaanse maatpakken.

Aan de telefoon of tijdens zo'n lunch namen ze de dingen van het leven door. Over wat ze de dag ervoor hadden gegeten en hoe John een hele dag op de wc had gezeten: 'Hij had nu aambeien omdat Holleeder rauwkost voor hem had meegenomen.' Of ze troffen elkaar 'bij broodje Rai' – de koosjere sandwichshop Sal Meijer in de Scheldestraat, beroemd om zijn broodje pekelvlees. Mét zuur.

Champagne

Holleeder was de enige die uiteindelijk voor de afpersingspraktijken, waarbij ook Klepper en Mieremet waren betrokken, in 2006 voor de rechter belandde. Klepper werd op 10 oktober 2000 vermoord op het Gelderlandplein bij het winkelcentrum. Ook Mieremet stierf een gangsterdood, in 2005. Een huurmoordenaar had Sjonny weten te vinden in Thailand, waar hij zich veilig waande en bezig was met een 'grondontwikkelingsproject'.

Nu, tien jaar later, wordt Holleeder als het kwade brein gezien achter deze moorden op zijn gabbers van weleer. Justitie vervolgt hem bovendien voor nog veel meer. Holleeder zou als opdrachtgever betrokken zijn bij de moord op Willem Endstra (2004) en ook zou hij de dood van zijn 'vrienden' Kees Houtman en kroegbaas Thomas van der Bijl (Café De Hallen: 'Kom eens binnenvallen') op zijn geweten hebben. Tevens worden diverse andere, mislukte, aanslagen op zijn conto geschreven. En last but not least: Holleeder zal zich moeten verantwoorden voor de liquidatie van Cor van Hout in 2003. Ook daartoe zou hij de opdracht hebben gegeven.

Terug naar 2007. Naar het proces over de afperspraktijken van Willem Holleeder voor zijn kompanen Klepper en Mieremet. Hun slachtoffer, de vastgoedmagnaat Willem Endstra, had zijn kwelgeesten bij leven miljoenen betaald omdat hij door hen met de dood zou worden bedreigd. Volgens Holleeder, die in 2006 was aangehouden, was er geen sprake geweest van zulke zware chantage. Zijn kennissen Sam en

Sjon hadden hun vermogen bij onroerendgoedhandelaar Endstra geïnvesteerd en wilden dat gewoon terug hebben. Mét een boete en forse rente, dat wel.

Tijdens dit proces legde Holleeder ook uit hoe hij met al zijn zakenpartners omging. 'Als je mensen kent, ga je bij ze langs. Het was dan altijd de vraag of Endstra meeging. Soms ging hij mee. Als ik bij hen was – bij Sam en Sjon – hadden ze het gevoel dat ze een stukkie Endstra bij zich hadden. Als ik met Mieremet een broodje at, blies hij stoom af over Endstra.'

Endstra zou Mieremets criminele winsten hebben geïnvesteerd in onroerend goed, volgens Holleeder. Mieremet had daarover vragen aan Endstra. Dat was toch logisch? Maar vastgoedman Endstra ontweek de crimineel Mieremet, of beloofde hem zomaar iets, wat hij later dan weer was vergeten. 'Maar "Sjon" schreef alles op. Die hield de financiën goed bij,' volgens Holleeder.

Holleeder vertelde ook aan de rechters dat hij vaak met Mieremet na het 'broodje Rai' in de auto een rondje maakte langs het vastgoedbezit van Endstra in Amsterdam. Want dat waren eigenlijk Mieremets panden, al stonden die niet formeel op zijn naam. Volgens de verhalen in het milieu waren de criminelen er dan ook als de kippen bij als de *Quote top 100* uitkwam. Op die lijst van de rijksten van Nederland was ook een plaatsje voor Endstra ingeruimd. Als hij was gestegen in de top-100 wisten ze ook dat hun eigen winst was toegenomen. En met hoeveel. En dan konden de boys weer met een glas champagne klinken op hun gezamenlijke succes.

Veel vlees en kaas

Het maffia-gevoel – de lotsverbondenheid van mannen – stopt niet bij grenzen. De doelen ook niet. De processen in de jaren 2000 die ik bijwoonde over de afpersing van Endstra en anderen, getuigden van beide. Hetzelfde geldt ook voor de Nederlandse politiedossiers over Holleeder en zijn maten. Net als de Amerikaanse 'vrije jongens' blijken de Nederlandse criminelen hun eigen maffiose opvattingen te hebben over het verschil tussen mijn en dijn. Dat werd bijvoorbeeld duidelijk uit de ruzies van Sam en Sjon en Holleeder over geld met de Amsterdamse vastgoedhandelaar Endstra. Endstra noemde het afpersen, zij vonden dat ze recht hadden op hun 'eigen geld'.

Maar er zijn nog meer gelijkenissen tussen de Nederlandse crimineel en de Italiaans-Amerikaanse gangster. Beiden ontpopten zich vaak als Mr. Jekyl en Mr. Hyde. Zelf ontkennen ze dat. Zij hebben geen januskop: ze zijn de vriendelijkheid zelve en áls ze kwaad worden, is daarvoor een goede reden. Iemand heeft hen dan onheus behandeld, men heeft hun geen respect getoond. Ze zijn geen gespleten persoonlijkheden.

En wie zou deze misdadigers durven tegenspreken?

Een kan ijswater

Criminelen zijn in de dagelijkse omgang inderdaad vaak net zo charmant als een ware Don Vito of een Tony Soprano, mocht ik in de praktijk ervaren. Vlak voor zijn dood belde Mieremet me nog voor een afspraak. Het kwam er niet van. Hij moest dringend naar Thailand, voelde zich in België niet erg veilig. Maar er werd wel gelachen tijdens het gesprek.

In het geval van 'de beroemde' Holleeder is een kwinkslag meestal ook niet ver weg. Zelfs tijdens zijn proces, waar hij terechtstond voor de afpersing van Endstra, had hij vaak de lachers op zijn hand. Hij bleek een echte 'inpakker'. Nadat hij in 2012 zijn straf voor deze misdaden had uitgezeten, ging Holleeder in het café of op straat op de foto met wie het maar wilde, als was hij een beroemde Hollywood-ster. Maar soms kwam *en public* ook zijn ware aard plotseling boven: Holleeder schold mensen uit en bedreigde ze. In 2015 werden er op de televisie in het geheim opgenomen gesprekken met Holleeder uitgezonden. De kijker hoorde hem als een dolleman tekeergaan over zijn zus Sonja. Het getier was opgenomen door zijn andere zus, de advocate Astrid Holleeder. Zij wil hiermee de goegemeente doordringen van het duistere karakter van haar broer Willem.

Holleeder had voorheen ook al vaker klappen uitgedeeld in een café of een restaurant als iets hem niet zinde, maar mensen leken daardoor nauwelijks afgeschrikt, getuige de vele 'selfies' met BN'er Willem. Hij was immers grappig en benaderbaar, ook al was hij een boef.

Holleeder lijkt in dit opzicht veel op de Amerikaanse godfather Jo Bonanno: een beminnelijke heer, die bijvoorbeeld een Siciliaanse ober even onder handen nam omdat deze te weinig 'respect' voor hem toonde. Het verhaal staat opgetekend in Bonanno's memoires. De maffiabaas verhaalt over zijn bezoek aan Siciliaanse 'mannen van eer'. Met hen haalde hij herinneringen op aan de tijd van de Tweede Wereldoorlog. Toen 'de Amerikaanse vrienden' hun bloedbroeders in Europa hulp boden in de strijd tegen de Duitse bezetter en de Italiaanse fascisten. Met dit verhaal wilde Bonanno zijn biograaf duidelijk maken dat maffiosi eerzame mannen van het verzet waren en geen criminelen die er zomaar in het wilde weg op los meppen als iets ze niet aanstaat.

Bonanno werd door zijn Siciliaanse vrienden meegenomen naar hun favoriete restaurant, waar ze als vorsten werden onthaald, als behoorden ze tot de landadel zelve. De eigenaar kuste de hand van zijn bezoekers en vroeg hun om de zegen: '*Vossia mi benerica*'. Bonanno bestelde in het Italiaans: 'Water'. Hij kreeg vervolgens een kan water waarin ijsblokjes dreven. Maar dáár had de Amerikaanse boss niet om gevraagd. Hij wilde water zónder ijs en hij wees de ober terecht. Die sputterde tegen en mompelde zachtjes iets over 'die verwaande Amerikanen'. Hij ging ervan uit dat Bonanno geen Siciliaans sprak. Dat deed hij wel. Bonanno pakte meteen de grote glazen kan op en gaf de ober daarmee een harde klap tegen zijn hoofd en schold hem woedend uit. Het bloed droop van 's mans gezicht. De ober smeekte 'zijne excellentie' vervolgens om vergiffenis. Voor Bonanno was daarmee de kous af, vertelde hij aan zijn biograaf. Maar de restauranteigenaar vreesde ondertussen voor het leven van zijn ober en zelf zal hij zich ook niet erg prettig hebben gevoeld onder deze woede-uitbarsting van een maffiakopstuk. De restauranthouder beloofde de Amerikaanse maffiabaas meteen om na afloop van het etentje zelf de ober een afranseling te geven en hem daarna te ontslaan. Maar dat ging Bonanno te ver: 'Het incident leek te ontaarden in een klucht. Ik schonk de ober vergiffenis. Die klap zou hem wel leren om voortaan tegen de gasten zijn mond te houden. Tijdens de maaltijd zei niemand er meer iets over.'

Volgens Bonanno was zijn gedrag een typisch voorbeeld geweest van het Siciliaanse temperament dat nog altijd in hem smeulde. Hij was snel aangebrand, maar ook weer snel afgekoeld. Na de maaltijd kreeg de ober zelfs een royale tip van hem. Bonanno: 'De restauranteigenaar vroeg ons om vooral snel weer terug te komen.'

Met andere woorden: iedereen wist weer zijn plaats. Er was uiteindelijk respect betoond.

Glaasje melk

De jofele 'ras-Jordanees' Willem Holleeder bleek eveneens een crimineel die respect verlangde. Dat leverde soms angstige momenten op voor argeloze serveersters of ander bedienend personeel. En bange slachtoffers. Want Holleeders reputatie was niet mals. Hij was zowel door het Openbaar Ministerie als door de media vanaf de jaren negentig neergezet als de capo dei capi, het ultieme kwaad van de Nederlandse onderwereld, een godfather die je niet moet dwarsbomen, want anders zou je niet lang meer te leven hebben.

Willem Holleeder was een vaste klant van café De Omval. Deze zaak ligt aan het water vlak bij het Amstelstation en dicht bij het inmiddels gesloopte clubhuis van de Hells Angels. Bij de Heineken-ontvoerder sloegen op een dag in de jaren negentig alle stoppen door toen zijn gebruikelijke routine – broodjes en een glaasje melk of een colaatje light bij De Omval – werd verstoord. De serveerster had hem gevraagd of hij eerst zijn groene BMW wilde verplaatsen. De auto stond op de stoep voor het terras waar andere gasten nog aan de lunch zaten. Het verstoorde hun uitzicht, vond ze.

Maar dat liet een Holleeder zich niet zeggen. Hij liep naar binnen en bestelde zijn gebruikelijke lunch. Toen de vrouw achter hem aan kwam en hem nog eens verzocht om zijn auto een paar meter verderop te zetten, sloeg de vlam in de pan. Met Willem moet je niet lopen fucken, vond hij. Hij sloeg zware taal uit. Hij zou haar wel krijgen. Ze moest voortaan maar oppassen en over haar schouder kijken. 'Je zou niet de eerste zijn die dood wordt teruggevonden,'[4] zou hij haar hebben toegevoegd. Ook de eigenaar van het café kreeg ervan langs: diens hersens zouden ook worden ingeslagen. Holleeder dreigde het horecapersoneel met de komst van de Hells Angels, dat waren zijn vrienden. Hij ging helemaal door het lint. Ook Dante, het andere café van de eigenaar van De Omval – in de binnenstad – zou Holleeder wel eens even laten verbouwen. Vervolgens schold hij ook nog de kok verrot en bedreigde de man.

De eigenaar en zijn personeel deden geen aangifte van het incident. De horecaman herinnerde zich maar al te goed hoe een dergelijke confrontatie met Holleeder bij een collega was afgelopen. Willem Holleeder had namelijk een aantal vaste gewoonten. Zo kwam hij op maandagavond bij Lexington in Oud-Zuid, waar rond dat tijdstip veel zakenlieden uit de onroerendgoedhandel neerstreken. Ook hier had zich een incident voorgedaan: een woordenwisseling tussen de eigenaar en Holleeder. De eigenaar had de crimineel sindsdien de toegang tot zijn zaak ontzegd. Holleeder had naar verluidt daarop wraak genomen door op die maandagavonden een bataljon Thaise hoeren op te trommelen en die aan de bar te laten plaatsnemen. Ook liepen er tegelijkertijd ineens opvallend veel stevige sportschooltypes rond. Dat zorgde voor een ongemakkelijke situatie in dit etablissement, dat voorheen uitsluitend gefrequenteerd werd door keurige ondernemers en bewoners uit de upper class-buurt. De eigenaar loste de ongemakkelijke situatie op door zijn tent op maandagavond maar helemaal te sluiten – met een inkomstenderving als gevolg.

De ruzie in café De Omval werd op een andere wijze opgelost. Hier zouden de Hells Angels, die in deze zaak regelmatig kwamen 'theedrinken', als vredesstichters zijn opgetreden. Holleeder bleef na het incident nog enkele maanden weg. Nadien kwam hij weer, ging aan zijn vaste tafeltje zitten en at er zijn broodjes en kwam nooit meer terug op zijn woedeaanval.

Vier jaar later – in 2006 – kwam dit voorval alsnog de politie ter ore. Rechercheurs gingen daarna bij het personeel langs met de vraag of men niet alsnog aangifte wilde doen. Ze informeerden bij een van de serveersters naar de aard van de bedreigingen die Holleeder had geuit. De vrouw zei tegen hen: 'Ik was niet bang om wat Holleeder zei wat hij mij allemaal wilde aandoen. Ik voelde pas angst toen ik daarbij die blik zag in zijn ogen.'

Willem Holleeder reageerde op dit incident tijdens zijn rechtszaak in 2007. 'Ik maakte stennis omdat het te lang duurde voordat ik mijn broodje kreeg en ik moest ook van een serveerster nog mijn auto verzetten. Ik vond dat niet nodig. Iedereen wist toch wie ik was? Ik dacht: zak in de stront. Ik zou "vuile kankerlijer" hebben gezegd. Dat is een tekst die ik wel eens gebruik.' Hij voegde er nog aan toe: 'Als ik de krant lees over mij, word ik ook wel eens bang van mezelf. [...] Ik geef iemand wel eens een schop, weet dat 't niet mag, maar dan heeft het ook wel een reden.'

Chinees

IJzingwekkend was ook de manier waarop Holleeder ooit een etende familie in een Amsterdams restaurant onder handen had genomen. Ook dat kwam bij zijn proces over de afpersingspraktijken naar buiten en staat uitvoerig beschreven in zijn strafdossier.

De Heineken-ontvoerder zat aan tafel bij Dynasty in de Reguliersdwarsstraat achter het Tuschinski-theater, vergezeld door enkelen van zijn blonde vriendinnen. Hij was een habitué in dit luxe Aziatische restaurant, waar kreeft en oesters de kaart sieren, naast exquise oosterse gerechten. Het is een zaak waar zowel BN'ers uit de showbizzwereld als kickboksers en andere sportschoolgangers graag aanschuiven.

De familie waar om het ging had net een van de uitgebreide rijsttafels geserveerd gekregen toen Holleeder erg luidruchtig begon te bellen. Toen hij daarna ook nog langs hun tafel liep, kon het de vader niet ontgaan wat Holleeder zei: 'Je moet dat regelen, anders dan...'

Waarop de vader invulde: 'Dan regel ik dat wel voor je...'

Holleeder ontstak meteen in woede. De twee mannen stonden met hun hoofden tegen elkaar.

Holleeder schreeuwde: 'Ben jij hier soms de baas?'

De man probeerde nog te sussen: 'Het was een geintje. Als je nu even naar buiten gaat, kun je daar rustig bellen en kunnen wij rustig eten.'

De belruzie leek met een sisser af te lopen. Holleeder ging naar buiten om het gesprek af te maken. Maar dat bleek schone schijn.

Toen de zoon van de familie naar het toilet ging, kwam hij niet terug, waarop de vader poolshoogte ging nemen. De zoon bleek een stevige klap te hebben gekregen van Holleeder. De vader zag dat de jongen, die kennelijk buiten westen op de grond had gelegen, opkrabbelde. Holleeder stond naast hem en wilde nog eens slaan. De vader stormde erop af. Holleeder dreigde nu ook hém te mishandelen.

De vader schreeuwde om de politie.

Er brak ondertussen een heus pandemonium uit. Een man duwde Holleeder daarna de zaak uit. Ook de vriendinnen werden naar buiten gewerkt.

Achteraf verbaasde het het gezin nog het meest dat het horecapersoneel niet à la minute de politie had gewaarschuwd toen zij erom vroegen. Op het moment dat de agenten arriveerden waren veel gasten al verdwenen, Holleeder en zijn dames incluis. Vader en zoon hadden aangifte willen doen, maar de moeder was hiervoor te bang. Die wist inmiddels van omstanders met wie het gezin ruzie had gekregen. Het ging om Holleeder, een man met een kort lontje en een gewelddadige reputatie. Zo iemand wil je niet tegen je in het harnas jagen.

Herfst 2015 zijn meer mensen daarvan overtuigd. Al moet alles wat recent over Willem Holleeder naar buiten kwam – de reeks moorden op zijn vroegere kompanen en de doodslagen – nog worden bewezen. Deze misdaden kunnen hem een levenslange straf opleveren. Maar voor het zover mocht komen, zal er eerst nog een eindeloos proces plaatsvinden over alle afrekeningen en liquidaties in maffiastijl.

Zijn bravoure was Holleeder tijdens zijn eerste pro-forma-zittingen zeker nog niet kwijt. Dat bleek bij het begin van een pauze. Ik zat in de zaal en propte mijn pen en opschrijfboekje in mijn tas, maar deed dat in de ogen van de parketwacht kennelijk te langzaam. Er klonk van hem een barse vermaning om de zaal te verlaten. De meeste journalisten waren inderdaad al naar buiten.

'Zo mevrouw Husken, nu hoort u 't eens!' zei Holleeder meteen vanaf het verdachtenbankje. Hij had zich omgedraaid en lachte me toe terwijl hij me indringend aankeek.

Recept van een 'rat'

Joseph 'Joe Dogs' Iannuzzi is een 'rat' in de ogen van de Amerikaanse maffia. Hij doorbrak de omertà. Samen met een undercoveragent van de FBI bestierde Iannuzzi een nachtclub waar de leden van de Gambino-clan graag kwamen. Ze deden er hun zaken met de Colombo's. Zeker twee jaar lang had Joe Dogs alle 'vergaderingen' van zijn 'vrienden' stiekem opgenomen. De microfoons had de politie verstopt in de kristallen kroonluchters die boven de tafels hingen.

In 1982 besloot de FBI dat er genoeg bewijs was verzameld. De zaak tegen de maffialeiders was rond. Infiltrant Iannuzzi moest daarna tien jaar lang optreden als kroongetuige. Al die tijd was hij opgenomen in een getuigenbeschermingsprogramma. Daarna begon voor hem zijn nieuwe leven met een nieuwe identiteit. Althans, dat dacht hij.

Lang duurde dat niet. In 1992 werd hij in Florida, waar hij net woonde, alsnog herkend door een dochter van een maffioso die door zijn toedoen in de gevangenis was beland. Hij moest opnieuw het getuigenbeschermingsprogramma in. Maar Joe Dogs kon er niet aan wennen dat alle publiciteit die hij tijdens de processen had gekregen voorbij was. De maffioso greep dus naar de pen en schreef niet alleen een kookboek maar ook nog zijn memoires, die hij voor een kwart miljoen aan een uitgever verkocht. Beide boeken kwamen uit in 1993. Iannuzzi, die net weer een nieuwe identiteit had aangenomen en een leven in de anonimiteit moest opbouwen, kon daarna geen weerstand bieden aan de lokroep van de tv. Hij trad op in talkshows, tot grote ergernis van justitie. Zo'n man viel niet te beschermen. De overheid nam daarom afscheid van Iannuzzi. Hij kreeg nog 87.500 dollar mee en moest voortaan maar zijn eigen bescherming regelen.

Maar Joe Dogs kon ook daarna nog steeds geen afscheid nemen van zijn maffiose levensstijl. Zo ging hij vaak uit eten en gaf alleen al aan de serveerster tien dollar omdat ze hem de tien stappen naar zijn tafeltje had begeleid. Een van de agenten die hem hadden meegemaakt in het getuigenbeschermingsprogramma zei dan ook: 'Joe heeft veel geluk nodig in zijn leven. Ik hoop dat hij niet op de verkeerde tijd op de verkeerde plaats is. Want dan is hij een dode man.'

Maar al moest Joe Dogs regelmatig over zijn schouder kijken, niets weerhield hem ervan om nog meer recepten aan de buitenwereld prijs te geven. In 2005 verscheen *On the Lam*, want op de vlucht kun je immers koken. Een beetje kok improviseert, luidde Iannuzzi's motto. Wie geen kreeft kan bemachtigen, wijkt maar uit naar garnalen.

Shrimps à la Fra Diavola

ruim 5 eetlepels olijfolie
2 tenen knoflook, in kleine stukjes gehakt
1 sjalotje, idem
1 kilo verse jumbogarnalen – schoongemaakt, de zwarte ader eruit en gesneden als een vlinder
2 blikken tomaten (gestoofd)
6 gedroogde chilipepers, in olijfolie gedrenkt
zout en versgemalen peper
+/- 500 gram dunne (engelhaar) pasta of linguine
versgeraspte Parmezaanse kaas

Verhit de olie in een grote koekenpan op een middelhoog vuur. Doe de knoflook en de sjalot erbij. Zorg ervoor dat de knoflook niet verbrandt. Doe nu ook de garnalen in de pan en bak ze totdat ze roze kleuren. Prak de tomaten uit de blikken en doe die bij de garnalen. Blijf roeren en zet het vuur lager. Voeg de chilipeper toe en laat het geheel even vier tot zes minuten sudderen en zorg ervoor dat de smaken in elkaar trekken. Dan naar smaak nog zout en gemalen peper toevoegen.

Ondertussen de pasta 'al dente' koken. Afgieten.

Serveer de garnalen boven op de pasta en strooi er de versgeraspte Parmezaanse kaas over. Geef er knapperig warm Italiaans brood bij en een glas droge rode wijn.

7 UIT ETEN MET WILLEM EN WILLEM

Voorjaar 2015 verscheen op de Amerikaanse tv een vier uur durende documentaire: *The Italian Americans* (van PBS, te vergelijken met BBC World), die voor ophef zorgde. Vooral binnen de Italiaans-Amerikaanse gemeenschap werd er pittig gediscussieerd over de historische voorstelling van zaken. Veel mensen waren blij met de boodschap van de makers. Eindelijk werd er tegengas geboden tegen het gangbare beeld dat elke Italiaan een maffioso is. Net zoals in de boeken van deskundige Thomas Repetto viel te lezen moesten nu de beelden duidelijk maken dat er vóór de komst van de Italiaanse immigranten al gangsters van een andere etnische afkomst waren die in de Verenigde Staten benden vormden. Maar volgens critici ging het hier louter om een 'feel good'-documentaire voor Italiaanse Amerikanen van wie iedereen wel weet dat het vrijwel altijd oppassende burgers zijn.

De auteur Bill Tonelli (*The Italian American Reader*) schudde de discussie daarom nog maar een beetje meer op. Jennend stelde hij dat Italiaanse Amerikanen wel degelijk allemaal maffiosi zijn. 'Ook al handelen we niet in gestolen goederen of plegen we moorden. We zijn maffiosi in de historische zin van het woord.' Het gaat daarbij volgens hem om een houding, de manier waarop je in het leven staat en die je van kinds af aan meekrijgt. 'Het familiegevoel, het wantrouwen tegen autoriteiten. De smeulende woede om arm te zijn. Het gevoel dat je geen macht hebt en weet dat er op je wordt neergekeken. Respect voor ons ontbreekt.'

Die houding gaf elke generatie vleugels, volgens Tonelli. Het zorgde voor een extra drijfveer om het te maken in het leven.

De overheid is ten onrechte bang voor de 'georganiseerde misdaad', meende Tonelli. De autoriteiten gaan ervan uit dat criminelen willen infiltreren in de bovenwereld en dus zullen zorgen voor toenemende corruptie. Volgens hem willen *slimme* gangsters maar één ding: stijgen op de maatschappelijke ladder. Een leven in de misdaad is een hard en onzeker bestaan, zelfs als het riante inkomsten oplevert. Om zijn betoog te ondersteunen haalde hij een paar sociologen uit de jaren zeventig[1] aan die met hun onderzoek hadden aangetoond dat maffiafamilies zodra ze over genoeg geld beschikten, die illegale winsten gebruikten voor legale zaken. Maar volgens Tonelli eindigden de meeste gangsters als verliezers. 'Zelfs Al Capone zou hebben verzucht dat hij graag zaken zou doen op de manier die in de bovenwereld gebruikelijk is. Gewoon naar je werk gaan en dat werk vergeten als je 's avonds laat thuiskomt.'

Een 'normaal' bestaan. Dáár had ook Willem Holleeder naar verlangd. Maar wel een bestaan met gouden randen en de nodige spanning. Toen hij vrijkwam na zijn straf voor de Heineken-ontvoering, koos hij andere vrienden dan zijn bloedgabber Cor van Hout. Holleeder kreeg een relatie met Maike, de dochter van een Amsterdamse vastgoedmiljonair en tegelijkertijd leerde hij Willem Endstra kennen. Op dat moment een gerenommeerd zakenman, eveneens uit de wereld van het onroerend goed. Endstra had weliswaar een voorliefde voor de zelfkant van het leven, zo zou later blijken, maar dat wist de investeerder in die tijd voor familie, vrienden en zijn vele vriendinnen goed verborgen te houden.

Broodje shoarma

Willem en Willem waren eind jaren negentig, begin jaren tweeduizend, onafscheidelijk. Holleeder knapte huizen voor Endstra op, maar wilde net als zijn nieuwe maat ook panden kopen, delen in de winsten en echt rijk worden. Volgens een ingewijde in het vastgoedcircuit had Holleeder na zijn vrijlating zelfs de ambitie gehad om het winkelcentrum op het Buikslotermeerplein in Amsterdam-Noord te kopen.

Endstra had een etage in het appartementencomplex aan de haven in IJmuiden, die hij mede had ontwikkeld. Ook Holleeder had daar een stek op nummer 666. 'Op zondagen zaten ze daar vaak met zijn allen aan het bier en de wijn. De vrouwen erbij. Holleeder regelde de broodjes shoarma en maakte lange wandelingen met Wim,' vertelde een kennis van de Endstra's.[2]

De beide Willems – al dan niet vergezeld door hun mooie vriendinnen – doken voor zaken en ontspanning op in menig sterrenrestaurant. Holleeder was als het ware, zoals hij dat zelf verwoordde, 'een stukkie Endstra' geworden: een eenvoudige jongen die het had geschopt tot miljonair in de wereld van het onroerend goed. En Endstra was blij met de nieuwe vriendschap met Holleeder, door wie iemand die hem kwaad zou willen doen zou worden afgeschrikt. Zo dacht de vastgoedman, in het begin althans.

Holleeder voelde zich als een vis in het water in Endstra's kringen in Amsterdam-Zuid, waar niet alleen vastgoedhandelaren deel van uitmaakten, maar ook actrices, (voormalige) zangeresjes, profvoetballers en rijk geworden drugshandelaren. Die *beau monde* gaf zijn snelle geld grif uit in de dure winkels in de P.C. Hooftstraat, ze dronken een glaasje witte wijn of een biertje bij Lexington. Uit eten gingen ze bij Le Garage, het VIP-restaurant van tv-kok Joop Braakhekke. Een plek om gezien te worden. Onroerendgoedhandelaar

Klaas Hummel, destijds een van de zakenpartners van Endstra: 'Niemand had in die begintijd een probleem met Holleeder. Hij was hoffelijk en vriendelijk. [...] Er waren toen geen liquidaties.'[3]

Wie van de zakenlieden wel problemen had met de 'vriendelijke criminelen' en werd afgeperst, hing dat niet aan de grote klok. En als er al een akkefietje was, zoals bij restaurant Le Garage, was het niet Holleeders schuld, maar kwam het door de mannen aan de belendende tafel. Die hadden te veel gedronken en vielen de blonde dames van Willem en Willem lastig.

De directeur van het restaurant verklaarde daarover later tegen de politie: 'Holleeder vroeg die mannen op te houden, toen dat niet gebeurde sloeg hij met de vlakke hand. Ik ben ertussen gesprongen.' Die mannen hadden het ernaar gemaakt, wilde de man maar zeggen.

Dan was er nog het verhaal van journalist Jort Kelder, die de politie vertelde dat hij van restauranteigenaar Joop Braakhekke zou hebben gehoord dat Holleeder een keer de chef-kok met een pistool had bedreigd. 'Joop scheet echt in zijn broek,' volgens Kelder. Het gezelschap aan Holleeders tafel zou erg luidruchtig zijn geweest, daar had Braakhekke wat van gezegd. En toen het onrustig bleef zou de chef-kok naar de tafel zijn gestapt om het even te regelen. Het was allemaal met een sisser afgelopen. Dit verhaal zou nog een eigen leven gaan leiden, al had Braakhekke in de publiciteit dit incident meteen naar het rijk der fabelen verwezen.[4] Als zoiets zich echt in zijn restaurant zou hebben afgespeeld, dan was hij zeker naar de politie gestapt, stelde hij. Want gasten die met wapens lopen te zwaaien zorgen er immers voor dat andere gasten wegblijven. Dergelijk gedrag kon een restauranteigenaar niet tolereren. Dat bezorgde je een slechte naam. Onzin was het.

Zoiets gebeurde niet in zijn Le Garage met zijn tafels met keurig gesteven wit linnen. In dit restaurant wordt alleen lekker en fantasierijk gegeten: oesters, kaviaar, *terrine de foie gras*, met daarna een *poulet noir* of een mooi scholletje of rivierkreeftjes, met daarbij een geestrijke en gekoelde wijn.

Goedkoop of crimineel is het er dan ook zeker niet.[5]

Een vorkje prikken

De bankafschriften van de goldcard van Willem Endstra in de justitiedossiers zijn er de stille getuigen van. Willem Endstra was in de jaren 2000 een *regular* in het duurdere segment Amsterdamse restaurants. De 'vriendinnen van' herinnerden zich de etentjes. In de sterrenzaken werden geen criminele zaken besproken, maar werd er lekker gegeten. En gedronken. Zeker ook met legale zakenpartners. Willem Endstra koos in zijn favoriete restaurant Spring op de Willemsparkweg in Amsterdam als vanzelfsprekend voor een fles Gaja Barbaresco van 150 euro bij een eenvoudige lunch. Hij hield het dan bij één glas. Het was een van de vaste adressen waar de vastgoedmagnaat graag tussen de middag kreeft en *Risotto à la Spring* at. In een van de justitiedossiers zit ook een rekening van ruim 800 euro bij restaurant Le Garage van Joop Braakhekke, waar de beide Willems met hun dames aanschoven. De vastgoedmagnaat verbleekte er niet van. Endstra had nog meer voorkeuren. Zo at hij graag Italiaans in Ristorante d'Antica bij het Rembrandtplein. Een zaak die doet denken aan de eethuizen in Mulberry Street in Little Italy in New York. Endstra had hier de keuze uit een klassieke keuken met *piatto di polipo* en natuurlijk de schotels met *vitello* en ossenhaas in truffelsaus. Of hij liet zich verrassen door de chef-kok.

Bord spaghetti

Willem Endstra was eind twintigste eeuw *larger than life*, schreef zijn biograaf Harry Lensink in *Stille Willem*, in 2006. Endstra was niet alleen groot in vastgoed in Amsterdam maar ook ver daarbuiten. Hij deed zaken met de Oostenrijkse kristalfamilie Swarovski, die hij vaak bezocht in hun buiten op Sardinië. De familie zou later het Amsterdamse World Trade Centre van Endstra kopen. Ook waren de Swarovski's betrokken bij zijn deal met het Scheveningse Kurhaus-restaurant en hotel.

Endstra deed eveneens zaken met klinkende namen uit Italië. Zo onderhandelde hij in de jaren negentig met een broer van de Italiaanse premier Silvio Berlusconi. Bij die Italiaanse avonturen had Endstra ook nog een andere Nederlandse vastgoedtycoon betrokken, René Colthof. Het project van Berlusconi's broer betrof vakantiehuizen. 'We bouwen onder andere villaatjes bij het Lago Maggiore,' vertelde Colthof desgevraagd trots in een krant. 'Aan het Comomeer verrijzen nu tweehonderd appartementen, terwijl je daar normaal niet mag bouwen.' Zij hadden wel een vergunning bemachtigd en hadden totaal geen concurrentie, pochte hij. Ze hadden dan ook de juiste zakenpartner getroffen. 'Je merkt het voordeel van zakendoen met een Berlusconi.' Hij dacht dat hij het politieke tij mee had bij dit luxe bouwproject omdat hij zaken deed met de broer van de premier die het voor het zeggen had in Italië.

Tja...

De geruchten over de warme contacten die Silvio Berlusconi als zakenman met de maffia had onderhouden waren er allang. Ook deden er verhalen de ronde over de belangen van de Cosa Nostra in dit soort bouwprojecten waarmee Endstra zich had ingelaten. Vervolgens stond in de pers dat er bij het Italiaanse villaplan een koffer met smeergeld zou zijn aangeboden om de benodigde vergunningen te bemachtigen. Het zou zijn gegaan om zo'n half miljoen euro.

De Volkskrant, die dit verhaal bracht, kon Willem Endstra destijds niet meer om een reactie vragen. Die was in 2004 vermoord. De verslaggever belde op 8 april 2006 daarom met Colthof. Die gaf toe dat hij met 'Giovanni' Endstra naar Italië was afgereisd, maar wees het verhaal over het smeergeld naar het rijk der fabelen. Colthof noemde Endstra 'goudeerlijk'. Hij prees zijn zakenpartner juist om zijn bescheiden opstelling tijdens die reisjes naar Italië, en ook bij andere gelegenheden was Endstra juist heel matig gebleken. 'Gewoon een bord spaghetti van een tientje, daar hield Wim van. Meneer Berlusconi vond meneer Endstra ook een heel fijne vent.'

Kalfswang

Het was maar net met wie Willem Endstra op pad was. Want de justitiedossiers geven toch een ander beeld van de 'eenvoudige' vastgoedman. Als het ging om zakendoen en het imponeren van zijn vriendinnen had Endstra wel degelijk een dure smaak. In Venetië overnachtte hij voor honderden euro's in het vooraanstaande Hotel Danielli vlak bij het San Marcoplein, de plaats waar ook menige beroemde filmster sliep. Geshopt werd er op zo'n dagtrip voor een paar duizend euro bij Dior in Milaan.

Endstra kende in die tijd de keuken van menige Amsterdamse sterrenkok uit ervaring. Op de menukaart prijkten meestal dure gerechten met truffel en coquilles. En als de culinaire chefs overstapten naar een andere baas of voor zichzelf begonnen, wist Endstra ze ook te vinden. De wereld van de betere kookkunst blijkt erg klein. Bij Endstra's favoriete restaurant Spring aan de Willemsparkweg – niet veel groter dan een pijpenla – werkte Pieter Damen, de oud-sous-chef van Le Garage.

Spring was 'the place to be van Zuid' voor zakenvolk en op goed eten beluste Amsterdammers, noteerde het tijdschrift *Quote* in 2000. Over de dan nog kale muren in het restaurant kreeg de verslaggever te horen: 'Er komen hier gasten, onder wie heel beroemde, die aanbieden er een schilderij voor te kopen of te maken.' Voor Pieter Damen geen modieuze lollo rosso ('slap, gekweekt voor het gezicht') bij een entree, maar echte kropsla met wilde zuring, lamsoortjes, ezelsoren, rucola, kervel, munt, basilicum en dragon, daarbovenop presenteerde hij kalfswang, gekonfijt in ganzenvet met wat knoflook, zout, rozemarijn. De culinair journalist van *De Telegraaf* die het restaurant eveneens recenseerde, liet zich ook de rest van het menu ('biologische kip uit de Noordoostpolder' en een kraakverse moot gepocheerde griet met champagnesaus) 'perfect' smaken.

Vervolgens kon Endstra bij Spring genieten van de gerechten van de opvolger van Damen: kok Ralph van Woerde, die in 2002 in de pannen roerde. Van Woerde kookte 'Frans-mediterraan met oosterse invloeden'. Hij had altijd heel goed gekeken naar wie boven hem stonden en had zich naar dat niveau opgetrokken.[6] Van Woerde was leerling geweest bij restaurant Prinses Juliana in Valkenburg (2 sterren) en had gewerkt bij de topzaken van Henk Savelberg in Voorburg en bij Imko Binnerts in IJmuiden – en Binnerts was op zijn beurt weer een goede bekende van Willem Endstra. Bij Binnerts wipte de vastgoedman graag binnen 'voor een visje'.

Pizza

In het weekend kwam Willem Endstra met zijn kinderen regelmatig in Haarlem bij Napoli, het Italiaanse restaurant waar Cor van Hout ooit de ratten had losgelaten. Bij Napoli met zijn ruime eetzaal kon je immers naast alle culinaire hoogstandjes (aan tafel geflambeerde tournedos met paddenstoelen en zwartetruffelcrème) ook fantastische pizza's eten.

Maar van het ene op het andere moment waren deze uitstapjes met de kinderen naar Haarlem voorgoed afgelopen. Dat had te maken met de vriendschap tussen de beide Willems.

Voor de buitenwereld leek de warme band nog te bestaan, maar de mannen zelf wisten allang beter. Holleeder week niet van de zijde van de vastgoedman omdat ze zulke goede maten waren, integendeel. Holleeder moest erop toezien dat Endstra zijn afspraken met de onderwereldfiguren met wie hij in zee was gegaan nakwam. Niet alleen Sam Klepper en John Mieremet hadden hun criminele winsten belegd in panden van Endstra, ook andere topcriminelen beschouwden de vastgoedman als 'hun bank', waar ze hun zwarte geld konden witwassen en weer konden opeisen als hun dat uitkwam. Omdat die criminelen Endstra niet echt vertrouwden, vonden ze dat Holleeder de bewaker van 'hun bank' was.

Wat gebeurde er nu op die bewuste dag dat Willem Endstra in Haarlem met zijn kinderen ging eten bij Napoli?

Weken voordat dit familie-etentje plaatsvond, was Endstra al in het diepste geheim naar de politie gestapt voor hulp in verband met de steeds zwaardere bedreigingen van Holleeder. Endstra eiste van de rechercheurs met wie hij sprak dat ze zijn afperser zouden aanhouden. Maar dat ging zomaar niet, hadden ze hem uitgelegd. Daarvoor zou Endstra eerst officieel aangifte moeten doen van deze chantage. Dat durfde de zakenman niet.

De politie bleef daarna toch contact met hem houden, omdat ze hoopten dat ze Endstra uiteindelijk toch over de streep konden trekken en een officieel onderzoek tegen

Holleeder konden beginnen. Bij die geheime ontmoetingen – ze reden rond in een onopvallende auto – vertelde Endstra honderduit. De rechercheurs legden zijn verklaringen nadien vast op papier. Zo ook het verhaal over het incident dat zich bij het Italiaanse restaurant Napoli had voorgedaan. Het was volgens Endstra illustratief voor de bedreigende situatie waarin hij verzeild was geraakt door zijn vriendschappelijke omgang met Holleeder en diens onderwereldvrienden.

Bij Napoli had Endstra zich altijd heel veilig gevoeld, tot op die bewuste dag dat hij er met zijn kinderen zat en Holleeder ineens opdook. Dát gaf de vastgoedman het gevoel dat hij geen stap meer kon verzetten zonder dat zijn belagers wisten waar hij zich bevond.

Endstra tegen de politie: 'Holleeder zei bij Napoli tegen me: "Je zit er zo leuk met je kinderen, ik wil niet dat jou wat overkomt."' Volgens Endstra bood Holleeder hem daarna zogenaamd 'hulp' aan omdat hij achter zou lopen met het aflossen van zijn schuld aan de criminelen.

Het is maar net wat je onder hulp bieden verstaat. De boodschap van Holleeder luidde volgens Endstra dat hij het 'huurcontract' dat hij had afgesloten met de Hollandse capo dei capi Stanley Hillis (1946-2011) moest aanpassen. Als hij dat deed, kreeg hij enig respijt met het aflossen van de zogenaamde schuld die hij aan deze crimineel en zijn maten had. Hillis en zijn vriendin woonden in Endstra-panden die voor ruim een half miljoen te koop stonden. Hillis hoefde voor zijn woongenot op dat moment slechts 500 euro per maand te betalen. De afpersers vonden dat dat bedrag nog wel wat lager kon, zo liet Holleeder Endstra namens hen weten.

Endstra's eetlust bij Napoli was op dat moment voorgoed over.

Maar het betekende vooralsnog niet dat de vastgoedman bij de pakken zou neerzitten en zich zou terugtrekken uit het openbare leven. Endstra werd sindsdien nog in menig ander hoog aangeschreven restaurant gesignaleerd.

Chocoladecake van de duivel

De maffia was en is nog steeds een mannenzaak, al zijn vrouwen op de achtergrond vaak de drijvende kracht in de families. Vooral als de mannen in de gevangenis belanden, komt er veel op hen neer. Over het leven van de gangstervrouwen bestaat sinds 2011 een reality soap: *Mob Wives*, die ook in 2015 nog wordt uitgezonden bij TLC. Het idee kwam van een van de echtgenotes zelf. Ze hebben hun problemen met hun vent die achter de tralies zit, maken zich druk om kleren en kapper. De Mob-huisvrouwen doen hun uiterste best om eruit te zien als *goumada's* (gangsterliefjes), al hebben ze aan zulke vrouwen een bloedhekel. Maar ook zijzelf hebben 'big hair', zijn zonnebankbruin, hebben diepe decolletés, dragen gouden sieraden en designerkleding.[7] Ze lijken gemodelleerd naar Adriana La Cerva, de vrouw van het neefje van Tony Soprano uit de gelijknamige serie. Of is het omgekeerd?

Rood vlees

Voor Adriana la Cerva is lekker eten – 'godenspijzen' – het tovermiddel voor een romantische avond.[8] 'Mits je je in stijl aankleedt, zoals de mooie vrouw die je wilt zijn als in de film *Goodfellas*. *Be sure to smell like a pretty woman*.' En: 'Als je galante tafelgenoot – die je de wijn moet laten kiezen – het verschil niet weet tussen een chianti en een cola, help hem dan een beetje zonder dat het opvalt. Maar híj moet bestellen!'

Als je echt van je romantische avond wilt genieten, moet je je inhouden als je eet, adviseert Adriana andere dames. 'Mijd chocoladetaart of pasta met roomsaus, hoe lekker je dat ook vindt. Een nacht wordt niet erg romantisch met een volle maag of golven van maagzuur.' Tot slot: 'Mannen kiezen vooral voor rood vlees. Het is goed om dat aan te moedigen.'

Voor wie toch naar chocoladetaart verlangt.

Chocoladecake van de duivel

5 eetlepels roomboter
300 gram suiker
+/- 85 gram chocolade, gesmolten
1 theelepel vanillesuiker
180 ml volle melk
3½ theelepel bakpoeder
3 eieren
150 gram gezeefd cakemeel

Verhit de oven tot 177 graden Celsius.

Roer de boter zacht in een schaal, voeg de suiker en de chocolade toe, daarna de eieren en de vanille. Doe dit alles vervolgens in de keukenmachine/blender om het een zachte massa te laten worden. Spatel het bakpoeder en de helft van het cakemeel erdoorheen. Daarna volgt de rest van het meel en de melk totdat alles goed door elkaar is gemengd. Zet de keukenmachine/blender opnieuw aan en meng het geheel tot een homogeen en zacht beslag. Doe het beslag in een van tevoren met boter ingevet bakblik en zet dat in de oven. Baktijd 45 tot 50 minuten.

De duivelse cake is klaar als je er een dun mes/ijzeren pin in steekt en die er schoon uit komt. Er mag niets aan blijven kleven. Zorg er wel voor dat de cake niet te lang bakt, want dan droogt deze te veel uit.

Het recept was van miss M. Robinson uit 1900, opgediept door Olindo Romeo Chiocca[9].

8 HOBBY: VERZAMELEN VAN RESTAURANTS

Het is een wereld van ons kent ons: chef-koks en vastgoedondernemers. Niet alleen Willem Endstra, ook een van zijn belangrijkste toenmalige zakenpartners, de Amsterdamse vastgoedtycoon Jan-Dirk Take Paarlberg, stond met hen op goede voet.

De beschaafd ogende en altijd met zachte stem sprekende Paarlberg had het imago van ‘een sfinx’. Hij behoorde tot de groep rijke Nederlanders, een coterie waar het zakenblad *Quote* speciale aandacht voor had. Paarlberg had over de hele wereld zijn pieds à terre, tot een appartement aan Central Park aan toe. Zijn miljoenenbusiness regelde hij zelfs vanuit een heus kasteel in Maarsen aan de Vecht. Paarlbergs grootvader handelde in groente en fruit, zijn vader stond met een groothandel in aardappelen op de Centrale Markt in Amsterdam, maar Jan-Dirk had ervoor gekozen om te werken in de internationale bankwereld. Hij had zijn kapitaal vergaard via de beurzen in Londen en New York.

Beleggen in onroerend goed had Paarlberg al van jongs af aan gedaan. Hij had ambitieuze plannen: hij was de man achter de metamorfose van de P.C. Hooftstraat. Van een ratjetoe aan winkels veranderde die in een luxe winkelstraat met een internationale allure. Paarlberg kwam vooral als investeerder in de publiciteit toen hij de Euromast (met restaurant) kocht. Hij had grootse plannen voor de ontwikkeling van het gebied eromheen.

Officieel was het complex van Paarlberg, maar ook zijn zakenpartner Willem Endstra schepte erover op tegenover zijn criminele kennissen, al kwam zijn naam nergens in de eigendomsstukken voor. Endstra beweerde dat hij ook geld in de Euromast zou hebben zitten, iets wat Paarlberg altijd ontkende. De beide investeerders hadden begin jaren negentig wel officieel samen miljoenen gestoken in luxeappartementen aan zee en de ontwikkeling van *Seaport Marina*, met eventueel ook horeca, in IJmuiden.

Selfmade man Paarlberg had in diezelfde tijd ook een opvallende hobby: het verzamelen van exclusieve restaurants en hotels. Hij kocht in 1992 om te beginnen het exclusieve 't Jagershuis in Ouderkerk aan de Amstel, en kreeg daarna de smaak te pakken. Er volgden onder andere La Passione en Groot Paardenburg, beide eveneens in Ouderkerk aan de Amstel; Tante Koosje, in Loenen aan de Vecht, en de Kloosterhoeve in Harmelen. 'Ik wilde er een ontmoetingsplaats voor de mediawereld van maken,' aldus de zakenman in *Quote* in 2005. Paarlberg kocht ook een aantal sterrenhotels. Maar dat investeren in de horeca liep uit de hand, zou hij er later over zeggen. Die horecaportefeuille eiste, naast zijn investeringen in ander vastgoed, te veel van zijn aandacht op. Hij beperkte zich daarom tot het verhuren van de panden. 'Horeca runnen is niet makkelijk,' vertelde hij destijds aan het *Financieele Dagblad*.[1]

Maar niet de restaurantdivisie van zijn zakenimperium zou Paarlberg de das om doen – daarvoor zorgde de overeenkomst met Endstra in het IJmuidense ontwikkelingsproject. Voor het zover was, deelden de vastgoedbeleggers menige lunch of werden de zaken besproken bij een broodje. Hun slimme mondeling overeengekomen deals werden slechts genoteerd op kleine kladpapiertjes, waar kennelijk niet al te zorgvuldig mee werd omgesprongen. Ze raakten kwijt, zoals bleek uit de rechtszaken die later nog zouden volgen over hun handel en wandel.

Seafood Haven

Endstra is niet meer. Hij werd op 17 mei 2004 vermoord. Een van de laatste vriendinnen van Willem Endstra, Sandra van Schaik, was behoorlijk onder de indruk van wie haar nieuwe liefde allemaal kende.[2] Endstra was geen opschepper, maar hij liet zijn dames tussen de regels door wel merken dat hij een man van de wereld was. Met Sandra reed hij nog kort voor zijn dood naar het design hotel Grand Winston in Rijswijk met de Seafood Haven, waar de sterrenkok Imko Binnerts de scepter zwaaide. Het prestigieuze restaurant was op dat moment nog niet eens formeel open, maar Endstra werd er ondanks zijn spijkerbroek en T-shirt onthaald als was hij Zijne Koninklijke Hoogheid zelve die even de oesters kwam keuren. Van Schaik: 'De mensen kénden hem.' De maître kwam hem zelfs persoonlijk welkom heten.

De menukaart met fantasierijke combinaties beloofde veel goeds. Bij de entrees stond wilde zeebaars met een coulis van cevenne-ui, rucola en een vinaigrette van geroosterde citroen en krullen van eendenlever. Of sint-jakobsschelpen met zeekraal, asperges en een julienne van truffel. 'De truffelvinaigrette zorgde voor een fris toontje,' zou een culinair recensent later in de *NRC* schrijven.[3]

Dat deze fantasierijke kok en de steenrijke ondernemer elkaar hartelijk begroetten was niet zo vreemd. De chef-kok begon begin jaren negentig zijn eerste eigen zaak in IJmuiden. In diezelfde tijd verwezenlijkte vastgoedhandelaar Endstra samen met zijn zakenpartner Jan-Dirk Paarlberg zijn grootse plannen voor zijn Seaport Marina.

Binnerts, die chef-kok was geweest bij het Amsterdamse luxueuze Hotel de l'Europe, had in IJmuiden een flitsende start gemaakt met zijn eigen restaurant Imko's, dat gevestigd was boven een groothandel tegenover de visafslag bij de haven. Na vijf jaar, in 1999, had hij er zijn eerste Michelin-ster behaald voor zijn kookkunsten. De Halkade, waar de eetgelegenheid zich bevond, was een rommelig stukje straat met loodsen en kramen bij het Noordzeekanaal met aan de overkant de Hoogovens. De eetdeskundige van *de Volkskrant* schreef: 'Op deze afwerkplek voor zeedieren wappert restaurant Imko's vlag als die op een modderschuit.' De recensent had zelfs moeite om de ingang van de sterrenzaak te vinden omdat zich op de benedenetage een eettent bevond van de visleverancier en levenspartner van Binnerts die er zijn gebakken vis en friet verkocht. Maar verder volgden alleen maar lovende woorden over Imko's. De salade niçoise met stukjes rauwe malse en een reepje gegrilde tonijn werd geroemd. Over de gegrilde zonnevis met inktvis, chorizo, gemarineerde biet, citrus, gember en koriander noteerde de journalist: 'Het is het gerecht van een koorddanser. Levensgevaarlijk, maar prachtig in balans.'

Aan een goede kok wordt getrokken. Zo ook aan Binnerts.

Vastgoedondernemer Willem Smit wilde hem in 2001 van IJmuiden naar Amsterdam-Zuid halen. Het bleef bij praten. Paarlberg en Endstra wilden Binnerts interesseren om mee te doen met een restaurant waarvoor een plaats was in hun ontwikkelingsplan voor IJmuiden. Maar Binnerts had in zijn eigen bedrijf ondertussen zijn inkomsten zien dalen. Dat kwam, zo legde hij journalisten uit, door 'ongemanierde gasten', van die types die bij drie restaurants tegelijk reserveerden. En afbellen – ho maar –, waardoor er twee tenten met lege tafels zaten. Dat overkwam hem meerdere keren in de week, beweerde hij. Bovendien werd de vis duur betaald.

De prijs was de afgelopen jaren verdubbeld.

Binnerts koos er in 2003 voor om in de pannen te gaan roeren bij Imko's Classics & Friends in het nieuw te bouwen designhotel in Rijswijk. Zijn vaste gastenschare, onder wie Endstra, volgden als vanzelf.

Paardenburg

Het kan toeval zijn, maar het valt wel op. Zowel de fine fleur van de zakenwereld als gasten met een twijfelachtige palmares vertoonden in de jaren negentig, begin tweeduizend een opvallende voorkeur voor de exquise restaurants in het pittoreske Ouderkerk aan de Amstel. Zo ook dus Paarlberg en Endstra. Een van de voordelen bleek te zijn dat men er zijn auto makkelijker kwijt kon dan in de Amsterdamse binnenstad of in Amsterdam-Zuid. Maar ook op die parkeerplekken stond soms het bordje 'vol'. Toen Endstra dat een keer overkwam, maakte hij daar tegenover een van zijn zakenrelaties een geintje over.[4] Hij schoof het bordje gewoon aan de kant. Lachend riep hij toen: 'De maffia heeft altijd voorrang.'

De zakenman die erbij was kon op dat moment niet weten hoe waar die woorden van Endstra uiteindelijk zouden zijn.

In Ouderkerk waren ook de gerenommeerde eetzaken waar Jan-Dirk Paarlbergs naam aan was verbonden. De culinair criticus van *De Telegraaf* omschreef het eetwalhalla destijds als 'Paardenburgdorp met Blijkers Burcht óf Blaauws bolwerk'. Zowel de sterrenkok Ron Blaauw als Herman den Blijker was in het dorp onder de rook van Amsterdam neergestreken. Ron Blaauw was de eerste in 1995. Hij vertelde erover in een interview een paar jaar terug in *HP/De Tijd*. Blaauw ging er prat op dat hij mogelijk als eerste kok in Nederland door een headhunter was benaderd om ergens anders te gaan werken. Blaauw was niet op zoek geweest naar een baan, maar hij kreeg 'an offer he could not refuse': chef-kok worden bij 't Jagershuis van Jan-Dirk Paarlberg. Hij stond bij het restaurant waar hij werkte destijds al wel op de nominatie voor een ster. Maar het salaris dat hem door Paarlberg werd geboden was 'meteen pats boem, zo'n vierduizend gulden netto' – drie keer zoveel als bij het restaurant waar hij op dat moment 'achter de kachel stond'. Geweldig vond Blaauw dat. Hij maakte er graag de tropenuren voor die nodig waren om de keuken van 't Jagershuis te laten schitteren. 'We gingen van 1,2 miljoen naar 4 miljoen omzet. En alles kon ook,' vertelde Blaauw aan de HP-verslaggever. Als zijn auto kapot was zorgde Paarlberg dat er de volgende dag een nieuwe voor hem stond. 'Maar na drieënhalf jaar gebeurden er ineens vreemde dingen. Ik kwam in een schimmige wereld terecht van mensen uit het milieu met wie je niet geassocieerd wilt worden. Ik was gepaaid en er zonder veel nadenken in gerold, maar nu werd ik ineens bezit. Als ik er een avond niet was omdat ik vrij was, werd ik gebeld waarom ik er niet was. Ik werd gecontroleerd, en het werd allemaal eng.'

Toen Blaauw daarom zijn vertrek aankondigde, werd hij ontboden op het kantoor van Paarlberg om naar zijn zeggen een 'concurrentiebeding te tekenen'. Daarna opende de chef-kok in hetzelfde Ouderkerk zijn eerste eigen restaurant *Blaauw*. Meteen was het oorlog met Paarlberg, die onmiddellijk tegen hem begon te procederen. Blaauw: 'Hij wou me pakken en kapotmaken.'

De chef-kok beweerde dat hij in die tijd echt bang was dat hem fysiek iets zou worden aangedaan. Hij vond het daarom niet erg dat zware criminelen de weg naar zijn restaurant wisten te vinden; alleen al hun aanwezigheid beschouwde hij als een vorm van protectie. Blaauw: 'Ik had geluk. Toentertijd kwamen Heineken-ontvoerder Cor van Hout en zijn maten vaak bij me eten; dat heeft me denk ik toch wel beschermd.

Ik verdiende in het begin als zelfstandig ondernemer helemaal niks. Al het geld ging op aan de proceskosten en aan de spullen voor het restaurant.'

Paarlberg toonde zich hevig 'geschokt' over de aantijgingen van de sterrenkok, maar wilde er tegen het zakenblad *Quote*, dat hem ermee confronteerde, verder niets over zeggen.[5] De toenmalige rechterhand van de vastgoedbaron, David Beesemer, die in 1999 de horecaportefeuille van het Paarlberg-concern beheerde, noemde de uitspraken van Blaauw 'grotendeels verzinsels' en 'stemmingmakerij'. Volgens Beesemer kwam er altijd 'keurig publiek' in 't Jagershuis, niks schimmige figuren. Hij en Paarlberg waren een rechtszaak tegen Blaauw begonnen omdat hun kok achterbaks had gehandeld. Blaauw zou van het ene op het andere moment voor zichzelf zijn begonnen en heimelijk het halve personeel hebben meegenomen. 'Het was notabene vlak voor de kerst.'

Met andere woorden: zoiets kon je als ondernemer niet over je kant laten gaan.

Uit de justitiedossiers blijkt echter dat Blaauw in 2001 zelfs aangifte had gedaan bij de politie wegens meineed van de tegenpartij die gepleegd zou zijn in de gerechtelijke procedure over het geschil. Paarlberg was formeel de eigenaar van het restaurant, maar vanaf 1996 was Beesemer 'statutair directeur' geworden van de horecapoot van diens zakenimperium. Toen Blaauw weigerde het door Beesemer achteraf aan hem voorgelegde anticoncurrentiebeding te tekenen, zou die hem een onredelijke eis hebben gesteld. Beesemer wilde dat 50 procent van de aandelen van Blaauws nieuwe zaak in zijn handen zouden overgaan. Die weigerde dit uiteraard.

Keurig publiek kwam er in 't Jagershuis, zei Beesemer. Maar hoe zat het dan met de bezoekers aan hun andere zaken in Ouderkerk aan de Amstel, zoals bijvoorbeeld Groot Paardenburg?

Sommige gasten van dit restaurant van het Paarlberg-concern hadden bijvoorbeeld de meer dan bovenmatige belangstelling van de politie. Dat blijkt uit justitiedossiers. Een van hen was de advocaat Evert Hingst, die optrad als consigliere van een aantal topcriminelen, onder wie Stanley Hillis. Ook Hillis (1946-2011) was betrokken bij het afpersen van Willem Endstra, al werd hij hiervoor nooit vervolgd.

Tijdens de etentjes van raadsman Hingst bij Paardenburg werd er gesproken over een aankoop van een grote discotheek op Ibiza. Hij zat aan een tafeltje met David Beesemer en probeerde via hem het Paarlberg-imperium voor het Ibiza-project te interesseren. Hingst had bij deze onderhandelingen een Amsterdamse discotheekhouder aan zijn zijde. Die man, die later veroordeeld werd voor drugssmokkel, zou de bedrijfsleider moeten worden van de uitgaansgelegenheid op Ibiza. Maar de deal met het Paarlberg-imperium ging uiteindelijk niet door. Consigliere Hingst eiste daarop geld van de aspirantkopers, Paarlberg c.s. Het ging om een bedrag van anderhalve ton. Eigenlijk leek het wel een beetje op afpersen van de kant van de advocaat.

Beesemer ontkende dat heftig tegenover de politie. Volgens hem was het niet gek dat er 'schadevergoeding' moest worden betaald aan deze heren die een discotheek onder zijn aandacht wilden brengen. Nee, hij was niet gechanteerd omdat hij de deal over de dansgelegenheid had laten afketsen. De politie vond het namelijk opmerkelijk dat het concern van Paarlberg 150.000 euro op een van de rekeningen van topcrimineel Stanley Hillis[6], cliënt van Hingst, had moeten storten en dit nog had gedaan ook.

Nummer 57

Jan-Dirk Paarlberg zelf liep in Groot Paardenburg ook wel eens een eter tegen het lijf die hij achteraf daar liever niet had gezien. Want uit het 'simpele gedag zeggen' in het restaurant werd jaren later een gerechtelijke conclusie getrokken die voor deze vastgoedmagnaat vergaande gevolgen zou hebben. Het ging in dit geval om een ontmoeting met Willem Holleeder.

Dat zit zo.

Endstra was er in het begin van zijn vriendschap met Holleeder van overtuigd geweest dat de andere Willem een fatsoenlijk leven wilde opbouwen. Dat had hij ook aan de politie verteld toen hij in het geheim met ze sprak over de bedreigingen van de Heineken-ontvoerder aan zijn adres.[7] Volgens Holleeder was zijn nieuwe leven in de bovenwereld mislukt omdat justitie hem telkens in een slecht daglicht had geplaatst. Endstra: 'Holleeder zei: ik heb geprobeerd netjes te zijn, maar dat wordt me niet gegund, dus nu word ik een boef. En dan ben ik een goeie boef.' Het is de Holleeder-variant van de uitspraak van Michael Corleone, de zoon van Don Vito uit *The Godfather,* die ook droomde over een leven buiten de misdaad: 'Just when I thought I was out, they pulled me back in.'[8]

Endstra sprak niet alleen met de politie over de maffiose afperspraktijken van Holleeder. Na zijn dood bleek hij ook nog een geheim dagboek te hebben bijgehouden waarin hij met korte krabbels noteerde hoe zijn miljoenen zouden zijn weggesluisd naar zijn kwelgeest Willem Holleeder en diens maten. Endstra dichtte daarbij zijn zakenpartner Paarlberg een kwalijke rol toe. Hij zou de man op de achtergrond zijn geweest, hij zou Holleeder hebben geholpen om de miljoenen die van Endstra werden afgeperst een legale herkomst te geven. Via ingenieuze officiële zakelijke transacties tussen Endstra en Paarlberg – de financiële ontvlechting van hun samenwerking in Seaport Marina in IJmuiden – zouden er miljoenen zijn witgewassen voor Willem Holleeder.

Endstra dacht dat Paarlberg zich hiervoor had geleend omdat hij onder druk was gezet door dezelfde criminelen die hem te grazen hadden genomen. Justitie geloofde de beschuldigingen van Endstra: Paarlberg werd vervolgens aangehouden.

Paarlberg kwam tegenover zijn rechters echter met een totaal ander verhaal dan Endstra. Hij had louter legale zaken gedaan met Endstra. Totdat hij erachter kwam dat Endstra in zaken was gegaan met louche types met wie hij niets te maken wilde hebben. Paarlberg had het tijd gevonden om daarom hun gezamenlijke zakelijke belangen af te bouwen. Hij wilde niets meer met Endstra van doen hebben.

Paarlberg ontkende eveneens dat ook hij zou worden gechanteerd door Holleeder, zoals Endstra tegenover de politie had gesuggereerd. En hij had zeker geen geld voor Holleeder via zijn bedrijven witgewassen. Sterker nog: hij kende deze Heineken-ontvoerder niet of nauwelijks. Ondanks een uitvoerige financiële onderbouwing voor zijn zakelijke transacties met Endstra geloofden de rechters Paarlberg niet. Hij werd in 2012 definitief veroordeeld voor het witwassen van het afpersgeld voor Holleeder.

Tot op de dag van vandaag blijft Paarlberg deze uitspraak bestrijden. Hij houdt vol dat hij Holleeder maar een enkele keer had gezien: tweemaal bij Endstra thuis en éénmaal was er sprake van een ontmoeting in een restaurant. Het toeval wilde dat dit treffen plaatsvond in zijn Groot Paardenburg in Ouderkerk aan de Amstel.

Het restaurant dat hij in die jaren verhuurde aan de Rotterdamse chef-kok Herman den Blijker en diens compagnon. Paarlberg zou Holleeder bij die gelegenheid alleen 'gedag' hebben gezegd. Beiden kwamen er immers voor het heerlijke eten.

Paarlbergs huurders toonden zich destijds dan ook zeer

verrast over de aanhouding van de 'keurig nette' zakenman met wie ze in zee waren gegaan, het was het laatste wat de restauranthouders van hem hadden kunnen denken. Den Blijker: 'Paarlberg staat op nummer 57 in de *Quote* top-100.'

Het kan verkeren.

Aangeschoten

Willem Holleeder bleek overigens restaurant Groot Paardenburg wel vaker te frequenteren. Een rechercheur belast met het onderzoek naar de afpersing en de moord op Willem Endstra stuitte op 20 december 2005 ook al op de Heineken-ontvoerder. Hij was er deze keer met ene Mike en kwam 'aangeschoten' over, noteerde de man in een proces-verbaal.

Holleeder verzekerde de politieman dat hij zijn auto zou laten staan en zijn vriendin zou bellen om hem op te halen. De rechercheur vroeg Holleeder bij die gelegenheid of hij zich nog wel veilig voelde, aangezien een reeks kennissen van hem – na Endstra volgden nog Evert Hingst, Kees Houtman en Sjon Mieremet – kort daarvoor was vermoord.

Zeker, zei Holleeder. Hij wees op zijn Mercedes met kogelwerend glas. Daarna ging hij het restaurant weer binnen en belde met 'Sandra', met wie hij toen omging. En ze kwam hem ophalen. Het was de vrouw van zijn vroegere 'maatje' Sam Klepper.

Deze zelfde Sandra zou in 2015 bij justitie verklaringen afleggen over Holleeders betrokkenheid bij de moord op haar vriend Klepper en andere liquidaties, waaronder die op Willem Endstra.

Eetzaken en cafés kunnen nu eenmaal geen bordje plaatsen: 'Verboden voor gangsters'.

Pasta di tutti pasti

Tommaso Buscetta (1928-2000) had de absolute macht. Hij was de baas van twee werelden. Deze capo di tutti capi had belangen aan twee zijden van de Atlantische Oceaan: Sicilië en Amerika. Maar toen de Corleone-clan onder leiding van Totò Riína een greep naar die macht deed en ging samenwerken met andere famiglia's voelde hij zich bedreigd. Met behulp van doodseskaders hadden de Corleonesi een dictatoriale macht op het eiland gevestigd. In die strijd vielen ook veel slachtoffers onder de familie van Buscetta. De maffiabaas vluchtte in 1983 naar Brazilië. Hij werd er aangehouden en gemarteld. Daarna volgde zijn uitlevering aan Italië. In zijn cel probeerde hij de strychnine die hij altijd bij zich had in te slikken. Hij overleefde de zelfmoordpoging ternauwernood.

Buscetta, die op zijn zeventiende jaar in de maffia werd opgenomen, besloot daarop met de Italiaanse justitie te gaan samenwerken. Hij wilde praten met de fameuze en later vermoorde onderzoeksrechter Giovanni Falcone. Buscetta werd zo de eerste pentito in zijn land die een boekje opendeed over de werkwijze en de belangen van de maffia in Europa en Amerika. De historicus John Dickie beschrijft deze geschiedenis uitvoerig in 2004 in *La Cosa Nostra* – de naam die staat voor de samenwerking tussen de Siciliaanse en de Amerikaanse maffia. Volgens Dickie kon Buscetta goed uitleggen hoe het voelde om in de wereld van de maffiosi en de mobsters te leven. 'In La Cosa Nostra moet je de waarheid spreken, maar er heerst ook grote terughoudendheid. Er zijn dingen die niet gezegd worden en dat hangt als een onherroepelijke vloek over alle mannen van eer, dat maakt al hun betrekkingen tot op het bot vals en absurd.'[9]

Buscetta legde in de loop der jaren niet alleen steeds gedetailleerdere verklaringen af over de misdrijven van zijn vroegere vrienden, hij perfectioneerde daarnaast in zijn getuigenbeschermingsprogramma ook zijn recepten, aldus undercoveragent Douglas Le Vien in zijn *The Mafia Handbook*.[10] Buscetta was zijn famiglia kwijt geraakt, hij kookte nu voor de politiemensen die zijn veiligheid moesten garanderen.

Buscetta's Pasta di Tutti Pasti

(Linguini met vongole voor 4 personen)

24 kokkels van de kleinste soort – er gaan er zo'n 8-10 in een pond.

Goed schoonmaken in koud water. Daarna drie uur in een pan met zout water (halve cup zout op 3,7 liter water). Afspoelen onder koud water. Doe de schelpen daarna in een pan met een bodem water. Zet die pan op een middelmatig vuur en kook de schelpen tot ze vanzelf opengaan (ongeveer twee minuten).

Laat ze afkoelen en haal de inhoud uit de schelpen en hak de schelpdieren in stukjes.

Het kooknat door een kaasdoek gieten om zo het zand eruit te halen, bewaar het nat.

Nu de saus:

120 ml groene olijfolie

2 grote tenen knoflook, gehakt

1 eetlepel gehakte peterselie

1 theelepel zout

1 klein blikje tomatenpuree

½ theelepel gekneusde rode of zwarte peper

De knoflook licht aanbakken in de olie, voeg de tomatenpuree toe en kruiden. Twintig minuten laten sudderen. Daarna de gehakte inhoud van de vongole toevoegen met één kop kooknat. Nog tien minuten laten stoven.

Ondertussen de pasta in warm water met een beetje zout 'al dente' koken en snel afgieten.

De linguini en de schelpensaus door elkaar husselen.

Buon appetito!

9 IN DE SPOTLIGHTS

Chef-koks zijn tegenwoordig BN'ers, die niet alleen schitteren in hun tent, maar ook in de media. Koken is *in*, *cool* of *vet*. Het begon met de Britse en Amerikaanse koks met hun eigen tv-programma's. Een van de bekendste is Gordon Ramsay, een rouwdouw in de keuken, maar wel een die er als een van de weinigen in Engeland op kan bogen dat hij drie Michelin-sterren had. Inmiddels heeft Ramsay ook nog een restaurantketen. 'Vers' staat hoog in het vaandel. 'Chef Ramsay' redt in zijn tv-series menig Brits en Amerikaans restaurant van de ondergang doordat hij eigenaren en hun personeel weer enthousiasmeert om goed en eerlijk te koken. Met veel gevloek en getier, dat wel.

In zijn succesvolle serie *Kitchen Nightmares* deed Gordon Ramsay ook de staat New York aan. En ja hoor, zo belandde de topkok in een heus 'maffia-restaurant', Peter's in Main Street in Babylon, ruim vijftig kilometer van Manhattan. De Brit verheugde zich op zijn aanpak van, zo noemde hij het, 'Peter Pasta'; dat was pas een echt Italiaans familiebedrijfje, dácht hij.

De eetgelegenheid werd geleid door mooie Tina, de zus van de naamgever van de zaak, Peter Pellegrino. Peter was een imposante veertiger in dure pakken. Hij droeg een opvallende witgouden Rolex om zijn pols. Vader en moeder werkten ook mee. De koks zouden niet hebben misstaan als figuranten in een misdaadfilm.

Maar de zaak dreigde failliet te gaan. Dat kwam vooral door

'Peter Pasta' zelf. Hij reed in een veel te dure auto en bezat niet één maar twee boten in de nabijgelegen haven. Peter gaf ook te veel 'weg' in het restaurant. En er bleken nog schimmige zaken te spelen met obscure incassobureautypes. De reacties van Peter op die bezoekjes over niet-betaalde rekeningen waren te verwachten. Hij ging door het lint en schopte demonstratief een van de geldophalers de straat op. 'Peter Pasta' wilde er tegenover Gordon Ramsay niet veel over kwijt.

Het was een memorabele aflevering van *Kitchen Nightmares*, die bol stond van rampspoed, met Peter als de grote stoorzender. Gordon Ramsay zorgde natuurlijk voor de 'verlossing'. De opbouw van het programma is: eerst boeten en dan opnieuw beginnen. Zo geschiedde. De familie kookte het nieuwe menu van 'chef' Ramsay. De gasten waren opgetogen over de verse ravioli, die was gevuld met kreeft en ricotta, en ze hemelden de gegrilde *Skirt Steak* op. Maar ondanks alle mooie beloften van Peter aan de Britse chef-kok moest het restaurant toch een paar maanden later de deuren sluiten.

Wat was er gebeurd?

De Amerikaanse misdaadjournalist Jerry Capeci[1] achterhaalde dit raadsel. Hij ontmaskerde Peter 'Peter Pasta' Pellegrino aan de hand van zijn bronnen en documenten van de FBI als een mobster. Pellegrino hield zich bezig met gokken, en hij wilde opklimmen binnen de Bonanno-familie. Hij bleek in ongenade te zijn gevallen bij deze clan, maar ook bij de andere Cosa Nostra-families. Peter werd ervan beschuldigd dat hij 'een rat' zou zijn. Een 'bloedbroeder' had bovendien de eigenaar van het restaurantpand erover ingelicht dat Pellegrino zijn huurcontract niet nakwam, de reden waarom hij uit het pand werd gezet.

Maar dat laatste kregen de kijkers van Gordon Ramsay niet meer mee.

La Bruchetta

Hoe kun je het beste een restaurant waar de loop uit is onder de aandacht brengen? Of hoe genereer je überhaupt publiciteit voor jouw toptent?

Willem Holleeder en een van zijn vrienden konden er in 2005 uren over praten: hoe lok je gasten naar een goed restaurant. In dit geval: de Italiaanse eetgelegenheid van Maruf M. of kortweg 'Paja', een Bosnische Nederlander met een basstem. Willem en de Joego kenden elkaar al vanaf de jaren negentig. Paja had wel meer Amsterdamse criminelen als vriend: John Mieremet, Sam Klepper en Stanley Hillis. Paja kwam, toen hij net in Nederland was, veel op de Wallen. Hij begon er als vingervlugge balletje-balletjespeler. Wie toehapte bij dit gokspelletje was al snel door zijn geld heen. Paja hield er een strafblad aan over omdat hij ook al eens was aangehouden met een wapen op zak toen hij van de schietschool kwam. Maar dat alles was *peanuts* in vergelijking met wat hem in 2000 ten laste werd gelegd. Justitie verdacht Paja er toen van dat hij een precisiewapen had geleverd voor de tweede mislukte aanslag[2] op Cor van Hout. Een aanslag die uit de richting zou komen van Mieremet en Holleeder.

Justitie kon dat allemaal niet bewijzen. Desondanks belandde Paja voor negen maanden in de cel. De mannen die bij hem waren – 'zijn lijfwachten' – hadden een wapen bij zich gehad toen hij werd aangehouden. Hij vond dat onterecht. 'Ik had zelf niet eens een tandenstoker bij me,' zei hij tegen de rechter. Paja had moeten vrezen voor zijn leven, legde hij uit. Die mannen waren er om hem te beschermen tegen een andere Joego-gangster[3] die het op hem zou hebben voorzien. Maar in 2005 was de Bosnische crimineel alweer op zoek naar 'witte inkomsten'. Hij wilde een leven beginnen in de bovenwereld. Dat kon de politie zelf vaststellen omdat men hem vanwege zijn omgang met Holleeder in de gaten bleef houden en ook zijn telefoon afluisterde.

Dat valt allemaal na te lezen in de strafdossiers van de beide mannen.

Paja had zijn oog laten vallen op La Bruchetta, een Italiaans restaurant in Den Haag, dat financieel in de problemen zat. De eigenaars wilden het wel met hem op een akkoordje gooien. Hij zocht erover contact met een bevriende autodealer in Rotterdam, John van Dijk. Misschien kon die advies geven over de aanpak? Paja zou zelf weliswaar de eigenaar worden van de zaak, maar hij had geen horecapapieren, dus misschien kon een van de oude eigenaren toch blijven, dacht hij.

Ook Holleeder maakte hij deelgenoot van zijn moeilijkheden met het restaurant. De kosten moesten omlaag. Misschien moest hij er een paar mensen uit schoppen. Hij wilde voorkomen dat de tent failliet ging, want dat was onvermijdelijk als hij niet 'streng' optrad. Hij besloot om met leveranciers over onbetaalde rekeningen te onderhandelen. Maar er was meer. De zaak moest echte bekendheid krijgen. Misschien kon Holleeder hem daarbij helpen?

En ja, Holleeder had wel een ideetje voor Paja, zei hij.

Holleeder had tv zitten kijken, naar zo'n programma met een Nederlandse kok die restaurants hielp. Misschien had Paja dat zelf ook wel gezien.

Holleeder: 'Die aflevering over ene Dick met een visrestaurant...'

Paja had het programma inderdaad gezien. Wel vijf keer. Paja: 'Met hem – die kok – zou ik graag op de foto staan. Nog liever dan met welke beroemde voetballer dan ook. Je ziet dat het een bijdehand mannetje is. Hij heeft een eigen leven en geld.' Hij drong er bij Holleeder op aan om deze kok mee te nemen naar zijn zaak.

Dat was hard nodig. Er waren altijd allerlei 'belangrijke

mensen' naar dit Italiaanse restaurant gekomen. Zelfs de verdediging van Milošević kwam in deze zaak, schepte Paja op tegenover Holleeder. De vorige eigenaar had echter veel van die klanten verloren, maar hij – Paja – zou ze terughalen. Het ging hem om advocaten en journalisten. 'Dat soort volk is welkom. Ze hebben veel geld.'

Paja legde Holleeder zijn tactiek uit. Hij had al eens een gezelschap van die mensen binnen gehad en ze na afloop vrijgehouden: 'Getrakteerd'. Holleeder moest hem een handje helpen, vond Paja. 'Jij komt een keertje met Bram [Moszkowicz]. Jij moet die Herman regelen. Wij hebben echt goed eten.'

Al viel de achternaam niet in de afgeluisterde gesprekken, het was overduidelijk dat Paja graag een keertje de Nederlandse chef-kok Herman den Blijker in zijn zaak op bezoek zou willen krijgen. Ook van andere kennissen had Paja gehoord dat hij Den Blijker naar zijn zaak moest zien te halen. Den Blijker maakte op dat moment de tv-serie *Herrie in de Keuken*, de Nederlandse variant op *Kitchen Nightmares* van Gordon Ramsay. Ook hij hielp noodlijdende collega's hun restaurant volledig te renoveren. Paja legde aan Holleeder uit dat hij graag een foto wilde laten maken van Den Blijker samen met zijn kok. Met die foto zou hij dan reclame kunnen maken voor zijn zaak.

Paja drong er bij zijn vriend Willem ook nog eens op aan om zijn beroemde advocaat 'Bram' mee te nemen naar zijn restaurant. Hoe anders zou het uitpakken.

Paprika inleggen

Paja en Holleeder werden beiden in de nacht van 30 op 31 januari 2006 gearresteerd. Justitie verdacht hen, samen met anderen, van betrokkenheid bij de afpersing van vastgoedhandelaar Willem Endstra. Een van de tenlasteleggingen ging over een onverkwikkelijk tafereel op het Amsterdamse kantoor van advocaat Bram Moszkowicz. Volgens justitie had de raadsman Willem Endstra – op dat moment nog zijn cliënt – gevraagd naar zijn pand op de Herengracht te komen. Maar toen de vastgoedman er binnenstapte, trof hij niet Bram Moszkowicz, maar Holleeder. Die had hem nogal dreigend onderhouden over zijn achterstand in betalingen aan zijn vrienden. De advocaat zelf zou na het telefoontje het kantoorpand hebben verlaten. Die wist dus van niets.

Endstra had tijdens zijn geheime ontmoetingen met de politie uitvoerig verteld over de bedreigingen op het kantoor van Moszkowicz. Hij zou zelfs een automatisch wapen tegen zijn buik geduwd hebben gekregen. Holleeder had Joegoslavische vrienden bij zich gehad, volgens Endstra. Het zou gaan om Paja. Maar Paja ontkende tegenover de politie deze ontmoeting met Endstra. Hij was wel op het kantoor van Moszkowicz geweest, gaf hij toe, maar alleen om 'dingen voor zijn schoonmoeder te regelen'. En niet Holleeder, maar Endstra zou de grootste afperser aller tijden zijn geweest, volgens hem. Verder wilde de eigenaar van La Bruchetta er tegenover zijn ondervragers niets over kwijt.

Er viel daarna echter geen onaangename stilte in de verhoorkamer. Paja was uiterst spraakzaam over zijn nieuwe Haagse restaurant, waar hij géén Balkan-eten op het menu wilde zetten, maar goed Italiaans eten. Hij legde de rechercheurs ondertussen ook nog even uit hoe je paprika moest inleggen op zijn Joegoslavisch. 'Maar dat stinkt wel.'

Filet americain

Het dossier tegen Holleeder en zijn medeverdachten, onder wie Paja, was metersdik. Het proces speelde zich onder veel mediabelangstelling af in de extra beveiligde rechtszaal 'De Bunker' in Amsterdam-Osdorp. Deze rechtsgang over het afpersen van Willem Endstra en andere vastgoedhandelaren haalde dagelijks het nieuws en er verschenen meerdere boeken over.[4] Het ging om serieuze zware misdaad.

'De Bunker' ligt op een verweesd industrieterrein en de behandeling van de zaak nam veel tijd in beslag en duurde dagenlang. Maar ook procesgangers en deelnemers moeten tussendoor iets eten. Bij de meeste paleizen van justitie zijn wel eetcafés of petit restaurants in de buurt, een enkele keer is er in de rechtbank zelf een koffiehoek met broodjes en gevulde koeken voor de bezoekers.

Zo niet in 'De Bunker'. Voor de justitiemedewerkers, rechters en vastzittende verdachten was er een catering ingeschakeld voor broodjes, maar advocaten, familieleden, verdachten op vrije voeten, slachtoffers en media dienden elders hun heil te zoeken. Die gingen in de korte pauzes naar Dicke Mick, een snackbar in een houten keet een zijstraatje verder. Op een holletje, want de onderbrekingen van de rechtsgang waren zeer kort. Gebroederlijk stond het wonderlijke gezelschap in de rij met maar één doel voor ogen: een bakje versgebakken friet, een zachte bol met ossenworst of een in de magnetronoven afgebakken pistoletje met filet americain.

Turkse pepers

Vlak bij de Bunkerrechtszaal in Osdorp waar het proces tegen Holleeder en Paja zich afspeelde ligt nog een andere memorabele eetgelegenheid, waar de procesganger bij een langere pauze even snel een linzensoepje – *Mercimek çorbasi* – kon oplepelen. Bir Bey is een groot Turks specialiteitenrestaurant dat niet zou misstaan in Istanboel. Er is een luxe lounge, een lange bar waar ook gokapparaten staan en een eetzaal met schilderijen in gouden lijsten. Onder een beschilderd plafond met honderden lichtjes staan de meterslange gedekte tafels. In de weekenden komen hele families hier volgens goede tradities genieten van kebabs, stoofpotten van lamsvlees of de *Kuzu tandir*, een gekruide lamsschouder met Turkse pepers en kleine zoete tomaten uit de oven.

Een moord op een winterse dag in 2007 zorgde ervoor dat Bir Bey de spotlights op zich gericht kreeg.

Het Turkse restaurant kon prat gaan op beroemde landgenoten als gasten, onder wie Nedim Imaç, een voorbeeld van een geslaagd zakenman in een multicultureel Nederland. Hij was jarenlang de voorzitter en geldschieter van *Türkiyemspor*, een van de succesvolste voetbalclubs van Amsterdam, waar zelfs de toenmalige kroonprins Willem-Alexander een bezoek aan bracht. Imaç zou zijn kapitaal hebben vergaard met textielhandel en investeringen in onroerend goed. Hij had een winkel in de Amsterdamse P.C. Hooftstraat en runde een elektronicabusiness in Bahrein.

De charismatische Imaç werd op 17 februari 2007 doodgeschoten voor de deur van Bir Bey, waar hij met de twintigste verjaardag van zijn oudste zoon, een profvoetballer, had gevierd. Al snel maakte de politie bekend dat het om een afrekening in het criminele milieu zou gaan. Imaç was een bekende van hen: hij zou in heroïne handelen.

Een voormalig aanvoerder van zijn eerste elftal werd later aangehouden als opdrachtgever voor de moord. Ook hij moest vervolgens terechtstaan als verdachte in de Bunkerzaal, maar werd vrijgesproken. Hij had de moord altijd ontkend en maakte de kroongetuige van justitie die hem als schuldige aanwees uit voor een 'aartsleugenaar'. In 2014 werd deze oud-voetballer in Istanboel ook geliquideerd.[5]

Het eten in het Amsterdamse Bir Bey is in de zomer van 2015 nog altijd zeer aan te bevelen. De pittige linzensoep blijft van een uitzonderlijke kwaliteit. De obers van het restaurant missen Imaç, zeggen ze desgevraagd. Hij kwam graag bij hen.

Steak

Een heftige liquidatie voor de deur van een restaurant – in Nederland zijn koks en eigenaren van eetgelegenheden niet blij als ze door dit soort zaken waar ze zelf niets mee hebben te maken in het nieuws komen te staan. Zelfs al een verre associatie met het woord gangster of misdaad maakt restaurateurs kopschuw. Ze vinden dan dat ze door de media worden gecriminaliseerd en vrezen dat ze daardoor klanten zullen kwijtraken en financieel ten onder zullen gaan. Maar hebben ze daar gelijk in?

Bij Bir Bey is daar niets van te merken, stelde ik vast. Ook de toeloop naar Le Garage, nadat de 'Holleeder-incidenten' in de publiciteit belandden, is er niet minder op geworden. Nog altijd wordt het theatrale spiegelpaleis gefrequenteerd door BN'ers, miljonairs en hun golden girls, en veel andere fijnproevers die de keuken van het restaurant weten te waarderen.

Voor de stelling van de restauranthouders dat door een moord voor hun deur hun klanten zouden wegblijven, doe ik ook onderzoek in de Verenigde Staten, in New York. In Little Italy hangen voor de ramen van de restaurants niet alleen foto's van filmsterren, maar ook van beroemde keiharde gangsters uit een ver verleden, al of niet geliquideerd. Ook kun je achter het glas de krantenknipsels lezen over de schietpartijen of de bezoeken van de *wiseguys* aan die eettenten. Tegenwoordig staan de anekdotes over deze keiharde criminelen, die zich schuldig maakten aan een ernstige vorm van georganiseerde misdaad, zelfs op de websites van de broodjeszaken en bars als een aanbeveling om langs te komen. De Amerikaanse restauranthouders hopen zo extra eters naar binnen te lokken.

Het lijkt effectief.

De misdaad trok in het verleden inderdaad extra gasten aan. Dat ervoer Sparks Steak House in New York. In december 1985 werd de gangster Paul Castellano voor de ingang van dit restaurant aan East 46th Street geliquideerd. De toeloop naar de eetgelegenheid was enorm, al kwamen er eerst vooral sensatiezoekers om de plek te fotograferen. De restauranthouder vertelde de journalisten met een somber gezicht dat hij het lijk graag even een paar meter had verschoven. Hij vreesde dat zijn eters door dit schietincident voortaan zouden wegblijven. Zijn vaste gasten dachten daar anders over, getuige hun opmerkingen tegen de pers. Die waren juist bang dat ze straks in de rij moesten staan om nog een tafeltje in het biefstukkenrestaurant te kunnen bemachtigen.[6] Dat had de geschiedenis immers al geleerd, vonden ze.

De aanwezigheid van criminelen maakte een restaurantbezoek kennelijk extra spannend. In 1966 had de politie in het restaurant La Stella een groot aantal maffiakopstukken opgepakt. Zodra ze weer vrijkwamen, keerden ze samen met hun advocaten terug naar de eetzaak in Little Italy. Een van hen proostte met een fotograaf die het etentje vastlegde. Prompt stuurde de *New York Times* zijn culinair recensent naar La Stella en die deelde grif twee sterren uit voor wat hij aan uitgelezen gerechten kreeg voorgeschoteld.

Maffiawatchers in Amerika hebben er tegenwoordig een sport van gemaakt om te reserveren bij eethuizen waarvan bekend is dat ze gefrequenteerd werden door leden van de Five Families: 'Maffiadons eten immers niet in een achenebbisj of inferieur Italiaans restaurant?'

Sommige eigenaren van eethuizen in Nederland spelen in op die trend, al bleef het tot nu toe beperkt tot het flirten met de valse romantiek rond harde gangsters met een grote dosis Hollywood-glamour. Al Capone aan de Hoofdstraat in Zenderen in Oost-Nederland is er een voorbeeld van. De eigenaar Nova Hakobian opende hier zijn zaak in 2013 en trok door de naam van zijn tent meteen de aandacht van het dagblad *Tubantia.*

Bij Al Capone prijkt er een foto van de beruchte maffioso aan de muur en ook de placemats zijn opgesierd met zijn tronie. Via een beamer worden maffiafilms getoond. De kaart is Italiaans en er wordt gespeeld met 'eettips' van de 'Big Boss'. Pizza Al Capone met tomatensaus, gegrilde gamba's, paprika, ui en citroen staat nummer 1 op de 'gevaarlijk lekkere pizza top 10'. Nova Hakobian: 'Gasten vinden het een stoere naam. Drie keer per jaar hebben we ook themafeesten waar mensen verkleed als gangster uit de jaren twintig kunnen aanschuiven.' De eigenaar had eerst nog even een andere naam overwogen voor zijn restaurant: 'Maffia'. Hakobian: 'Maar dat zou mensen misschien wel afschrikken. Met de naam Al Capone waan je je een beetje in een film.' Hij denkt niet dat de naam speciaal criminelen zal aantrekken. Integendeel.

In het zuiden van Nederland, Eindhoven, wordt ook al 'dineren in maffiasferen' aanbevolen. Het gaat om Restaurant Sopranos aan het Stationsplein. Maar hier staan niet de vaak ingewikkelde gerechten van Tony's vrouw of zijn vriend c.q. kok Arti Bucco op het menu. Er kan wel uit veel pasta's gekozen worden, maar de kaart bevat vooral veel combinaties van gegrild vlees en vissoorten.

Als gimmick is er in Sopranos een aquarium. Aanvankelijk zwommen er haaien, later piranha's. In 2015 hebben ze de vissen ververst. 'Die piranha's zijn nu nog wel erg klein,' zegt een ober.

Maar nu weer terug naar de wereld van de echte boeven, naar Willem Holleeder.

Carpaccio van octopus

Holleeder werd veroordeeld voor het afpersen van Endstra. Dat gold ook voor het incident waarbij zijn vriend Paja betrokken heette te zijn. Paja daarentegen werd in de zomer van 2009 door het gerechtshof vrijgesproken van de bedreiging van de vastgoedbaron. Paja's restaurant La Bruchetta is nog altijd open. In de zomer van 2015 staat hij als een trotse eigenaar in zijn zwarte pak op het terras om zijn gasten te verwelkomen. Het zit er vol. In zijn Italiaanse eethuis is niet de foto te zien waarop Paja destijds zijn hoop had gevestigd om extra klanten te trekken. Er hangt geen afbeelding van chef-kok Herman den Blijker die zij aan zij staat met Paja's Italiaanse kok. Wel zie ik levensgrote portretten van filmmaffiosi: godfather Marlon Brando en Robert de Niro in zijn rol in *Scarface.* Ook Sophia Loren siert de wand. Paja's enthousiaste ober komt uit Sardinië en heeft een lach op zijn gezicht waardoor je alles gelooft wat hij zegt. De huiswijn komt uit Sicilië. De ober prijst zijn mooi gegrilde kalfsvlees aan. Er is ook vis gestoofd met kruiden en tomaten en een grote variatie aan antipasti, waaronder een carpaccio van octopus. 'Dat heeft de baas zelf gemaakt,' zegt hij als extra aanbeveling.

En die carpaccio is erg lekker, stelde ik daarna vast. Paja kan goed koken.

Wijn en vloeibare tiramisu

Het was een nachtmerrie voor de Five Families. De omertà van de maffia werd de afgelopen jaren vaak doorbroken, ondanks de in bloed gedrenkte eed die de gangsters aflegden. Sommigen gingen overstag toen ze een levenslange straf in het vooruitzicht zagen. Alfonso 'Little Al' D'Arco was zo'n mobster uit Little Italy in New York die de andere zijde koos en in 1991 in een getuigenbeschermingsprogramma belandde.[7] 'Little Al' D'Arco heet inmiddels anders en leeft ergens in de Verenigde Staten.

In 2013 verschenen de memoires van deze maffiakok, die ooit een eigen restaurant had in Little Italy: La Donna Rosa. Zijn eethuis was een plek om te feesten en om zaken te doen. De ironie wil dat tegenwoordig op het pleintje waaraan het restaurant van D'Arco lag een gedenkbeeld staat van een van Amerika's eerste maffiajagers bij de politie: Joe Petrosino, die de eerste Amerikaanse godfather 'De Klauw' Morello arresteerde. 'Little Al's eigen levensverhaal is fascinerend, de anekdotes over zijn voormalige 'bloedbroeders' zijn bij tijd en wijle hilarisch.

Een van de maffiosi met wie 'Little Al' omging had altijd een behoorlijk gebrek aan zelfvertrouwen gehad, maar toen hij eenmaal rijk was liet hij het breed hangen. In diens huis stonden meerdere flatscreen-tv's en de man had een neus ontwikkeld voor dure wijn. Wie bij hem op bezoek kwam werd meteen meegetroond naar zijn verzameling exclusieve champagnes. Het maakte hem niet meer uit wat het kostte en hij schepte daarover op tegen D'Arco. Zo was deze maffioso met een kennis gaan eten bij The Forge, een elegant restaurant in Miami, beroemd om zijn wijnkelder met onder andere zeer oude flessen Chateau Lafitte Rothschild. Hier dineerden filmsterren en rijke zakenlieden.

De maffioso had meteen om de duurste wijn van de kaart gevraagd. Die kostte tienduizend dollar. De sommelier vroeg hem meteen of hij wel zeker wist dat hij die fles wilde? Want als die eenmaal open was...

Natuurlijk wilde de vriend van D'Arco deze exclusieve wijn. De sommelier liet hem proeven en schonk daarna zijn glas voorzichtig vol. De maffioso vroeg daarna om ook nog een glas cola naar zijn tafel te brengen. De sommelier viel bijna flauw toen hij vervolgens zag dat de maffioso dat colaatje bij zijn dure wijn goot en opdronk.

Het mixen van zeer tegengestelde drankjes lijkt een barbaarse gewoonte, maar tegenwoordig is het tot een heuse kunst verheven: in 2015 is het hip om cocktails te drinken. Het mixen van zware alcohol met een fris zoet drankje stamt nog uit de tijd van de drooglegging in Amerika. De illegaal gestookte jenever smaakte vaak niet lekker. Dat was een reden om de alcohol aan te lengen met vruchtendrank. In veel restaurants in Little Italy staan naast de klassiekers als Gelato's en Sorbetto's tegenwoordig ook weer cocktails bij de desserts op de menukaart.

In 2015 is de basis geen illegaal gestookte drank maar vooral wodka mét...

Zo biedt het restaurant Da Gennaro in Mulberry Street, waar de maffiosi in de 'roaring twenties' graag kwamen, nu fancy drankjes aan als Pumkin-Tini, Peppermint Mocha en 'vloeibare Tiramisù'.

Liquid Tiramisù

Wodka, koude koffie, crème de cacao.
Bovenstaande ingrediënten met ijs shaken, in een glas schenken.
Vervolgens room met ijs shaken, voorzichtig boven op de mix van wodka, koude koffie en crème de cacao gieten.
Eroverheen nog wat kaneel strooien.

De 'vaste' *Tiramisù* is een modern recept; het komt pas sinds 1980 voor in de Italiaanse woordenboeken[8]. Het wordt gemaakt met lange vingers – die gedrenkt zijn in koffie, zoete wijn of een likeur – en met een laag mascarpone gemengd met ei en bestrooid met cacao. De recepten in vele variaties zijn te vinden in kookboeken en op internet. Zo bestaat er ook een citroen-tiramisù waarbij als drank gekozen is voor limoncello – in plaats van cacao wordt er geraspte (biologische) citroen over het mascarponemengsel gestrooid. De voorkeur heeft likeur die gemaakt is van citroenen uit het gebied beneden Napels of Sicilië.

Waar eens Umbertos was gevestigd zit nu op Mulberry Street 129 restaurant Da Gennaro. Hier staan fancy drankjes op het menu als Pumkin-Tini, Peppermint Mocha en 'vloeibare Tiramisù'.

De Albanese Slager in Little Italy. Regisseur Martin Scorcese groeide op in een appartement aan de overkant van de vleeshouwer.

Buurtrestaurant John's. Na een maaltijd in deze eetgelegenheid werd Umberto Valenti alias 'het spook' vermoord.

Umbertos Clamhouse, in hoogtijdagen van de maffia gevestigd op de hoek van Mulberry Street, zit tegenwoordig aan de overkant van de straat.

Mulberry Street in Little Italy aan het begin van de 20ste eeuw.

COPYRIGHT 1900,
BY DETROIT PHOTOGRAPH

Joe 'the Boss' Masseria at graag kreeft à la Fra Diavola.

Charley 'Lucky' Luciano had een voorkeur voor koosjere augurken.

Meyer Lansky hield van Ratner's blintzes.

Al Capone had als favoriet minestrone.

Godfather Joe Morello, alias 'de Klauw'. De eerste moord waartoe hij opdracht gaf vond plaats in een 'spaghettirestaurant' in Prince Straat, Little Italy.

Michael Corleone (rechts) leerde van zijn peetvader Peter Clemenza 'Zondagse saus' maken. Maffiosi moeten immers zelf kunnen koken.

Knoflook voor de 'Zondagse saus' snijd je met een scheermesje. Die truc had maffioso Henri Hill – hier in *Goodfellas* – van zijn moeder afgekeken.

De Sopranos voor hun favoriete hang-out. De acteurs uit de serie aten in het echte leven liever bij Il Cortile in Little Italy. Het pand van Il Cortile in Mulberry Street stond in 2010 te koop als 'Soprano's hang-out' volgens *The Wall Street Journal*. De vraagprijs: 15 miljoen dollar. Volgens de media zouden hier ook veel echte gangsters hebben gegeten, maar de restauranthouder ontkende tegenover de krant dat hij er ooit een had ontmoet.

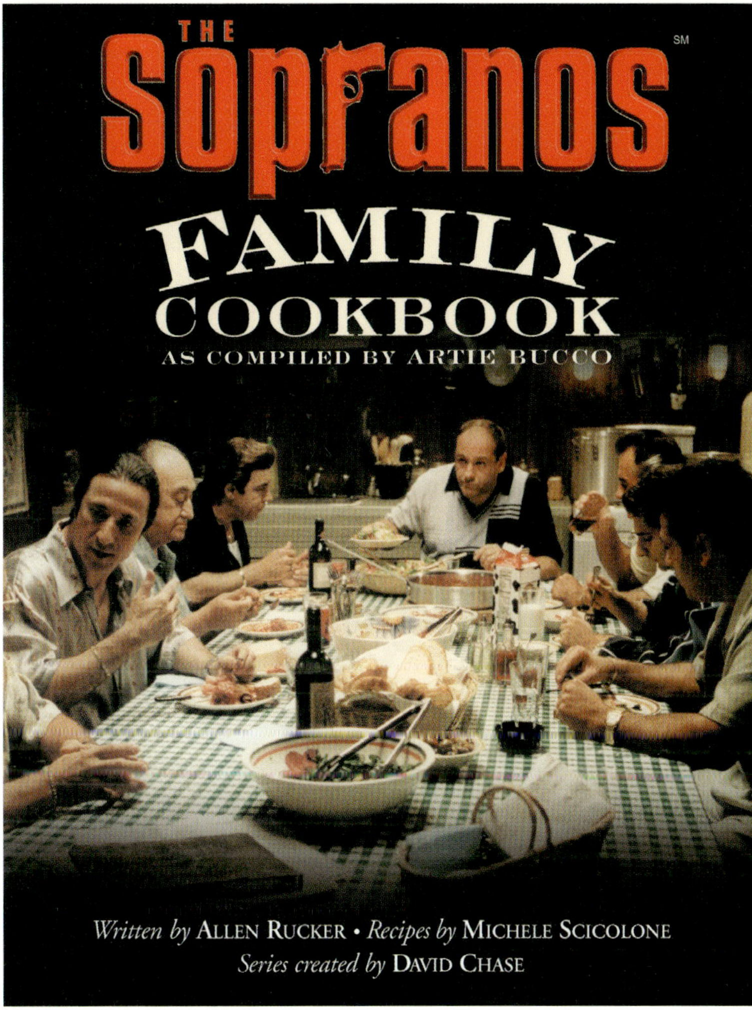

De vele verwijzingen naar andere oudere maffiafilms geven *The Sopranos* een hoog werkelijkheidsgehalte. Voor datzelfde gevoel zorgt ook het kookboek met de favoriete gerechten van Tony en zijn familie, met als toprecept de 'Zondagse saus'.

Salvatore 'Totò' Riína, 'il capo dei capi', de held van jonge Mocro's. De verwantschap? Hun arme afkomst.

Bernardo Provenzano alias 'de Tractor'. Hij was de opvolger van Riína, maar belandde uiteindelijk ook achter de tralies. Dat betekende echter niet dat zijn macht en invloed geheel opdroogde. Via een stroman deelde hij in de winst van een wijnhuis: l'Abbazia Santa Anastasia.

Bernardo Provenzano

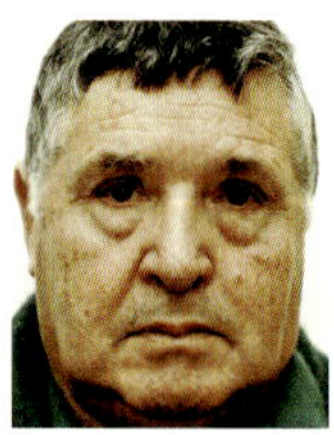

Salvatore Riína

10 PIZZAMAFFIA

Eén op de vijf restaurants in Rome en Napels is in handen van de maffia, luidde de alarmerende kop in de Italiaanse krant *La Repubblica* in 2010. Het misdaadsyndicaat zou over het hele land geïnfiltreerd zijn in de horeca. De inkomsten stroomden niet alleen binnen door het voortreffelijke eten in de trendy restaurants, de eetgelegenheden zouden de criminelen ook mogelijkheden bieden om hun illegale winsten uit diverse vormen van misdaad wit te wassen.

Eerder al kwamen verhalen naar buiten dat de 'mannen van eer' vanaf het begin uiterst geraffineerd te werk waren gegaan om voet aan de grond te krijgen in de Siciliaanse economie. In het belangwekkende *Cosa Nostra. De geschiedenis van de Siciliaanse maffia* (2004)[1] legt de Britse historicus John Dickie uit dat de maffiosi daarbij handig gebruik hadden gemaakt van de eeuwenoude cultuur van het eiland. Er werd een dringend beroep gedaan op het sterk ingewortelde loyaliteitsbesef van de brave burger. De *uomi d'honore* hadden daardoor samen met de Amerikaanse bosses niet alleen een stevige greep op de drugshandel gekregen, ook de legale voedselbusiness zorgde voor inkomsten. Restaurants en pizzeria's werden bijvoorbeeld gedwongen om de ingrediënten voor hun maaltijden af te nemen bij de groothandelaren die in maffiahanden waren.

Volgens Dickie waren journalisten en sommige maffiadeskundigen veel te lang blijven aanschurken tegen het beeld van de eerzame gangster-zakenman dat werd opgeroepen in

The Godfather. Een van de gangsters zegt immers over de illegale praktijken: 'Vertel Mike maar dat het gewoon business is.' Hoezo is het normaal om zo zaken te doen? vroeg de Brit zich af.

Het was hem daarom een doorn in het oog dat maffiosi in de pers nog altijd werden opgevoerd als 'directeuren met geweren' en dat hun criminele handelwijze werd afgedaan als slechts een 'donkere spiegel' van een hard soort kapitalisme. Ook nadien kwam de Brit nog eens op zijn stokpaardje terug in *Maffia Republiek. De vloek van Italië* (2013)[2]. Hij verweet hierin de media opnieuw dat ze de maffiabazen ten onrechte voorstelden als slimme en gevaarlijke CEO's, als zouden de gangsters aan het hoofd staan van een legale onderneming. Het stak hem nog meer dat dit geromantiseerde beeld van de criminele zakenman een geheel eigen leven was gaan leiden, tot in de bovenwereld aan toe. In zijn ogen was het nog verderfelijker dat een categorie 'middelmatige managers van middelbare leeftijd' het nodig vond om zich met hun manier van zakendoen te spiegelen aan zulke maffiosi – al zouden die daarbij natuurlijk geen moorden plegen.

Waarom maakt Dickie zich hier nu zo druk over?

In zijn ogen worden de criminelen door dit gedrag van de bovenwereldbazen gesterkt in hun overtuiging dat ook zij ideale zakenlieden zijn – 'vrije jongens' dat wel. Met dát beeld kunnen de gangsters hun omgeving nog veel meer imponeren dan ze al deden, meent Dickie. 'Maar als maffiosi ondernemers zijn, zijn ze niet gespecialiseerd in concurreren, maar in het breken en verdraaien van de regels van de markt, schrijft hij.'

Van het zich verschuilen achter een eerlijke handel zijn vele bewijzen. In 1986 was dankzij een geruchtmakend maandenlang proces in Amerika over de 'Pizza Connection' al naar buiten gekomen dat sommige Italiaans-Amerikaanse restaurants héél wat meer leverden dan alleen een pizza margherita of een pasta ai quattro formaggi. Vooral de pizzeria's boden een schuilplaats voor een handig en internationaal netwerk voor de verspreiding van harddrugs. Het kostte de maffiosi bovendien weinig moeite om een pizzeria te beginnen. Men had weinig startkapitaal nodig, er moest alleen een pizzaoven worden aangeschaft. In de eettent kon in contanten worden afgerekend. Het was dus een ideale business voor het witwassen van crimineel geld en een handige ontmoetingsplaats voor de plaatselijke maffiakring.

Niet alleen de Siciliaanse maffia, maar ook de andere clans in de laars van Italië – de Camorra, de 'Ndrangheta en La Sacra Corona Unita – sprongen in deze markt en werkten hierbij soms samen met La Cosa Nostra in Amerika.

Recent nog – voorjaar 2015 – werd er een pizzaconnectie opgerold. Eendrachtig hadden de politiekorpsen in de Verenigde Staten, Italië, Costa Rica maar ook in Nederland samengewerkt. De internationale pers zat erbovenop omdat die geloofde in het credo 'life is imitating art'. Het was het harde misdaadverhaal dat tot de verbeelding sprak. Gretig werden er vergelijkingen gemaakt met spannende plots uit *The Sopranos.*

Dit keer ging het om een eenvoudige pizzeria in Queens in New York. Op de gevel stond: *Cucino a Modo Mio* – een naam met een knipoog naar Frank Sinatra: 'Ik kook op mijn manier.' De familie deed zaken met 'de machtige 'Ndrangheta uit Calabrië'. Volgens de Italiaanse politiecommissaris Andrea Grassi kon je bij deze familie 's avonds een goede pizza eten, terwijl ze overdag druk waren met de cocaïnehandel. Bij de aanhoudingen werden in de kluis van het restaurantje wapens en contanten gevonden. De onderschepte coke in de havens en loodsen elders in Amerika en in Europa had een marktwaarde van ruim twee miljoen dollar.

Veertig jaar ervoor was de gearresteerde Italiaanse familie als emigrant naar Amerika gekomen. De vrouw had toen de kinderen klein waren eerst gekookt in een bar, daarna hadden ze hun eigen bedrijf kunnen beginnen. Hun handel – de cocaïne – kwam uit Costa Rica naar de Verenigde Staten en werd meegestuurd in dozen met cassave. Vandaaruit ging de lading verder naar Europa.

Amerikaanse en Engelse kranten citeerden uitvoerig uit de afgeluisterde telefoontaps. Een van de gesprekken ging over een zakenpartner die bij de familie van de pizzeria in het krijt stond. De vrouw tegen haar man: 'Je kunt 'm niet in elkaar slaan voor de ogen van zijn kinderen. Dat komt niet goed over.' Daarom kwam ze met een alternatief. 'Je moet 's avonds iemand naar hem toe sturen en hem ophalen. Dan kun je hem hier flink bang maken.'

Volgens de Amerikaanse justitie had het echtpaar banden met de Genovese-familie. Ook de Italiaanse aanklagers dachten dat er belangrijke Italiaanse en Amerikaanse maffiadons meededen. Er was wat dat betreft niet veel veranderd sinds de beginjaren van de maffia. 'De spelers mogen andere namen hebben, maar de grote families op de achtergrond blijven dezelfde.'

Deze aanhoudingen maakten overigens wel duidelijk dat de maffia haar tentakels ook stevig naar andere landen in Europa had uitgestrekt.

Kalfsmedallions met Parmaham

'Ik zou in lachen uitbarsten als iemand me toen ik twintig was had gezegd dat ik niet helemaal naar Sicilië hoefde te reizen om maffia tegen te komen,' schrijft Petra Reski (1958). De Duitse auteur is al jarenlang een deskundige op het gebied van de maffia. Haar boeken, waaronder *Enkele reis Corleone*[3], waren bestsellers. Als jonge vrouw die opgroeide in het Ruhrgebied was Reski eerst volledig in de ban van *De Godfather*-mythe. Ze las er hardop uit voor aan haar vriend. Op zijn beurt imiteerde hij voor haar Marlon Brando. Ze waren verslaafd aan de maffia-romantiek. Hoe anders was de werkelijkheid. Dat merkte Reski toen ze zich echt ging verdiepen in daden van La Cosa Nostra, die ook in haar eigen land – Duitsland – actief was. Tegenwoordig ageert Reski dan ook fel tegen de duistere wereld achter de glamour van geld, macht, mooie vrouwen en lekker Italiaans eten. Voor de onwetende buitenwereld zijn het nette Italiaanse bedrijven, maar dat is schone schijn, luidt sindsdien haar boodschap.

Duitsland was in de zomer van 2007 ruw wakker geschud. Een bloedige vendetta in Calabrië tussen families uit het beruchte San Luca had zich verplaatst naar Duisburg, in het Ruhrgebied. Daarbij vielen op één dag zes doden. Die mannen hadden net een verjaardag gevierd in pizzeria Da Bruna. De Duitse autoriteiten gingen er nog even van uit dat het een 'gewone eerwraak'-kwestie zou zijn. Maar al snel kwamen politie en justitie erachter dat het leden betrof van de 'Ndrangheta, die oorlog voerden over hun territoria. De grenzen van de gebieden waren niet alleen nauwgezet vastgelegd voor de drugs- en wapenhandel, maar golden ook de gewone handel, volgens Reski.

Zij baseert zich daarbij op de onderzoeksrapporten van de Italiaanse en Duitse politie. Volgens het *Bundes Kriminal Amt* in Wiesbaden zouden in het Ruhrgebied minimaal driehonderd restaurants in handen van de 'Ndrangheta zijn. Het totaal aantal eetgelegenheden in de Bondsrepubliek dat in de greep van de verschillende maffiaclans was, wordt nog vele honderden hoger geschat. Reski schetst in haar boeken[4] een beeld van de maffia in Duitsland dat gelijkenis vertoonde met New York in de begintijd van La Cosa Nostra, met de gedwongen winkelnering en de plicht om protectiegeld te betalen aan de Five Families. Restaurants in Duitsland gingen alleen niet in vlammen op zoals destijds in New York als er niet op tijd betaald werd voor protectie. 'Dat geeft te veel gedoe,' meldt Reski. Volgens haar harkt de maffia tegenwoordig haar inkomsten 'eenvoudig en efficiënt' binnen via de leveranciers. De import- en exportfirma's berekenen gewoon het tienvoudige voor hun producten. Hetzelfde geldt voor de horecagroothandel, de wijnhandelaren of de interieurbouwers.

De pizzeria Da Bruna werd overigens ook al vóór het bloedbad door de Duitse politie in de gaten gehouden. Er waren geruchten over drugshandel, er was zelfs al een inval gedaan op een van de drukke momenten van de dag. Alle aanwezigen hadden hun maaltijd moeten onderbreken en het eethuis moeten verlaten. Toch had dat optreden van de politie kennelijk geen invloed op de toestroom van gasten. Regelmatig stonden er zelfs klanten buiten in de rij te wachten tot er binnen een tafeltje vrij was, noteert Reski in haar boek. De recensies op internet zijn er nu nog altijd de stille getuigen van: die zijn lovend over het eten van dit Italiaanse restaurant. Vooral de kalfsmedallions met parmaham en salie, de pasta met paddenstoelen of de gegrilde artisjokken worden geprezen.

Toen Da Bruno verhuisde naar een andere straat had eigenaar Sebastiano Strangio de bloemenhandelaar uit de kiosk tegenover zijn restaurant uitgenodigd. Na herhaaldelijk aandringen was de man bij zijn vriendelijke Italiaanse buurman gaan eten – hij had niet mogen betalen. Dat ervoer de bloemist als 'onaangenaam'.

Voor de Duitse recherche die onderzoek deed naar het Duisburgse maffiadrama in 2007 was het erg verwarrend dat de Italiaanse criminelen allemaal aan elkaar verwant waren en uit hetzelfde gebied kwamen. De eerste aangehouden verdachte heette bijvoorbeeld Giovanni Strangio, maar de vermeende schutter bleek de broer te zijn van de geliquideerde Strangio, de uitbater van pizzeria Da Bruno. Twee jaar later werd in Diemen in Nederland opnieuw een Giovanni Strangio aangehouden en uitgeleverd aan Italië. Deze keer ging het om een neef van de familie en bleek het wel raak. Hij kreeg in 2011 een levenslange gevangenisstraf opgelegd voor de wraakactie in Duisburg.

De bloedige afrekeningen op straat in Duitsland waren voor de Italiaanse politie reden om alarm te slaan. Dit was voor hen een nieuw verschijnsel en de betrokken commissaris waarschuwde de politie in andere Europese landen voor de grensoverschrijdende misdaden van de Italiaanse misdaadclans, ook in hun landen. 'De tentakels van de 'Ndrangheta reiken tot buiten Zuid-Italië,' zei hij op een persconferentie. Een andere Italiaanse bron van Petra Reski meende dat er ook nog een andere invalshoek nodig was. Die vond dat het te simpel was om bij de maffia alleen te denken aan moord en wreedheid. 'In werkelijkheid verbergt de maffia zich achter keurige werkzaamheden en maakt ze deel uit van de betere kringen. De maffia investeert bovendien op de internationale markt.'

Is dat zo? Was de aanhouding in Nederland een toevalstreffer of heeft La Cosa Nostra inmiddels ook een stevige greep op de horeca in Nederland?

Restaurants

In Nederland deden de criminologen Cyrille Fijnaut en Frank Bovenkerk voor de Parlementaire Enquête Commissie (1995-1996) onderzoek naar de aanwezigheid van de maffia[5] in Europa. Er bleek slechts sprake te zijn van een vrij kleine Italiaanse gemeenschap in ons land, zeker in vergelijking met de buurlanden Duitsland en België. De meesten werkten in loondienst, de kleine ondernemers die er al waren hadden een ijssalon of een pizzeria. De Italianen die in Nederland leefden, werden in de jaren tachtig publiekelijk ook niet geassocieerd met de 'Ndrangheta of La Cosa Nostra. Als er in de Hollandse polders al maffiamisdrijven werden gepleegd – zoals de ontvoering van Toos van der Valk – dan ging het om een vanuit Italië of ander buitenland uitgevoerde operatie. Ten tijde van het parlementaire onderzoek waren er bij de opsporingsinstanties wél signalen binnengekomen dat de verschillende Italiaanse misdaadclans uit Napels, Apulië, Calabrië en Sicilië de weg naar Nederland begonnen te ontdekken. Meestal ging het om drugshandel, een enkele keer om wapens, of er werd vals geld aangeboden. De criminologen wezen ook nog op een geval van Europese subsidiefraude, waarbij behalve de Italianen ook 'louche vervoersbedrijven' uit Rotterdam waren betrokken.

Fijnaut en Bovenkerk concludeerden aan de hand van onderzoeken van de Amsterdamse politie dat vooral enkele Camorra-clans uit de buurt van Napels in Nederland hun zaken regelden. De contacten liepen via de Italiaanse restaurants in Amsterdam. Hier hadden ontmoetingen plaatsgevonden van tussenhandelaren en afgevaardigden van de Zuid-Amerikaanse cocaïnekartels. Maar ook Irakese en Marokkaanse Nederlanders zouden rechtstreeks hun drugszaakjes afhandelen met Italiaanse maffiafamilies, waaronder die in Duitsland.

Alarmerende geluiden klonken destijds dus al vanuit de wetenschap. De hoogleraren waarschuwden bovendien niet alleen voor infiltratie van de maffia in de horeca, maar ook in andere economische sectoren. Ze signaleerden bovendien dat halverwege de jaren negentig de Italiaanse pizzeria's alweer bleken te zijn overgegaan in handen van Turken, Marokkanen of Nederlanders.

Melanzane parmigiana

Het duurde tien jaar voordat er in Nederland opnieuw publiekelijk aandacht was voor de opmars van de Italiaanse maffia; een multinational met een geschatte jaaromzet van zo'n 145 miljard euro. De 472 clans in Italië telden in 2010 een kleine 20.000 leden. Een aantal van hen bleek nu inderdaad in Nederland hun business te hebben. Dat wordt duidelijk uit meerdere politie- en justitiedossiers. Een rapport van de Korps Landelijke Politiediensten meldde zelfs dat de Italiaanse maffia in Nederland 'hartstikke actief' was. Uiteraard werd gewezen op de vermenging van onder- en bovenwereld. 'Dat was immers een randvoorwaarde voor elke misdaadondernemer.[6]

Ook twee journalisten, Stan de Jong en Koen Voskuil, schreven er een uitvoerig boek[7] over: *De Italiaanse maffia in Nederland.* De eerste echte aanwijzingen voor criminele praktijken van La Cosa Nostra en hun 'broeders' uit 'de laars' vonden zij in een oud onderzoek naar een liquidatie in Amsterdam. De afrekening in gangsterstijl vond al plaats in 1990 op het Thorbeckeplein in Amsterdam bij pizzeria Gemini. In dat restaurantje had de hoteleigenaar Branco Abdul Halik zich moeten verantwoorden tegenover twee leden van de Camorra, zo bleek. Hij was hun nog een som geld schuldig in verband met hun cocaïnesmokkel vanuit Zuid-Amerika, vonden ze. Halik ontkende dat. Vanwege dat verschil van mening werd hij doodgeschoten. Er volgden in Nederland daarna nog meer arrestaties van maffialeden, en justitie besloot om samen met de Italiaanse justitie een onderzoek uit te voeren dat de naam 'Campina' – Camorra-Pizzeria-Napels – meekreeg.

De politie hield vanaf dat moment ook pizzeria's in Zevenhuizen en Barendrecht in de gaten die zich bezig zouden houden met cokehandel. Er volgden aanhoudingen die leidden tot veroordelingen van zowel de Nederlandse koerier als twee Italiaanse pizzajongens en een Napolitaanse geldrunner.

De aanleiding voor het boek van De Jong en Voskuil was een andere afrekening: een dubbele moord die in 2002 had plaatsgevonden op de Nederlandse snelweg A12. Het ging om Braziliaanse drugskoeriers. De opdrachtgever voor deze liquidatie bleek Filippo Cerfado te zijn, een baas van de maffia uit Apulië, De Sacra Corona Unita. Hij was met zijn handlangers naar Nederland gekomen omdat de grond hem in eigen land te heet onder de voeten was geworden. Uiteraard werd het maffiakopstuk daarbij geholpen door een 'vriend', die een restaurant had in Amsterdam. Het ging om Aldo Gianotta van de trattoria Le Delizie op de Vijzelgracht. De emigrant Gianotta boerde goed. Hij had een tweede zaak geopend in Amsterdam-Zuid en deed ook aan catering. Gianotta was een selfmade kok. 'Een goede,' vond hij zelf. Hij had zich gespecialiseerd in pasta's en vlees. Maar de vriendelijke restauranthouder had daarnaast een alter ego als internationaal drugshandelaar. Eind jaren tachtig, begin jaren negentig was hij hiervoor in Duitsland en in België al in de gevangenis beland. Toen hij in 1995 wegens goed gedrag vervroegd vrijkwam, pakte hij de draad in de horeca in Amsterdam weer op en daarnaast 'vroegen mensen mij of ik hen weer wilde helpen'. Dat deed hij dus.

Justitie verdacht Gianotta er in het begin van de twintigste eeuw van dat hij als steunpunt van de maffia in Amsterdam fungeerde. Hij verleende hand- en spandiensten aan Italiaanse criminelen als 'capo' Cerfado. Die had hij aan een woning geholpen in de Amsterdamse Rivierenbuurt. Ook bij Gianotta's restaurant op de Vijzelgracht was het een komen en gaan van maffiosi, onder wie dus Cerfado.

Le Delizie was een combinatie van restaurant en een delicatessenwinkel met een – dat weet ik uit eigen ervaring in die jaren – verrukkelijk aanbod van kant-en-klaarspecialiteiten, zoals kalfsoesters, kwartels en *melanzane parmigiana*. In 2010 is de trattoria in andere handen overgegaan. Maar daarvoor bekroop menig koper van die zorgvuldig bereide maaltijden soms het gevoel dat sommige Italiaanse mannen die in deze trattoria in Amsterdam langskwamen het niet zo nauw met de wet namen.

Ook de journalisten De Jong en Voskuil verbaasden zich over wat ze lazen in de oude justitiedossiers. Ten tijde van de moorden op de snelweg A12 wandelden de maffiosi 'Nederland in en uit'. De criminelen werden 'naar boven' (Nederland) gestuurd om geld op te halen of voedingsmiddelen te brengen of waren op zoek naar huurmoordenaars. De andere kant op: 'naar beneden' (Italië) gingen de drugs.

Maar dat zou niet lang meer zo vanzelfsprekend zijn, want allengs werd de samenwerking van de politiediensten in Europa intensiever.

Patatje

De gezamenlijke politie-inspanning leverde de afgelopen jaren spectaculaire resultaten op. Al vonden de Italianen de Nederlanders soms wat laks als het om aanhoudingen ging.

Francesco S. was zo'n maffiakopstuk dat in Nederland onbevangen leefde[8]. Afkomstig uit de regio van Puglia behoorde hij tot de Sacra Corono Unita. In 2001 werd hij in Italië bij verstek voor twee moorden, afpersing, bedreiging en drugshandel veroordeeld tot levenslang. Hij hield in Nederland inmiddels zelfs een facebookpagina bij met daarop foto's, onder andere van een groot zeiljacht waar hij voor stond. Ook had hij kennelijk volkomen ontspannen voor zijn favoriete pizzeria in Emmeloord geposeerd, getuige een andere afbeelding. In januari 2012 werd Francesco S. opgepakt toen hij in de rechtbank in Almere verscheen, waar hij bij de bestuursrechter het intrekken van zijn Nederlandse uitkering aanvocht. Maar in plaats van gelijk te krijgen, ontstond tegen hem een verdenking van sociale fraude. Pas daarna werd duidelijk dat S. een voortvluchtige maffiamoordenaar was, die al tijden op de internationale opsporingslijst stond en om wiens arrestatie de Italiaanse autoriteiten dringend hadden verzocht.

In 2013 werd in ons land maffiabaas Francesco Nírta in de boeien geslagen. In Italië stond hij al lange tijd op de lijst van de tien gevaarlijkste voortvluchtige criminelen. Nírta behoorde tot de 'Ndrangheta-clan en bleek een appartement te huren in een keurige Vinex-wijk in Nieuwegein. En wat deed de veroordeelde maffiakiller op de dag van zijn arrestatie? Hij bleek zich al aardig aan de Nederlandse mores te hebben aangepast. Hij at die vrijdag met een kennis een patatje in de snackbar om de hoek: bij cafetaria Galecop. Net als die andere Francesco in de polder voelde ook deze Italiaanse gangster zich volkomen op zijn gemak in Nederland. Dagbladjournalisten belden aan bij Nírta's buurvrouw in de galerijflat. Ze had géén idee gehad wie naast haar woonde. 'Je zag ze bijna nooit. Soms stond er wel eens een op de galerij een sigaretje te roken en soms hoorde je het als ze aan het koken waren. Maar verder, geen last van ze gehad.'

Ook het jaar 2014 leverde treffers op in de strijd tegen de maffia in Nederland. Opnieuw bleek een Italiaanse clan bovenmatige interesse te hebben in de horeca in Amsterdam. Het ging weer om connecties van de 'Ndrangheta in Nederland. De maffia uit Calabrië was onderhand een van de machtigste van Europa geworden, mede door hun aandeel in de drugshandel. Hun jaaromzet werd op dat moment geschat op zo'n 53 miljard euro.

Op verzoek van de Italiaanse politie werd de in Rome geboren Amsterdammer Marc B. gearresteerd. Deze telg uit een succesvolle Italiaanse horecafamilie zou betrokken zijn bij de cocaïnehandel van de Calabrezen. *De Volkskrant* berichtte dat het ging om de eigenaar van het Italiaanse restaurant Casa di David aan het Singel. Maar zijn broer Giorgio en een van de andere eigenaren van de eetzaak ontkenden dit tegenover het ANP. 'Marc werkte nog maar een paar maanden in het restaurant. Ik vind het heel erg dat Casa di David in verband wordt gebracht met deze arrestatie. Hij is nog niet eens leidinggevende van het restaurant, enkel een stille vennoot.'

Anonieme bronnen beweerden echter dat B. met een cokeverslaving zat en dure spullen had.[9] Ze begrepen niet goed hoe hij daaraan kwam. Het verhaal van B.'s geliefde bood nog wat meer inzicht. Ze had aan *de Volkskrant* verteld dat haar vriend alleen maar leefde voor zijn restaurant: een familiebedrijf waar hij voor een kwart eigenaar van was. De jonge vrouw: 'Hij praatte er met veel Italianen over. Ik weet niet of dat maffialeden zijn, ik kan me dat niet voorstellen. Marc is geen lieverdje, maar ik weet honderd procent zeker dat hij hier niet aan meedoet.' De Italiaanse politie dacht daar uiteraard anders over. De geschiedenis had haar immers geleerd dat regelmatig echt grote vissen van de maffia zich in Nederland verborgen. En al lijkt iemand aardig, je kunt je er stevig op verkijken.

Verse vis

In de Randstad hield zich een aantal jaren terug Giuseppe de Tommaso, een aardige zestigjarige Italiaan schuil, al kon je nauwelijks van verstoppen spreken. De Tommaso genoot van het goede leven in Zandvoort aan Zee en was een regelmatige bezoeker van het casino. Hij leefde in een eenvoudig pension, dat wel. Hij had via een kennis een vakantiehuisje gehuurd in de badplaats dat naast het huis van de pensionhouders stond. Hij had tegen het echtpaar gezegd dat hij in Nederland was voor een 'openhartoperatie'.

Maar een grootscheepse antimaffia-actie op instigatie van de Italiaanse politie maakte een eind aan zijn vrolijke bestaan. De Tommaso bleek de spil in een groot internationaal drugsnetwerk.[10] Niet alleen in Nederland, maar ook in Zuid-Italië en Duitsland vonden arrestaties plaats. Padrone De Tommaso had vanuit Zandvoort zelf de contacten onderhouden met de pizzeria's in Haarlem en Amsterdam. Hij had zijn zonen in Italië ingeschakeld voor de bevoorrading van de drugs die gesmokkeld werden in kisten met eten. De Tommaso waande zich veilig in Nederland. Hij reed hier rond in dure auto's en deed geen enkele poging zijn rijkdom te camoufleren. Hij voerde zelfs elke dag verse vis aan zeemeeuw Karel[11].

Toen De Tommaso in zijn pension werd aangehouden, had hij op het moment dat hij werd weggevoerd tranen in zijn ogen. Als een uiterst vriendelijke logé had hij een mooie band opgebouwd met de gastheer en gastvrouw. Die hadden het alleen wat vreemd gevonden dat hij elke dag in het casino zat. Maar ach, dat deden wel meer mensen.

Het Zandvoortse echtpaar keek dan ook erg op van de aanhouding. Niet in de laatste plaats omdat een arrestatieteam met het nodige geweld een huis in was gegaan. Deze keer waren ze door het raam naar binnen gedrongen. Overal lag glas. Voor hen leek het wel een film, zeiden de pensionhouders achteraf tegen de pers.

De man en de vrouw konden niet geloven dat De Tommaso (alias *Dirty Dozzina*) een gevaarlijk kopstuk van de Napolitaanse Camorra was. 'Hij, een slechte? Hij houdt van dieren. Ik houd ook van dieren, maar niet zo van mensen,' sneerde de vrouw tegen de rechercheurs.

Daarmee konden ze het doen.

Het vervolgen van maffiosi blijft, waar ook ter wereld, nu eenmaal een lastige en gevoelige zaak.

Recept van la Nonna

The Godfather-trilogie inspireerde de *foodies*. Vooral de openingsscène met het bruiloftsdiner voor de dochter van Don Vito, met grote schalen lasagne, antipasti en een enorme bruidstaart, sprak menig gourmet aan. Ook een andere scène met maffioso Peter Clemenza, die Don Vito's zoon Michael voordeed hoe hij een 'Zondagse Tomatensaus' moest maken, staat in het geheugen gegrift. Aanvankelijk had 'migrantenzoon' Michael Corleone een leven in de bovenwereld opgebouwd en kon hij zich afzijdig houden van de maffiazaken van zijn vader. Maar de oudere *wiseguy* Clemenza meende dat de 'familiebusiness' Michael binnenkort toch echt nodig zou hebben. Michael was – of hij het wilde of niet – de opvolger van Godfather Don Vito. Clemenza: '*Come here kid, Lem-me show you something. You never know when you're gonna have to cook for 20 guys some day.*'

Het wachten was op merchandising gebaseerd op het succes van dit maffia-epos. Zo waren er door de jaren heen de receptenbundels. *The Godfather Cookbook – What You've Always Wanted to Know About Sicilian Cooking... but Were Afraid to Ask*, van Joseph D'Amico kwam in 1975 op de markt. Het boek is misschien nog met moeite antiquarisch te vinden. De gerechten dateerden uit de jaren twintig en dertig. D'Amico was een soldaat in de Bonanno-familie en koos later de zijde van de politie en werd informant.

In 1996 verscheen *The Godfather's Cookbook Part 1*[12]. Deze keer werden de recepten een beetje bijeen geharkt door Angelo Il Petrucci. Maar dit boek, waarvan in 2000 nog een soort gekopieerde uitgave is verschenen, blijkt niets met Puzo's maffia-epos van doen te hebben. Het is een rommelige verzameling van niet erg serieus onderbouwde faits divers en suggesties voor maaltijden. Tussen de Italiaanse Parmezaanse kaas en provolone duiken ineens 'weetjes' op over 'Limburger': Belgische 'stinkkaas waar je brandend maagzuur van krijgt' tot de edammertjeskaas uit Gouda met de waarschuwing om de rode waslaag eraf te halen voordat je die eet.

In 2013 volgde *Clemenza's Meatball Sunday Sauce*[13] van de hand van Daniel B. Bellino-Zwicke. Ook dit wordt aanbevolen als *'The Godfather Cookbook'*, met uiteraard het geheime recept van capo 'Clemenza' voor de Zondagse Saus, maar ook Henri Hill's (*Goodfellas*) Veal and Peppers is erin opgenomen. Bellino is geen maffioso of spijtoptant, maar een kok en beroemd om zijn wijnkennis. Zomer 2015 verscheen van zijn hand eveneens *Grandma Bellino*[14] over zijn nonna uit Sicilië, die samen met haar man – een schoenmaker – begin 1900 in New York aankwam om een beter leven op te bouwen. Het geeft inzicht in hoe ook binnen de Italiaanse keuken zelf fusiongerechten ontstonden. Zijn grootmoeder had hem verteld hoe ze bevriend raakte met andere immigrantenvrouwen uit Calabrië, Napels en Abruzzo en recepten uitwisselde. Ouderwetse recepten voor caponata, Pasta con le Sarde en gestoofde artisjokken. Hij vertrouwde ze toe aan het papier om aan tafel de sfeer van vroeger te kunnen oproepen. De Zuid-Italiaanse immigranten gingen namelijk aanvankelijk niet uit eten, ze kookten thuis, omdat niets aan hun eigenbereide maaltijden kon tippen.

De paar restaurantjes in New York aan het begin van de twintigste eeuw waren in handen van Noord-Italianen, volgens John F. Mariani, auteur van *How the Italian Food Conquered the World*[15]. Wel werd er in Little Italy buiten de deur pizza gekocht door de arbeiders die naar hun werk gingen. Het nu zo populaire fastfood was door de Napolitanen in Amerika geïntroduceerd. Het was voor hen meer een 'sandwich' – ze vouwden 'm dubbel. Mariani vond uit dat er in 1905 een kruidenier was, G. Lombardi in Green Street, die dit straatvoedsel voor het eerst aan zijn landgenoten verkocht. Dat was dus de eerste echte *pizzeria* – het was een Italiaans-Amerikaans woord. Het woord pizza in het Napolitaans bestond weliswaar al heel lang, maar 'pizzeria' in het Italiaans kwam hij pas in druk tegen in 1918.

Pizzaketens liften in de jaren zeventig ook al slim mee op het succes van het gangsterepos *The Godfather*. Zoals bijvoorbeeld 'Godfathers Piza' uit Omaha, Nebraska. Het bedrijf maakte reclame voor hun product met de kreet: 'A Pizza You Can't Refuse.' En licht dreigend hoorde je daarna: 'I know Your Neighbourhood.'

Pizza is nu niet meer weg te denken uit het dagelijks leven. Het is goedkoop en makkelijk.

Pizza volgens la Nonna[16]

(Een Toscaanse fantasie van een Napolitaanse pizza)

Deeg

1¼ theelepel droge gist

vier eetlepels (60 ml) melk, verwarmd tot plusminus 40 graden Celsius

1 ei

1 eigeel

125 à 135 gram meel

¼ theelepel zout

Strooi de gist in de warme melk en laat die ongeveer tien minuten staan. Doe er dan het ei en het eigeel bij en het meel en het zout. Kneden met de keukenmachine in de lage stand +/- drie minuten. (wie het met de hand doet: +/- zeven tot tien minuten, gebruik wat bloem om het niet al te erg aan je handen te laten kleven).

Daarna het deeg laten rijzen.

Doe het deeg daarvoor in een met olie ingesmeerd blik met een plastic zak eromheen. Tijdsduur: 1 uur en 10 minuten.

Maak er dan twee platte ronde platen van, elk iets meer dan een halve centimeter dik.

Zet de oven aan een halfuur voor je van plan bent om te gaan bakken, leg er een pizzasteen in. Verhit tot 260 graden Celsius.

Het beleg van de pizza

Extra-virgine olijfolie
225 gram grof gesneden rijpe tomaten (eerst ontvellen, sap en pitjes eruit)
1 handvol verse basilicumblaadjes, grof gescheurd
Wat droge oregano
Wat zeezout
Vers geraspte pecorino of Parmezaanse kaas
Korenmeel voor de pizzasteen

Bestrooi de steen met het meel. Besprenkel de deegplaten met wat olijfolie.
Spreid er dan de tomaten over uit, de kruiden en de kaas.
Leg de pizza op de steen, zet de oven iets lager: 230 graden Celsius.
Bak de pizza's in acht minuten af – dat wil zeggen tot het deeg mooi goudbruin is en de kaas gesmolten.

11 KOOSJERE AUGURKEN EN SHOARMA

In de *melting pot* van de Verenigde Staten hadden de gangsters uit vele landen elkaar moeiteloos weten te vinden. In de vorige eeuw deed La Cosa Nostra onder aanvoering van Charley 'Lucky' Luciano al zaken buiten de eigen kring van Italiaanse Amerikanen. Maar wie waren zijn partners in crime in New York? Waar bespraken ze hun duistere plannen? In Italiaanse restaurants? Of wilden die partners liever op eigen terrein onderhandelen?

Luciano was vanaf de jaren twintig in zee gegaan met de *Jewish Mob,* veelal mannen uit Oost-Europa. Net als de Italianen hadden zij hun landgenoten 'protectie' aangeboden en maakten ze zich schuldig aan racketeering, vooral in de kledingindustrie. Ook probeerden ze een graantje mee te pikken van andere illegale zaken. De belangrijkste partner van Luciano was het financiële genie Meyer Lansky, die op zijn beurt optrok met Benjamin 'Bugsy' Siegel, een gangster voor wie iedereen sidderde vanwege zijn gewelddadige inslag. De gangsters hadden hun eenvoudige komaf achter zich gelaten. Ze deden inmiddels zaken met een ogenschijnlijk keurige societyfiguur, Arnold 'the Brain' Rothstein (1882-1928). Deze rijkeluiszoon had echter al snel door gehad dat hij met de verboden handel in onder andere drank en drugs nog sneller rijk kon worden dan zijn vader. Rothstein zat ook achter een van de geruchtmakendste omkoopschandalen begin jaren twintig: *matchfixing* bij de Worldseries, de belangrijkste baseballcompetitie in de vs Rothstein deelde zijn kennis met de ruim vijftien à twintig jaar jongere mobsters.

De mannen troffen elkaar regelmatig in het lievelingsrestaurant van Lansky: Ratner's in de Lower East Side in New York. Hier, in deze *dairy/milkbar* aan Delancey Street, werd koosjer gekookt. Er gingen derhalve uitsluitend vegetarische en traditioneel joodse gerechten over de toonbank. Melk- en vleesproducten worden nu eenmaal gescheiden in de koosjere keuken. Wie van Lansky's vrienden toch naar een broodje koosjer pekelvlees (pastrami) verlangde, moest een paar straten doorlopen naar Katz's Delicatessen aan Houston Street.

Lansky kwam vrijwel dagelijks bij Ratner's. Hij vond daarom dat hij een eigen achterkamer verdiende waar hij zijn relaties kon ontvangen. De eigenaar zei uiteraard geen nee tegen de Lansky's Lounge (in 2015 de Back Room Bar). Hier werd aan de bar sterkedrank geschonken en kon de maffiaboss onbekommerd zijn zaakjes regelen. Lansky's favoriet op Ratner's kaart was: *Cheese blintzes* – pannenkoekjes gevuld met zachte roomkaas en ricotta met vers fruit erbij.

Luciano had door zijn omgang met de joodse gangsters over de grenzen leren kijken, niet alleen wat zakendoen betreft, het had ook wat toegevoegd op zijn bordje. Hij at sindsdien graag koosjere (zoute) augurken bij zijn broodje vlees.

Charley Luciano, jarenlang baas van de Genovese-familie, had samen met de gangsters van de Jewish Mob belangen in de afval- en kledingindustrie en de gokwereld. Als tiener was hij begonnen met een eerlijk baantje in een hoedenfabriek, maar hij had meteen ontslag genomen toen hij een paar honderd dollar won met dobbelen. Luciano wilde 'geen kruimel' zijn, maar een grote gangster. Veel Siciliaanse maffialeiders hielden in die tijd nog de mythe in stand dat ze niets met de drugshandel te maken wilden hebben, maar ze waren er wel degelijk bij betrokken. Zo ook Luciano. Zijn werk in zijn jeugd had hem op het idee gebracht om in hoedendozen heroïne te gaan smokkelen. De zaken gingen voorspoedig. Het bleef echter onduidelijk of hij zijn bijnaam 'Lucky' te danken had aan het feit dat hij vaak won bij het gokken of omdat hij later telkens aan de dood ontsnapte als iemand het op hem had voorzien.

Zijn geluk als capo dei capi leek op toen Luciano in 1936 alsnog tot dertig jaar cel werd veroordeeld. Die gevangenisstraf kreeg hij niet voor al zijn maffiapraktijken, zijn rechters achtten alleen bewezen dat hij inkomsten had gehad uit de wereld van de prostitutie. In zijn naam zouden mannen het protectiegeld hebben opgehaald bij chique bordelen.

Lansky hield daarna hun maffia-imperium in stand, al bleef ook Lucky achter de tralies in de Dannemora-gevangenis zijn orders geven. Toen alcohol vanaf 1933 niet langer was verboden verwierven de maffiosi ook grote belangen in de casino's in Las Vegas en op Cuba. Ze begrepen precies hoe je pokerspelers en gokkers binnenhield: door ze te fêteren met gratis eten. (Ook in Nederland gebeurt dit nog altijd. Holland Casino is daarmee wel wat minder scheutig dan de Amerikaanse gokpaleizen en de illegale pokergelegenheden in ons land.) Lansky had het vermogen van het syndicaat voor een deel ook in de bovenwereld geïnvesteerd om hun rijkdom nog enigszins voor de fiscus te kunnen verklaren.

Luciano kreeg na de Tweede Wereldoorlog, in 1946, gratie. Dat kwam doordat Lansky en hij ervoor hadden gezorgd dat leden van de maffia de Amerikaanse overheid hadden geholpen in de strijd tegen de Duitse en Italiaanse fascisten. Joodse gangsters organiseerden demonstraties tegen de Duitse bruinhemden in New York. The Mob zou zelfs plannen hebben gemaakt om een huurmoordenaar op Hitler en Mussolini af te sturen. Maar voordat de killer op pad ging, was de Italiaanse fascistenleider al afgezet. In de opdracht om Hitler te liquideren had de huurmoordenaar uiteindelijk ook geen zin. Al hielp de maffia het verzet, ze profiteerde eveneens van de sterk gestegen prijzen van het voedsel en de drank op de zwarte markt. Als de oorlog zou eindigen zou deze gangster zijn royale inkomsten snel kwijt zijn.[1] Het draaide toch weer eens om geld, om eigen gewin.

Aan de vrijlating van Luciano was echter wel een voorwaarde verbonden: hij werd teruggestuurd – 'gedeporteerd' – naar Italië, waar Lansky hem verder onderhield. Luciano vond vervolgens dat hij maar karig werd bedeeld gezien zijn verdiensten voor La Cosa Nostra. Lucky had bovendien heimwee naar Little Italy en de koosjere broodjeszaken. Hij stierf in 1962, op het vliegveld van Napels na een hartstilstand. Na zijn dood gaven de Amerikaanse autoriteiten toestemming om de maffiaboss in New York te begraven: hij ligt op St John Cemetery in Queens.

Meyer Lansky zou zijn jeugdvriend Luciano nog twintig jaar overleven. Het financiële brein van the Mob had nauwelijks een strafblad, ondanks zijn maffia-activiteiten. Hij was justitie steeds te slim af geweest, maar kreeg in 1970 alsnog de belastingdienst achter zich aan. Lansky vluchtte daarom naar Israël, waar door de *Law of Return* iedereen welkom was die kon aantonen dat hij of zij een Joodse moeder had. De Amerikaanse gangster investeerde miljoenen in het Beloofde Land. Maar al liet Lansky zich van zijn beste kant zien, de Israëlische regering kon er toch niet omheen dat hij in Amerika werd gezocht wegens grootschalige belastingfraude. De mobster werd in 1972 uitgewezen en op het vliegtuig naar de Verenigde Staten gezet. Volgens Lansky's dochter 'Sandi' had president Richard Nixon Israël onder druk gezet, zo schrijft ze in haar memoires, die in 2010 uitkwamen. Nixon zou de Israëlische autoriteiten hebben gedreigd geen straaljagers meer te leveren als zij haar vader nog langer zouden beschermen. Nixon had Meyer Lansky gehaat omdat hij John Kennedy had gesteund bij de verkiezingen. Maar er was nog een reden. Nixon zou ook kwaad op Lansky zijn geweest omdat hij niet mee had mogen doen met een zeer lucratieve investering in een casino dat de maffia had opgezet op de Bahama's.[2] Zodra Lansky weer voet op Amerikaanse bodem had gezet, deden de Amerikaanse justitie en de fiscus hun uiterste best om hem achter de tralies te doen belanden. Maar hun pogingen liepen op niets uit.

Lansky was een typisch voorbeeld van een Joods-Amerikaanse mobster. Zijn Italiaanse 'bloedbroeders' hadden een 'criminele' dynastie gesticht, maar Lansky dacht niet na over een opvolger, zoals de bosses van de Five Families. Hij behield zijn positie in het maffiasyndicaat ('We are bigger than U.S. Steel') tot aan zijn (natuurlijke) dood in 1983. Lansky – al bij zijn leven een maffialegende – vond dat je nooit geld te veel kon hebben. Het kwam niet bij hem op om te gaan rentenieren.

Theekopje

Wie in hedendaags New York op zoek gaat naar Lansky's geliefde Ratner's Dairy Restaurant zal dit niet vinden. De koosjere eetgelegenheid bestaat niet meer. De zaak die in al die voorgaande jaren veel meer beroemde dan beruchte bezoekers trok – onder wie Groucho Marx, Elia Kazan en Eydi Gourmé – was van Delancey Street verhuisd naar 111 Second Avenue en werd halverwege de jaren 2000 gesloten. De Back Room Bar aan Delancey Street, waar het financiële brein van de maffia zijn relaties ontving, wordt wel in ere gehouden. Het donkere houten interieur van de speakeasy is intact gebleven. De acteurs die Arnold Rothstein en Lucky Luciano vertolkten in de populaire HBO-serie *Boardwalk Empire*, deden in deze 'historische ruimte' inspiratie op voor hun rollen in dit drama over de drooglegging.

Maffiawatchers en andere toeristen die graag een borrel in een theekopje willen drinken kunnen hier dus nog altijd terecht. Maar zakendoen met de Jewish Mob is er niet meer bij.

Panini

'Koosjere maffia', 'Israëlische maffia' of 'shoarmamaffia'. Het waren geen gangbare benamingen in Nederland, al vielen ze aan het begin van de eenentwintigste eeuw met enige regelmaat. De Amsterdamse voorzieningenrechter Rullmann vond in augustus 2008 dat deze term in Nederland van toepassing zou kunnen zijn, al moest er enige terughoudendheid bij worden betracht, omdat antisemitisme altijd op de loer ligt. Rullmann: 'Bedacht moet worden dat het woord maffia in het dagelijks spraakgebruik steeds vaker wordt gebruikt als een figuurlijke ongunstige aanduiding. [...] Aan het woord maffia behoeft dus niet alleen de oorspronkelijke niet-figuurlijke betekenis te worden toegekend, zoals in de combinatie Siciliaanse maffia, die direct associaties oproept met moord en doodslag.'

Had de Nederlandse rechter gelijk met zijn uitspraak? Moeten we het begrip 'Israëlische maffia' overdrachtelijk begrijpen? Of kent Nederland nu, net als Amerika, 'koosjere Don Corleones', die met hun handlangers infiltreren in de bovenwereld?

Falafel

Vier hoogleraren onder aanvoering van de criminoloog Cyrille Fijnaut brachten op verzoek van een parlementaire enquêtecommissie halverwege de jaren negentig de 'georganiseerde criminaliteit' in kaart[3]. Zij hadden daarbij niet alleen oog voor de autochtone bendes zoals die van Klaas Bruinsma, maar ook voor de allochtone en buitenlandse groepen die actief waren in de misdaad. Ze bestudeerden niet alleen de netwerken van de Italiaanse gangsters, maar ook die van de Surinaamse en de Antilliaanse groepen. Ze brachten de criminele relaties in kaart van Turken, Chinezen, Marokkanen, Colombianen, Nigerianen, Ghanezen, Russen en Joegoslaven in Nederland. Een apart hoofdstuk over de Israëlische maffia in Nederland ontbrak echter in het overzichtsrapport. Wel signaleerden de onderzoekers individuele Israëlische families in het criminele milieu in Amsterdam. Die Israëliërs onderhielden contacten met de Hollandse penoze, die hun miljoenen verdienden met de drugshandel.

Zo had de politie aandacht voor de familie Eini in Amsterdam. Deze Israëli's waren begonnen in Leiden met hun zaak Tel Aviv, waar ze broodjes shoarma en falafel verkochten. Daarna zagen ze hun toekomst vooral verzekerd via hun wisselkantoren in het centrum in Amsterdam[4]. Ze investeerden ook in onroerend goed. De recherche vermoedde dat de Eini's de criminele winsten van 'godfather' Stanley Hillis en zijn bendeleden witwasten. Een aantal van deze familieleden belandde later ook voor de rechter voor deze praktijken. Ze werden in 1993 veroordeeld.

De kwalificatie 'koosjere, dan wel Israëlische of shoarmamaffia' dook voor het eerst op in de kolommen van de krant *Het Parool* in de jaren 2000. Misdaadverslaggever Bart Middelburg beschreef in zijn artikelen de activiteiten van de horecafamilie Baranzani. De grootfamilie had haar wortels in Irak en Israël – de naam wordt daardoor op verschillende manieren geschreven. Middelburg wilde de praktijken van deze clan in Amsterdam aan de kaak stellen.

Baranzani was zijn imperium begonnen met een kleine pizzeria in Leiden en had daarna zijn geld geïnvesteerd in onroerend goed. Opvallend was dat hij hiervoor vrijwel geen hypotheken hoefde af te sluiten. Waar haalde deze ondernemer die miljoenen cash geld vandaan? vroeg de journalist Middelburg zich in menige publicatie af. Hij ploos het financiële netwerk van het familieconcern uit, voor zover dat journalistiek mogelijk was. Diezelfde vragen leefden natuurlijk ook bij de politie en de fiscale opsporingsdienst, de FIOD.

Het liet zich raden dat daardoor bij de autoriteiten vermoedens waren gerezen over maffiapraktijken, maar eigenaar Baranzani bestreed dat fel. Hij had geen contacten met criminelen, zijn panden had hij niet cash betaald, zei hij in 2004 in *Het Parool*. 'Ik heb gewoon tien jaar geleden panden gekocht, die steeds meer waard werden. En dan kocht ik weer nieuwe panden en ga zo maar door.'

Toch belandden de Baranzani's voor de rechter. Zij werden verdacht van belastingontduiking en van het witwassen van crimineel geld. Enkele familieleden werden door de Nederlandse rechter bestraft met geldboetes en een aantal maanden cel. De rechtbank achtte echter alleen bewezen dat de Baranzani's lange tijd hotels en restaurants gebruikten om allerhande fraudes te plegen. Maar deze zakenlieden handelden wel op een manier waaruit minachting bleek voor de Nederlandse autoriteiten, vonden de rechters. Dat werd ook expliciet zo vermeld bij de uitspraak.

De Baranzani-clan bezat hotels en panden aan het Damrak in Amsterdam. Bij het onroerend goed hoorden ook eetgelegenheden, zoals het Italiaanse restaurant Silicio. Het imperium van deze zakenlieden lag aan 'de rode loper' van de stad

– van het Centraal Station tot de Dam. Ze lagen voortdurend in de clinch met voortvarende Amsterdamse stadsbestuurders die het hoofdstedelijke centrum wilden 'opschonen'. In de ogen van het gemeentebestuur diende 'louche horeca' te worden gesloten. Daartoe rekende men ook de activieiten van de Baranzani's in het centrum van de stad: 'Er moest een Damrak komen zonder shoarmatenten.'

De Baranzani's waren ondertussen de beschuldigingen van journalist Bart Middelburg over illegale praktijken zat. Ze verweten hem dat hij hen met de kwalificatie 'koosjere, dan wel Israëlische of shoarma-maffia' criminaliseerde. Dat was niet terecht vonden ze, want de strafrechter had het hoofd van de familie Baranzani immers vrijgesproken van witwassen.

De gemeente Amsterdam had daar een andere kijk op. De Baranzani's waren officieel niet betrokken bij 'Godfather'-achtige dossiers, maar informatie uit andere kanalen maakte toch dat de stad deze horecaondernemers liever wilde weren. Om dat besluit uit te voeren maakte de gemeente gebruik van de wet Bibob – vergunningen mogen worden geweigerd als er gerede twijfel bestaat over de integriteit van de eigenaren.[5] Andere horecagelegenheden waren al gesloten omdat de gemeente via het Bureau Bibob of via de politie of justitie inlichtingen had ontvangen dat er mogelijk crimineel geld in een zaak was geïnvesteerd.

In 2008 koos de gemeente Amsterdam er alsnog voor om de horecavergunningen van de Baranzani's niet te verlengen. Een jaar later was de clan de juridische strijd beu en verkocht het de Damrak-panden aan Stadsgoed. Voor veertig miljoen.

In het kader van de upgrading van het Damrak zit in 2015 in een van de voormalige Baranzani-panden het eigentijdse Hotel Exchange met Café Stock, waar de hele dag ontbijt wordt geserveerd.

Maffiosi weren uit de horecawereld blijft echter een lastige kwestie.

In 2014 nam een bekende Israëlische witwasser, Shlomo 'Sheli' Narkis, alweer veel panden in het Amsterdamse centrum over van Stadsgoed, meldde *Het Parool*. 'Dat druist in tegen alles waar de gemeente met haar opschoningsactie Project 1012 voor staat,' vond de Amsterdamse krant.

Saus met sperma

De kwalificatie 'shoarma-maffia' mocht gebruikt worden van de rechter voor de praktijken van de Baranzani's. Ook de toevoeging daarbij van 'koosjere dan wel Israëlische maffia' zou mogen. Maar ook in veel shoarmatenten met niet-Israëlische eigenaren vonden soms activiteiten plaats die het daglicht niet konden verdragen. Shoarma is immers een gerecht uit de keuken van meer landen in het Midden-Oosten. Al vanaf de jaren tachtig doken zulke eenvoudige eetgelegenheden op in Nederland, nu met Turkse, Griekse, Iraakse en Egyptische uitbaters. Ook kwamen er shoarmazaken in Marokkaanse handen.

De agenten op de Wallen aten al rond 1980 een broodje shoarma in Grillroom Delilah van Magdi Barsoum, een vriendelijke Egyptenaar. Zijn snackbar lag tegenover het politiebureau Warmoesstraat. Net zoals alle andere klanten legden de politiemensen een briefje van vijf gulden op de toonbank voor hun broodje, alleen zíj kregen tweeënhalve gulden terug.

Sommige agenten hadden geen bezwaar tegen deze stevige korting van de uitbater, maar de korpsleiding zag dat anders. Het riekte naar een poging tot omkoping. Zeker toen werd vastgesteld dat deze Egyptische ondernemer een stevige vinger in de pap kreeg bij de Amsterdamse onderwereld. 'Norm ondermijnend gedrag', noemde de commissaris het. Er werd gesproken over 'dalven' (Jiddisch voor 'bedelen').

De kwestie loste zich al snel als vanzelf op. Dat kwam omdat ineens het verhaal de ronde deed dat de keuringsdienst van waren sperma zou hebben aangetroffen in een van de sausen van Barsoum.[6]

Maar deze derving aan inkomsten betekende nog niet het einde van Barsoums horeca-avonturen.

Magdi Barsoum (1949) had een snelle carrière op de Wallen gemaakt. Hij was begonnen als croupier in de gokhuizen van 'Zwarte Jopie' de Vries. De Vries was met zijn nachtclubs Cabala, Club 26 en de Casa Rosso, die in de jaren zestig werden geopend, de ongekroonde koning van de rosse buurt. Hij was zelfs in 1974 een samenwerking aangegaan met de Italiaans-Amerikaanse maffiafamilie Cellini, die deel uitmaakte van het syndicaat van Meyer Lansky.[7] De maffiosi zouden hebben geïnvesteerd in het illegale casino van De Vries dat hij toen aan het opzetten was.

Barsoum had de kunst goed afgekeken van zijn broodheer. Hij had een grillroom kunnen overnemen van een Syriër en een Irakees, die de tent hadden laten versloffen. Samen met zijn één jaar oudere broer Monier probeerde Magdi de zaak nieuw leven in te blazen. De Barsoums breidden daarna ook verder uit, mede door het kapitaal dat ze opstreken door samen te werken met de criminelen uit de bende van godfather Klaas Bruinsma. De Barsoums investeerden hun drugsmiljoenen in de aankoop van gokhallen en ze namen een wasserette over. Daarna kochten ze een grote kroeg, de Red Light Bar, die twee verdiepingen besloeg. Beneden in de kelder van het pand bevond zich een coffeeshop, The Basement. De broers Barsoum stopten hun geld eveneens in ander onroerend goed en ze sponsorden vechtsportgala's. In hun gedrag lijken ze het meest op de Siciliaanse 'mannen van eer', die om respect vragen, maar daarnaast probeerden ze zo onopvallend mogelijk door het leven te gaan. De Barsoums woonden met hun gezinnen in rijtjeshuizen in de buurt van het Gelderlandplein in Amsterdam-Buitenveldert.

Toen Klaas Bruinsma in 1991 was vermoord trok Barsoum niet langer op met diens 'erven', maar koos hij de zijde van andere 'bloedbroeders', Joegoslavische criminelen. Ook investeerde Barsoum nog meer in zijn corrupte contacten bij de politie. Een van de agenten van wie hij informatie kreeg, ging zelfs met hem op vakantie.

Maar zoals vaker in een gangsterleven gingen er ook zaken mis. Een grote partij drugs die Barsoum had geregeld, werd gestolen. Dat voorval zou leiden tot een jarenlange gangsteroorlog tussen de Hollandse penoze, waarin menige afrekening plaatsvond. Het ging hier om de erven Bruinsma, onder wie Sam Klepper, Johnny Mieremet en Stanley Hillis, en de Joegoslavische maffia.

De broers Barsoum stierven later zelf ook een gangsterdood. Op 2 maart 2002 werd Magdi in de Bloedstraat met kogels doorzeefd. Hij was op weg naar zijn bar. Zijn broer Monier werd twee jaar later vermoord toen hij met zijn dochter op weg was om inkopen te doen.

Gefrituurde uienringen

De shoarmazaken zijn met hun gerechtenlijsten inmiddels een afspiegeling van de multiculti-maatschappij waarin Nederland in de twintigste eeuw langzaam is veranderd. De oosterse broodjes met gegrild lams-, kippen- of varkensvlees of kikkererwtenballetjes gaan er hand in hand met Hollandse frites en kroketten, Turkse döner, Marokkaanse kefte-kebab en Italiaanse pizza. De meeste shoarmazaakhouders zullen ongetwijfeld keurige en oppassende burgers zijn die zich houden aan de wet. Maar desondanks bleef de politie toch een bijzondere interesse houden in deze tak van sport in de horeca.

En kennelijk met resultaat, getuige de lange lijst incidenten en sluitingen.

De politie deed in 2013 een inval in shoarmatent Montfort op de Gedempte Nieuwe Sloot in Alkmaar – wegens overlast en lawaai. De eigenaar had een pistool op zak. In Zeist werd in de zomer van dat jaar ook een pizzeria en shoarmazaak, Mokers Foodclub, met Marokkaanse eigenaren, voor een halfjaar gesloten. Vermoed werd dat er niet alleen maar broodjes over de toonbank gingen, maar dat er ook in drugs werd gehandeld.

Ook in het Brabantse Boekel stond een shoarmazaak, Taba, in de spotlights. Hier werd in 2014 zevenenhalve kilo heroïne gevonden. Elders werd nog eens drie kilo in beslag genomen. De straatwaarde van een kilo was op dat moment 20.000 euro – dus tel uit je winst. De verdachten werden geblinddoekt afgevoerd. In Zierikzee werd datzelfde jaar op de bovenverdieping van een shoarmatent, Pyramide, een hennepkwekerij gevonden. Eerder al had de Amsterdamse politie met veel tamtam in een Zwanenburgs shoarmarestaurant, Jeruzalem, een wietkwekerij in de kelder opgerold: een Hoofddorper en een Irakees werden aangehouden. In Zwolle zorgde de shoarmazaak Da Vinci eveneens voor opschudding. Hier vond een explosie plaats. Tijdens de rechtszaak uitte justitie haar vermoedens over betrokkenheid bij de drugshandel.

Zomer 2015 was het raak in Pijnacker/Nootdorp bij Shoarma Shemona en ParsXpress in het centrum van de vinexstad. Bij Shemona trof de politie 'een handelsvoorraad' drugs aan, maar de eigenaar ontkende er iets mee van doen te hebben tegenover Telstar-online: 'De drugs die gevonden zijn, zijn van een klant.' Beide zaken gingen op last van de burgemeester twee weken dicht. Een rechtszaak, die was aangespannen om onmiddellijk weer open te kunnen gaan, werd verloren.

Op 3 juli 2015 kreeg de eigenaar te horen dat hij zijn deuren nog eens zes weken lang gesloten moest houden.

Pijnacker moest het dus voorlopig even stellen zonder hun gerecht 'kapsalon ' – patat bedekt met shoarma, 'afgetopt' met gesmolten Goudse kaas met daarboven op salade, geserveerd met knoflooksaus en sambal.

Andere variaties uit het 'diep vet' zijn ook mogelijk.[8]

Blintzes voor 'de kleine man'

De recepten van het Ratner's uit Little Italy werden gebundeld in *Meatless Cookbook* (1975)[9]. Het is opgedragen aan de oprichter van de *dairy* Jacob Harmatz '*King of the Delancey Street... and other places.*' Trots vermelden de samenstelsters Judith Gethers en Elizabeth Lefft het feit dat er een glimp van Ratner's was te zien in *The French Connection* (met Gene Hackman in de hoofdrol), over de strijd tegen de heroïnesmokkel vanuit een Italiaanse broodjeszaak. Een film over maffiazaken dus.

De dames geven ook hoog op over de beroemde mensen die door de jaren heen Ratler's wisten te vinden voor de *chopped liver* (vegetarisch – er wordt geen vlees gebruikt, maar linzen en hardgekooookte eieren), blintzes, borscht, gefilte fisj en pierogi. De VIP's worden opgesomd. Van Dennis Hopper tot ex-gouverneur Rockefeller tot Bobby Kennedy. Men kwam van Park Avenue tot uit Des Moines of zelfs Parijs naar de eetzaak. Maar over de geruchtmakende legendarische mobster Meyer Lansky die er toch echt ook een 'regular' was, geen woord. Zijn lievelingseten was: Ratner's blintzes

Gevulde blintzes (24)

Voor de blintzes heb je nodig:
4 eieren
500 ml water
250 gram gezeefde bloem
½ theelepel zout
boter om in te bakken

Eieren en water in een schaal doen en goed door elkaar kloppen. Voeg daarna de bloem en zout toe en klop door tot er een vloeibaar geheel ontstaat.

Neem een pan van ongeveer 18 cm doorsnee waarin je een omelet kunt bakken en vet deze in met boter. Neem een lepel beslag waarmee je de bodem van de pan bedekt. Bak in 3 à 4 minuten één kant tot deze mooi goudbruin is. Leg de pannenkoek op een schotel met de niet gebakken kant boven. Leg de volgende pannenkoek – ook weer aan één kant gebakken – met de ongebakken kant naar beneden. Herhaal dit tot het beslag op is. Vanaf dat moment kunnen de pannenkoeken worden gevuld. Leg telkens twee eetlepels met de gewenste vulling op de ongebakken kant. En sla de pannenkoek dubbel. Vouw ook de zijkanten dubbel en dan oprollen.

Smelt daarna opnieuw boter in de koekenpan. Leg de blintzes erin en bak ze goudbruin.

Heet serveren met zure room.

Kaasvulling

+/- 225 gram ricottakaas
2 x eigeel
150 gram suiker
1 theelepel vanille

Alles goed door elkaar kloppen.

Andere zoete opties: met blauwe bessen en een geraspte sinaasappelschil; met appel en geraspte citroenschil + een theelepel nootmuskaat; met kersen en amandelextract; met ananas en gehakte pecannoten.

12 DE MOCRO MAFFIA: COCKTAILS EN CHAMPAGNE

Geen pittige geur van knoflook die net in de olijfolie wordt gesmoord of de verfijnde dampen van een caponata deze keer. De misdaad van de *Mocro Maffia* wordt zelden beraamd in restaurants met gesteven tafellakens en zilveren couverts, maar in de zoete walmen van hasj in een coffeeshop, de frituurdampen in de shoarma-snackbar of bij een afhaalpizzeria. Of tijdens het drinken van een *smoothie* met een snelle snack in een broodjeszaak in de Amsterdamse Pijp. Lurkend aan een waterpijp in een *shisha lounge* in de hoofdstad wil ook nog wel eens een plan voor lucratieve inkomsten te binnen schieten.

Deze criminelen staan sinds zo'n jaar of acht bekend als de beruchte 'jonge Holleeders', maar hun wieg stond niet in de Amsterdamse Jordaan. Sommigen kwamen op jonge leeftijd vanuit de Rif of Noord-Marokko naar Nederland. Anderen werden als tweede of derde generatie hier geboren in *schotel-city*, de flatwijken in Amsterdam-West. Bloedige afrekeningen in het criminele circuit zetten de Mocro Maffia in Nederland op de kaart.

Boeken en films – die ooit waren bedoeld als verstrooiing voor het publiek – golden voor de Italiaans-Amerikaanse maffia als 'vakliteratuur'. Zó ging het ook met de jonge Marokkaanse criminelen in Nederland. Deze criminelen van Marokkaanse afkomst spiegelden zich niet aan de Amerikaanse godfather Don Corleone, maar aan de rauwe werkelijkheid van de Siciliaanse 'mannen van eer' met hun opvatting: 'Wie niet betaalt met bloed, zal moeten rekenen op tranen.'

Waar de Mocro's hun inspiratie vooral vandaan haalden, werd ontdekt door de journalisten Wouter Laumans en Marijn Schrijver[1]. Hun komt de eer toe dat ze van binnenuit deze nieuwe onderwereld beschrijven in *Mocro Maffia*. *Parool*-verslaggever Paul Vugts volgde in zijn boek *Doorgeschoten*[2] de criminele carrières van de Marokkaanse lastpakken die zich ontwikkelden tot gevaarlijke misdadigers. Hij duidde de achternamen van deze nieuwe generatie 'onstuitbare criminelen' aan met een initiaal: 'omdat ze eigenlijk nog een toekomst voor zich zouden moeten hebben'.

Maar het lot besliste anders.

Rode wijn

De jonge Marokkaanse boeven vonden hun rolmodellen – hun helden – in de Italiaanse docudrama *Corleone*, uit 2007. Het is een miniserie over Salvatore 'Totò' Riina, il capo dei capi. Ze zouden de scènes uit *Corleone* bijna letterlijk in het Italiaans hebben kunnen naspelen. De jongeren voelden verwantschap met de keiharde strijd die de Siciliaanse crimineel Riína moest leveren om uit te groeien tot een van de belangrijkste en meest gevreesde kopstukken van de Italiaanse maffia.

Wat sprak hen zo aan in deze maffioso?

Totò en zijn vrienden waren arm en kwamen uit het dorp Corleone. Ze breidden met geweld hun territorium uit, om zo terecht te komen in de grote stad Palermo. De kleine clan bemachtigde daardoor een aandeel in de gezamenlijke drugshandel van La Cosa Nostra en deelde navenant mee in de winst. Maar dát was voor Totò niet genoeg, hij wilde de andere 'famiglias' inlijven – de baas der bazen worden. Je ziet de nog jonge Totò aan het hoofd van de eettafel zitten. Een van zijn mannen durft te betwijfelen of ze de strijd met de andere clans wel kunnen winnen. Totò staat daarop onmiddellijk op en slaat met zijn hand keihard op de tafel. De rode wijn sijpelt over de randen van de glazen die net zijn gevuld. Riína roept uit: 'De honger! Onze kracht is de honger! In Palermo weten ze niet wat dat is. Maar ík wel. Dat vergeet je van je leven niet meer.'

Dat verhaal hadden de Mocro's in hun jeugd eerder gehoord. Van hun vaders of opa's die vanuit de bergen in de Rif of de Atlas naar Europa trokken omdat er niet genoeg eten was in hun dorpen.[3]

Riína werd inderdaad een machtig man – dankzij een reeks snelle en bloedige liquidaties. In de dvd-serie leek het dus niet al te moeilijk om, al was het dan maar in de misdaad, te stijgen in de maatschappij. De jongens in de buitenwijken van Amsterdam hadden het gevoel dat het hun ook niet al te veel moeite zou kosten om net als de Siciliaanse don een greep naar de macht te doen in het hoofdstedelijke criminele milieu.

Uit hun justitiedossiers blijkt ook dat zij vonden dat ze eindelijk wel eens gerespecteerd wilden worden. Als dat niet goedschiks ging, dan maar kwaadschiks. Ze wilden domineren in de drugshandel, eindelijk veel geld verdienen. Net als bij de maffia valt bij de 'incidenten' waarbij ze waren betrokken veelvuldig het woord 'respect' – althans, het achterwege blijven ervan. Het gevolg van dit alles was een moordende concurrentiestrijd, die een explosie van geweld in Amsterdam veroorzaakte: een reeks moorden in gangsterstijl. Er vielen slachtoffers onder kennelijk rivaliserende Surinaamse en Antilliaanse drugshandelaren, maar ook de Mocro's zelf hadden Marokkaanse vrienden te betreuren.

Marokkaanse BN'ers

Hoe anders werd eerder tegen de criminaliteit onder Marokkanen aangekeken. De hoogleraren Frank Bovenkerk en zijn collega Cyrille Fijnaut hadden voor hun blauwdruk van 'de georganiseerde misdaad in Nederland' natuurlijk ook naar deze migrantengroep gekeken.[4] Het thuisland Marokko was halverwege de jaren negentig immers als een komeet omhooggeschoten onder het firmament van drugsexporterende naties. Smokkelen vormde een belangrijke vorm van inkomsten, zowel in Marokko als in Nederland. Opmerkelijk was dat de criminologen in hun rapport schreven dat de Marokkanen op dat moment weinig gewelddadig waren in vergelijking met de Hollandse penoze. Ook toen al vonden er al veel afrekeningen plaats in het hoofdstedelijke criminele milieu. Bovenkerk en Fijnaut waren via de Nederlandse politiekanalen slechts gestuit op één rippartij óp Marokkanen. Ook was hun ter ore gekomen dat een Marokkaanse coffeeshophouder rolluiken voor zijn zaak had moeten aanbrengen omdat iemand wraak wilde nemen omdat hij inferieure waar zou hebben geleverd. En er was sprake geweest van een gijzeling van een Marokkaan door een Nederlandse bende.

Een aantal jaren later deed Bovenkerk opnieuw onderzoek naar criminaliteit onder migranten. Hij verdiepte zich daarvoor in de psyche van de crimineel die een carrière ambieert als godfather. Sociologisch bezien kan de georganiseerde misdaad zorgen voor sociale stijging van jongens uit de volksklasse, stelde hij. Vrijwel alle (Nederlandse) maffiabazen waren afkomstig uit de laagste volksklasse, zo was hem gebleken. De resultaten van zijn onderzoek publiceerde hij in een boek: *Misdaadprofielen* (2001). Een andere conclusie van hem is dat 'emigrantengroepen die zich op verschillende plaatsen in de wereld hebben gevestigd, overeenkomstige vormen van georganiseerde criminaliteit vertonen'.

En zo lijkt het nog steeds te gaan.

Er bleek alleen iets vreemds aan de hand te zijn. De criminaliteit onder de Marokkanen in Nederland blijkt gierend uit de hand te zijn gelopen in vergelijking met de landen om ons heen. Bovenkerk deed daarom in 2014 opnieuw een veelomvattend internationaal onderzoek,[5] waarbij hij heeft getracht om een verklaring voor dit fenomeen te vinden. Hij weet het aan de open structuur van de Nederlandse samenleving en het gebrek aan sociale controle. Dat zou Marokkanen niet alleen kansen in de criminaliteit hebben geboden, het zorgde tegelijkertijd óók voor maatschappelijk succes van deze groep migranten, of hun kinderen. Naast de ABC'ers – de Amsterdamse Bekende Criminelen – kende Nederland immers een groot aantal BN'ers van Marokkaanse afkomst. Die laatsten hadden carrière gemaakt in de politiek, de media, de sport of als schrijver,[6] zoals bijvoorbeeld Hassan Bouazza, Mano Bouzamour[7] en Abdelkader Benali. De uitkomst van Bovenkerk was auteur en tv-maker Benali ook al opgevallen. In een interview zei hij ooit: 'Wij Marokkanen doen altijd alles heel goed, of het nu om stelen of om schrijven gaat.' Kortom, de weegschaal met de ijkpunten goed en kwaad kan dus van de ene kant naar de andere kant uitslaan.

McDonald's

Abdelkader Benali zelf heeft over media-aandacht voor zijn werk niet te klagen. Hij werd op zijn beurt gefascineerd door een andere Marokkaan, die zich eveneens in *the picture* van de pers had gespeeld: Badr Hari, kampioen kickboksen. Badr werd in zijn gemeenschap op handen gedragen vanwege zijn sportieve prestaties. Tegelijkertijd werd de bokser gevreesd omdat hij moeite had met de regels in de ring en kennelijk ook daarbuiten. 'Bad Boy' was een van de bijnamen die hij zich in de ring had verworven. Benali schreef een roman over hem.

'Hari is een jongen van het volk, opgegroeid in Amsterdam-Oost. Zijn extreme aaibaarheid en extreme gewelddadigheid lijken elkaar uit te sluiten. Hoe die twee in één mens kunnen bestaan, riep bij mij vragen op,' zei Benali in een interview toen zijn roman *Bad Boy* in 2014 uitkwam. Hij had nooit met Hari gesproken, benadrukte hij tegenover de verslaggever, hij wilde geen biograaf zijn. Benali: 'Als ik uit zo'n gesprek ook maar één regel had gebruikt, zou mijn boek geen roman meer zijn.'[8]

Het zou misschien grappig zijn geweest als de twee elkaar ooit wél zouden spreken. Want ze hebben meer gemeen dan ze denken, tenminste als het gaat om eten, lijkt het. Benali schreef sindsdien (samen met Saida Nadi-Benali) een prachtig kookboek, *Casa Benali*[9], en de kickbokser liet zich in zijn eigen biografie *Badr Hari* door Maarten Bax erop voorstaan dat hij een 'bourgondiër' is. 'Al stond hij soms even stil bij een McDonald's.'

Gespreksstof te over dus over koolhydraten en lekkere couscous.

Pikante salami

Lang leek er nauwelijks een vuiltje aan de lucht in de flitsende carrière van de fenomenale kickbokser die in korte tijd meervoudig kampioen werd. Roem, geld en mooie vrouwen, onder wie 'glamour babe' Estelle Cruijff, vielen de sportheld Badr ten deel. Als hij een broodjeszaak binnenstapte, wilden meisjes met hem op de foto als was hij een filmster. Auteur en filmmaker Leon de Winter schreef dat Badr een rolmodel was voor jonge Marokkaanse immigranten. Voilà: het leven van de knuffelmarokkaan in een notendop. Maar wie hoog stijgt, kan ook diep vallen.

De media vielen in 2012 massaal over Badr heen toen bekend werd dat hij betrokken was bij een zware mishandeling tijdens het dancefeest Sensation White in de Amsterdamse Arena. Hari zou de zakenman Koen Everink in een skybox een doodklap hebben verkocht. Volgens Hari deelde hij slechts een tik uit met de buitenkant van zijn rechterhand. Everink, die dronken was, had zijn vriendin Estelle Cruijff beledigd. Everink zou haar hebben gevraagd of het geld van haar ex-partner Ruud Gullit soms op was. Hari zelf meende dat alle gezonde mannen – zeker die met een mediterraan temperament – zo'n schampere opmerking niet over hun kant zouden hebben laten gaan. Hari: 'Wij zijn misschien iets gevoeliger dan nuchtere Nederlanders. Wij zijn zo opgevoed dat je eer heel belangrijk is, dat je die met je leven moet beschermen.'

Hari zat voor de geweldpleging in voorarrest, maar werd al snel vrijgelaten onder de voorwaarde dat hij zich even niet in horecagelegenheden liet zien. Maar na drie dagen werd de 'Bad Boy' alweer door justitie aangehouden. Hij had zich nu eenmaal niet aan de afspraak gehouden.

Wat was er gebeurd?

Badr Hari had met zijn vriendin Estelle 'even een broodje gegeten bij Moustache'. In dit etablissement in de Utrechtsestraat in Amsterdam hadden ze elkaar ooit voor het eerst ontmoet. Badr noemde het een 'lunchzaak' en sprak over een 'misverstand'. Hij had gedacht dat hij alleen niet in dansgelegenheden mocht komen. Maar omdat er *Bar* voor de naam Moustache stond vielen sensatiejournalisten toch weer over hem heen. Op de kaart staan weliswaar luxebroodjes 'met extra pikante salami' of 'tallegio kaas uit de oven met rucola en avocado' voor de lunch, maar in Moustache kan ook uitgebreid gedineerd worden. Op de menukaart staan lekkere gerechten als 'zwaardvis, tortellini met pompoen en lamsrack in eigen jus'. Maar vooral ook mooie wijnen, waaronder een Barolo ('In de mond vechten rood fruit en rozenblaadjes om voorrang. Het is een grote hap kersen').

Het klopte dus dat Bar Moustache een heuse horecagelegenheid is, al zien anderen – vooral hippe Amsterdammers – er louter een plek in waar ze 's ochtends alleen maar even binnenwippen voor een cappuccino of een espresso. Niet direct een plek dus waar zich wilde taferelen afspelen zoals in een skybox of een discotheek waar de alcohol rijkelijk vloeit, waardoor de grenzen van het betamelijke kunnen vervloeien en uitmonden in geweld.

Poffertjes

De 'harde werkelijkheid' achter het nog jonge leven van Badr Hari leende zich ervoor om te worden opgeschreven – niet alleen in romanvorm. Voordat de kickbokser zelf zijn leven op papier liet zetten, lag er ook al een andere biografie, *Badr* (2013), van de hand van Jens Oldekater in de winkel. Deze misdaadjournalist zette de tweevoudige kickbokskampioen neer als iemand met een januskop, een persoon die charmant maar tegelijkertijd ook heel bedreigend kon zijn. Een jongen die van jongs af aan rijk wilde worden met kickboksen en die zijn respect opeiste door angst in te boezemen. Volgens Badr stond dit boek vol 'leugens en onwaarheden'. Het was de aanleiding voor zijn eigen boek, waarvoor hij werd geïnterviewd door sportjournalist Bax. Dit verscheen in 2014.[10] Als kind had Badr astronaut willen worden, vertelde hij hierin. Maar als kickbokser wilde hij anderen 'naar de sterren sturen'.

De jeugd van Badr Hari lijkt op die van menige andere Marokkaan in Amsterdam. Zijn zakgeld verdiende hij bij zijn oom. Die heeft een kraam op de Albert Cuypmarkt. Het geld zette hij meteen om in poffertjes en patat. Er schemert zelfs al een klein beginnetje in door van een bestaan in de marge. Badr: 'Scootertjes jatten vonden wij normaal.' Maar Hari zou en wilde schitteren. De kickbokser praat in cruijffiaanse wijsheden over zijn kindertijd en over zijn latere optreden in de ring. Hij verwijt de media dat die hem hebben neergezet als een kille vechtmachine die ook buiten de ring zijn handen niet kan thuishouden.

'Een bakker brandt zijn handen ook wel eens aan de oven,' meent Badr Hari. En: 'Waar ik werk, vallen klappen.' Hij verhult niet dat hij ook vrienden had en heeft onder de Amsterdamse Bekende Criminelen. Hij bokste ooit in een shirt met de tekst 'Gwenneth For Ever' (de geliquideerde Antilliaan Gwenneth Martha[11]). Achter deze vriendschap mocht het publiek niets verdachts zoeken, bezwoer hij zijn biograaf. Gwenneth had hem juist op het rechte pad gehouden. 'Als ik geld nodig had, stond hij er.' Zelf is Badr geen crimineel, legt hij uit. 'Als ik een vriend van Willem-Alexander ben, heb ik dan ook blauw bloed?'

En ja, Badr kent Willem Holleeder en de oud-vicepresident van de Hells Angels Harry Stoeltie, zegt hij desgevraagd tegen zijn biograaf. Maar: '*Who the fuck* ben jij om over mij te oordelen?' Badr geeft toe dat hij van de Hells Angels wel eens vijfhonderd euro na afloop van een wedstrijd had gekregen. Dat waren toch inkomsten, want de dure merksponsors wisten hem immers niet te vinden.[12]

Badr heeft ook iets met voedsel, met eten. Hij roemt de puurheid van de mensen in Marokko, waar je zomaar bij iedereen kunt aankloppen en aanschuiven aan tafel. Maar al is hij een fijnproever, als het om de voorbereiding van zijn bokswedstrijden gaat, is hij streng voor zichzelf. Even geen brood, zelfs laat hij zo nodig pasta of friet met mayonaise staan. Zijn recept om in vorm te zijn tijdens zijn training geeft hij ook nog prijs aan zijn lezers. Dan eet hij twaalf tot dertien eieren op een dag. 'Van tien alleen het eiwit en de andere ook het eigeel. Daar maak ik roerei van. Daar leg ik dan twee of drie plakjes kipfilet op, peper en zout. Het is smakeloos, maar effectief.'

Ook vertelt Badr over de feesten die hij vierde met zijn vrienden: een weekend Parijs, New York of Ibiza of zijn eigen land Marokko. Dan gaan de champagneflessen open. En niet zo weinig ook. In Nederland zouden ze meteen een stel asocialen zijn, erkent hij. Zo zou hij ooit met een mannetje of twintig 132 flessen hebben opengetrokken. 'Kijk, als je wat te vieren hebt, heb je ook wat te vieren op het leven.'

In de zomer van 2015 lijkt de bravoure van Badr Hari enigszins getemd als hij voor het Amsterdamse gerechtshof moet verschijnen. Het gaat over de mishandeling van Koen Everink in de skybox van de Arena en andere eerdere geweldsincidenten in uitgaansgelegenheden.[13] Eerder al had Badr verteld dat hij bijvoorbeeld bewust niet naar de première was gegaan van de film *Wolf*, die over kickboksen en criminaliteit gaat. Daar voelde hij zich niet door aangetrokken.

Tijdens deze rechtszaak vertelt de kickbokser dat hij gesprekken voerde met een psychiater. Hij is nu voorzichtig met mededelingen over zijn privéleven omdat hij een kindje heeft. Hij biedt ook de mishandelde zakenman Everink zijn excuses aan voor wat er was gebeurd tijdens het dancefeest. Badr Hari vond het allemaal heel treurig. 'Het had nooit mogen gebeuren. Dat meen ik oprecht.'[14]

Champagne

In Marokko lijkt het voor jonge Mocro's alle dagen feest. De nachtclubs in hun thuisland hebben tegenwoordig een 'Tony Montana-achtige' allure, constateert Wouter Laumans in de zomer van 2015 in *Panorama*. Het blad ging na waar de Mocro's hun vakantie vierden. De misdaadjournalist reisde hiervoor af naar de Avenue Mohammed IV, de boulevard van Tanger, die vergeven is van uitgaansgelegenheden en restaurants. 'Het zwarte geld uit Nederland is hier meer dan welkom,' merkt Laumans op. 'Jonge Marokkanen uit Europa strooien hier met bankbiljetten alsof ze profvoetballers zijn. Ze gaan voor de beste tafel, de meeste flessen, het duurste horloge, de dikste auto en het lekkerste meisje.' Het nachtleven in Marrakech was nog bruisender, volgens het blad. Zelfs BN'ers als Wesley Snijder en de ex-profvoetballer Winston Bogarde werden er gespot.

In de *Mocro Maffia* beschrijft Laumans eerder ook al hoe de stijgers op de criminele ladder zich meten met geslaagde ondernemers uit de bovenwereld. Hij zag hoe de feestvierende Hollandse Mocro's tijdens een jaarwisseling grif tienduizend euro neertelden voor een tafeltje in Snob of Club 555 in Tanger of Marrakech. 'Op de VIP-tafels staan grote schalen ijs met daarin allerlei flessen alcohol en frisdrank. De prijs van een fles wodka of whisky is 132 euro. De kelner die de bestelling brengt houdt een vuurwerkfontein in de lucht, zodat iedereen kan zien wie de big spender is.' Hoe groter de bestelling, hoe meer vuurwerkfonteintjes: 'Aandacht en aanzien gegarandeerd.'

De jonge Mocro's leven als moderne gangsters in *the fast lane*. In de strijd om hegemonie in de misdaad vonden sommigen van hen inmiddels al de dood. Anderen zitten in de gevangenis, en worden berecht of zijn op de vlucht. De werkelijkheid uit de Nederlandse Mocro-dossiers van justitie over de onderwereldoorlog heeft overeenkomsten met de maffiapraktijken uit de Siciliaanse *Corleone*-serie, al zijn er nog weinig pentiti van Marokkaanse komaf te bekennen.

Het leven in de straten van Amsterdam-West lijkt inmiddels de filmbeelden te hebben ingehaald.

Pasta voor pentiti

Maffiosi moeten vaak over hun schouder kijken. Niet alleen om uit handen van de politie te blijven, maar ook omdat hun eigen 'vrienden' hen willen ombrengen omdat ze 'verraad' hebben gepleegd. Op de vlucht is een gezellige keuken met een grote oven er niet bij. Henri Hill is een van Amerika's bekendste *pentiti,* die zich jarenlang moest schuilhouden in een getuigenbeschermingsprogramma. Als kroongetuige had hij een boekje opengedaan over zijn kameraden in the Mob. Die waren door zijn openhartige verklaringen veroordeeld tot jarenlange celstraffen.

Hill schreef eind jaren tachtig behalve zijn memoires[15] – zie het volgende hoofdstuk – ook een receptenbundel met anekdotes en tips, *The Wiseguy Cookbook*[16]. Hij vond dat hij en zijn bewakers in zijn *safehouse* soms zaten opgesloten 'als de koeien in Omaha die wachten om naar het slachthuis te worden gebracht'.

Hill wilde onder allerlei omstandigheden kunnen koken. Het leidde de spijtoptant een beetje af van de stress waaraan hij blootstond omdat hij zich aldoor moest verbergen. Zelf mocht Hill geen inkopen doen (bestellen via internet was nog niet mogelijk), dus moest een van de politiemannen met zijn boodschappenlijstje op pad. Die man wist aanvankelijk niets van de Italiaans-Amerikaanse keuken, maar hij ontpopte zich al snel als een liefhebber van Hills maaltijden. Zozeer zelfs, dat hij bij Hill de kunst van het koken afkeek. De man nam ontslag bij de politie om vervolgens als chef-kok aan de slag te gaan.

Wie zich moet schuilhouden kan niet altijd de gewenste ingrediënten bemachtigen. Verse tonijn is niet altijd voorhanden, maar met vis in blik is ook niets mis, volgens Hill.

Pasta voor 'on the run'
(4 tot 6 personen)
500 gram linguine
6 tenen knoflook, gehakt
6 eetlepels olijfolie
½ rode peper (als je die te pakken krijgt) zaadlijsten eruit en klein hakken
2 blikken van 170 gram tonijn – liefst Italiaans merk
6 tot 8 zwarte olijven (naar keuze: in kleine stukjes of in plakjes gesneden)
1 eetlepel kappertjes
een handvol vers geknipte peterselie
1 eetlepel citroensap
ruim 25 gram vers geroosterd broodkruim of paneermeel.

Kook de pasta in een grote pan met heet water en zout 'al dente'. Afgieten. Eén kopje kooknat bewaren.

Fruit in een grote koekenpan op een middelheet vuur de knoflook (1 à 2 minuten), voeg de rode peper toe (30 seconden). Daarna gaat de tonijn uit het blik (met de vork in stukjes) en het pastawater ook in de koekenpan. Het geheel aan de kook brengen.

Voeg daarna de pasta toe samen met de olijven en de kappertjes. Alles door elkaar husselen en door en door heet laten worden in 1 à 2 minuten. Strooi vervolgens de peterselie over de pasta en besprenkel naar believen met citroensap. Roer daarna nog eenmaal alles goed door elkaar. Schep op de borden en strooi hierover het geroosterde broodkruim.

Tot slot nog een extra tip van Hill voor wie 'in de problemen' zit. Als mobster denkt hij daarbij aan een arrestatieteam of aan zijn criminele vijanden die het op hem hebben gemunt. Op zo'n moment is het tijd voor de snel gare *capellini* ('engelenhaar'):

'Nog voordat de deur is ingetrapt, heb je je bordje pasta al op.'

Maar het is ook een handig weetje voor wie gewoon haast heeft in het leven.

14 KOKEN IN DE GEVANGENIS

Eten is voor een maffioso net zo belangrijk als het versieren van een vrouw of het omkopen van een politieman, volgens de Amerikaanse *mobster* Henri Hill. Zijn uitspraak: 'Wanneer zag je ooit een schriele gangster aan een lege tafel?'[1] is typerend voor hoe beroepscriminelen in het leven staan. Ook als boeven in de gevangenis belanden willen ze als eerste weten wat de pot schaft, dan wel of ze zelf mogen koken.

Henri Hills carrière in the Mob is verfilmd door Martin Scorsese. Hij is de hoofdpersoon in een van de bekendste maffiafilms: *Goodfellas* (1990). Hills grootvader zat nog bij de bende van De Zwarte Hand. Zijn kleinzoon wilde van jongs af aan ook maar één ding: maffioso worden, net als ooit Joe 'de Klauw' Morello. Maar dan wel een kokende maffioso. Als tiener hielp Hill al in een pizzeria waar de maffia de scepter zwaaide en hij voor de mannen ook andere kleine klusjes moest opknappen.

Zijn misdadige leven leverde hem eind jaren zestig voldoende revenuen op. Hij durfde een meisje uit te vragen en imponeerde haar met bezoeken aan clubs en met dure etentjes. Zo gingen ze naar The Empire Room, de Dance & Dining Club in het Waldorf Astoria Hotel, waar de beroemde zangeres Shirley Bassey optrad. Iedereen kende Hill daar, de maffioso kreeg er het mooiste tafeltje. Op een avond werd het stelletje zelfs een fles champagne aangeboden door Sammy Davis jr. Als het te druk was en er lange rijen voor de club stonden, mocht Hill naar binnen via de keuken, waar de koks aan het werk waren. Wie bij the Mob zat, werd gerespecteerd, wilde hij maar zeggen.

Hill behoorde niet tot de top van een maffiaclan. Hij was wel betrokken bij drugshandel en spraakmakende overvallen en moorden. Hij wist ook waar de lijken begraven lagen of werden verstopt. Een van die doden was zo stijf bevroren in een koelwagen, dat toen de man werd ontdekt de patholoog pas na twee dagen onderzoek kon doen. Hill belandde vanwege de overvallen op vrachtauto's echter ook regelmatig met andere leden van zijn 'famiglia' in de gevangenis.

De Italiaans-Amerikaanse maffiosi zaten in die tijd bij elkaar in een vleugel: ze noemden zich 'wiseguys'. Het bajesleven viel ze in de jaren zeventig, tachtig niet zwaar, volgens Hill. Ze kookten met elkaar en kletsten eindeloos over eten. Ze dronken koffie, legden een kaartje en genoten van hun maaltijden. Gezien het misdrijf – de handel in illegale waar – waarvoor ze waren aangehouden, zaten de gangsters maar een paar maanden achter de tralies. Maar goedkoop was het gevangenisleven niet, volgens Hill. Ze hadden hun eigen potten en pannen en gasfornuizen aangeschaft. Dankzij corrupte bewaarders konden ze beschikken over een oneindige voorraad verse spullen: kreeft, kalfsvlees, biefstukken en zelfs wijn. Hill: 'Het kostte ons groepje tweeduizend dollar per maand, het eten nog niet meegerekend.'

Maffiosi zijn onafhankelijke mannen omdat ze kunnen koken, meende Hill. De meesten waren er ook goed in, vond hij. Italiaanse jongens groeiden immers op in de keuken van hun moeders. Nog voordat ze konden praten, leerden ze al sperziebonen afhalen en artisjokken klaarmaken. Of ze moesten de verse pastaslierten over de rugleuning van de stoelen te drogen hangen. Italianen en Italiaanse Amerikanen hebben van la mamma of la nonna geleerd dat je vooral geduld moet hebben als je een goede maaltijd wilt bereiden, stelde deze maffioso.

In *Goodfellas* speelt de acteur Ray Liotta voor Henri Hill. Je ziet hem in de gevangenis als een chirurg bezig met de bollen knoflook. Het leverde een kookscène op die bij menigeen meteen weer op het netvlies staat. Hill snijdt met een scheermesje tergend langzaam de knoflooktenen in ultradunne plakjes. In de gevangenis hadden de maffiosi daar tenminste eindelijk de tijd voor. Hill had die truc van zijn moeder afgekeken. Zij had hem geleerd dat alleen zó een perfecte tomatensaus kan worden bereid. Hill: 'En nooit suiker erin. Nooit. Als de tomaten uit het blik van slechte kwaliteit zijn, voeg dan een half geraspt worteltje bij de saus.'

Kokende criminelen. Ook in de Nederlandse gevangenis werd en wordt zo de tijd 'bekort'.

Gefrituurde aubergine

Eind jaren 2000 kreeg ik slechts met moeite toestemming voor een reportage van een aantal dagen in een Rotterdamse gevangenis. Ik keek verbaasd op van de keukenmessen aan de muur in de kamer bij de bewaarders. Ook een grote scherp geslepen wildschaar om de botten van een kip te kraken ontbrak er niet. Als een detineerde erom vroeg reikte de bewaarder hem zo'n scherp voorwerp gewoon aan.

Als leek verwacht je dat niet in de Nederlandse gevangenis. Maar gedetineerden konden in deze gevangenis in de recreatietijd koken. Na afloop diende het keukengereedschap weer te worden ingeleverd.

Het rook in het Rotterdamse cellencomplex voortdurend hongerig makend naar pittige Surinaamse kippenbouten.

Mijn VN-collega Margalith Kleijwegt mocht eerder in 1986[2] al wekenlang van 's morgens vroeg tot 's avonds laat bivakkeren in de Scheveningse bajes. Ze deed daar uitvoerig verslag van in het weekblad. Ze at er op de A-vleugel met beruchte topcriminelen zoals de toen nog jonge Charlie da Silva van de bende van Klaas Bruinsma. Diezelfde Charlie zou in 2003 nog eens het nieuws halen. Hij was allang weer op vrije voeten toen misdaadverslaggever Peter R. de Vries hem opzocht in zijn vaderland Chili om meer te weten te komen over de vriendinnen van Klaas Bruinsma. Toen een precaire kwestie: een van hen zou de huidige prinses Mabel (Wisse Smit) zijn geweest. Op dat moment was er in Nederland parlementaire onrust over haar aanstaande staatshuwelijk omdat ze mogelijk haar vriendschap met deze zware misdadiger had verzwegen tegenover de premier. Da Silva, daarmee geconfronteerd, riep in de uitzending de legendarische woorden: ‘Maar zij was die wijf van die Lange.’

Ook topcrimineel Stanley Hillis, die in 2011 werd geliquideerd, zat destijds in Scheveningen op de A-vleugel een straf uit voor zware overvallen. Kleijwegt schoof bij ze aan voor een bord met spaghetti, biefstuk en ijsbergsla.

Op de B-vleugel, waar de Italiaanse gangsters zaten, werd haar zelfs een driegangendiner geserveerd door Gianni en zijn landgenoten. Duitsland bleek om Gianni’s uitlevering te hebben gevraagd. Hij was betrokken geweest bij een overval in een Italiaans restaurant. De maffiosi hadden in die zaak eerst uitvoerig gegeten voordat ze met hun wapens de andere gasten tegen de muur hadden gezet. Pas daarna hadden ze de eigenaar gedwongen om zijn kas af te staan. Uiteraard ontkende Gianni dit alles. Toen de Italiaan kookte, stond zelfs de gang in de B-vleugel blauw van de olijfoliewalm. De verslaggeefster kreeg allereerst pasta voorgezet met tomaten, een beetje peterselie en gefrituurde plakken aubergine. Daarna volgden fricandeau met champignons, gekruid met knoflook en peterselie. Het gevangenisbrood stond op tafel ter vervanging van de ciabatta. Er was fruitsalade toe, gevolgd door een espresso en een jointje.

Tijdens het eten schepte een van de andere Italiaanse criminelen op dat hij 'buiten' regelmatig uit eten ging. Vooral Dynasty in de Amsterdamse Reguliersdwarsstraat roemde hij. Hij zat er zelfs een keer naast Freddy Heineken, pochte hij. Hij waardeerde het restaurant vooral zo omdat 'er zoveel gerechten tegelijkertijd op tafel kwamen'.

Ossenhaas

Soms lijkt ook de Nederlandse onderwereld in zijn eigen *Goodfellas* verzeild te zijn geraakt. Eind jaren '90, begin 2000 was ook de gevangenis in het Drentse Veenhuizen meer een gezellig jongenshonk dan een strafinstelling. De schalen met eten bleven komen en de drank vloeide rijkelijk, herinnert Martin Kok zich. De crimineel, nu misdaadweb-blogger, was er zelf bij. Hij had er de mooiste tijd van zijn leven, zegt hij. Zijn medegevangene Cor van Hout was niet alleen buiten een 'boss', ook binnen showde hij zijn celgenoten dat hij goed in de slappe was zat. Hij was de man met de flappen waarmee ossenhaas en andere luxe eetwaar konden worden aangeschaft, vertelt Kok. Zelf werkte de crimineel destijds in de groentetuin, die naast de bajes lag. De boer was zijn vriend. 'Alles wat we aten was vers.'

Een Italiaanse medegevangene – een kok uit Den Haag – kookte voor Van Hout en zijn gappies. Het was een eer om bij Cor aan tafel te zitten, volgens Kok. Martin, zoon van een Volendamse visboer, zorgde voor de maaltijden met gamba's en tong 'zo groot als prentenboeken'.

Kok is ervaringsdeskundige. Hij zag na Veenhuizen de muren van vrijwel elke gevangenis in Nederland. Hij zat bijvoorbeeld ook in Vught toen Willem Holleeder daar in 2007 gedetineerd was. 'Holleeder had jicht. Hij moest vis eten.'

Martin Kok hemelt nog altijd Van Hout op als zijn beste

vriend, maar voor 'Willem de kneus' heeft hij tegenwoordig geen goed woord meer over. In 2015 trok Kok als gast in het tv-programma van Jeroen Pauw voor de camera een lange neus tegen Holleeder, die hij beticht van schuld aan de dood van Cor. Martin Kok zelf had trouwens ook een lange straf wegens gewelddaden en twee moorden. Volgens hem betrof het eerste slachtoffer een 'lastpak in het café' en de tweede moord was op 'de vriend van mijn ex van wie ik m'n kinderen niet mocht zien'. Hij is daar erg open over. Hij zette zelfs zijn justitiedossiers met foto's en al op internet. Kok: 'Ik ben een boef en ik vind dat als je wordt gestraft je niet moet piepen. Zo'n straf zit je uit. Klaar.'

Kok was bovendien een erg creatieve gedetineerde, die de regels van het gevangenisregime tartte. Ook toen hij in de cel zat had ik contact met hem. Hij schreef en belde. Hij zette vanuit zijn cel een escortservice op voor zijn medegedetineerden. 'De hoeren, mooie nette meiden hoor, gingen eerst als vriendin bij een gevangene op bezoek. Na een paar visites kon er dan een bezoek zonder toezicht worden geregeld!' Lachend. 'Met schone lakens en handdoeken van justitie.'

Van Martin Kok hoor je over zijn detentietijd niets dan goeds als het om eten gaat. In de afgelopen jaren stuurde hij me vaak als bewijs voor het 'goede leven' de labels van zijn gevangenismaaltijden op. Koosjere maaltijden kreeg hij. Biefstukken, kalfsoester en zalm. Verse groenten: ratatouille, gebakken aardappelen. Zijn broodjes en vleeswaren kwamen speciaal alleen voor hem van Sal Meijer uit Amsterdam. En nee, om al dat lekkers in zijn cel te krijgen had hij niemand omgekocht.

Martin, uit het katholieke Volendam, had eerder zijn ogen goed de kost gegeven. Hij had gemerkt dat een medegedetineerde, 'Jantje Rolex', die de rabbi bezocht, als enige op de afdeling over een eigen kooktoestel en pannen kon beschikken. Hij had bovendien zelfs een eigen ijskast in de gezamenlijke recreatieruimte, zodat hij zijn melkproducten gescheiden van zijn vleeswaren kon bewaren. 'Natuurlijk pikten de anderen eruit,' lacht Kok. 'Dat eten van hem was achtmaal duurder dan het gewone gevangenisvoer.'

Sindsdien gaf Martin Kok bij de administratie op dat hij 'joods' was, al klopte dat van geen meter. Dat betekende dus ook dat hij als geestelijk raadsman een rabbi kreeg toegewezen. Maar dat nam hij op de koop toe, zegt hij. Hij vond dat zelfs wel prettig. Volgens de slimme Volendammer kregen de andere gedetineerden destijds 'een opgewarmde, doorgekookte prak' en kon hij dineren als een prins, al zat hij achter de tralies.

Zoete wijn

Voedsel is belangrijk als het tegenzit. Want ook dan wil een maffioso niet aan macht inboeten. De Corleonese godfather Totò Riína had, toen hij nog zijn triomfen vierde, veelvuldig feesten gegeven als een van zijn 'soldaten' werd ingewijd. Dat waren braspartijen alleen voor de mannen, in de openlucht, bij landhuizen, die zes tot zeven uur duurden. Er was een scala aan antipasti: van gedroogde ham en mozzarella tot gevulde paprika's en aubergines. Daarna volgden de pasta's, en de verse vis en het vlees van de barbecue. Die maaltijden werden besloten met koekjes en cannoli, het zoete gebak met ricotta en gekonfijte vruchten. Het geheel werd weggespoeld met rode en witte wijn en champagne. Een pentito zei hierover:[3] 'We propten alles naar binnen en mochten niets weigeren. Als je dat deed, kreeg je de wind van voren.' Riína kookte graag zelf. Bij een van de partijen had hij een wildschotel bereid. Toen een van de andere bazen vroeg wat ze aten, zei Totò: 'Eet het eerst maar op, dan zal ik het straks vertellen.' Toen de godfather dat deed en onthulde dat ze vossenvlees hadden gegeten, liepen sommigen van zijn gasten weg om buiten het zicht subiet over te geven.

Maffiosi zijn 'geen liefhebbers van de nouvelle cuisine', meent Ignazio De Francisci.[4] Deze Italiaanse hoofdaanklager was een van de maffiajagers van het eerste uur. Begin jaren 2000 had deze magistraat zich eveneens verdiept in het eten van de maffia:[5] 'het DNA van de "mannen van eer"', zoals hij dat noemt.

De maffiakeuken bleek verbonden met de wereld van de schaapherders. Alleen de lagere goden lieten in de gevangenis wel eens kreeft aanrukken om indruk te maken. 'De echte leiders zweren bij schapenvlees. Ze gaan voor veel en vet,' meende De Francisci. Hij was er inmiddels achter gekomen dat de leden van La Cosa Nostra niets anders op tafel zetten dan wat de Siciliaanse boeren ook deden: veel groente en fruit en weinig vlees. En natuurlijk pasta met tomaten. Bij het maffiamenu hoorden ook veel bonen en natuurlijk gegrilde artisjokken.

Ook de hoofdaanklager verhaalde – net als de Italiaanse pentiti – over de lange diners uit de periode voordat de criminelen in de gevangenis waren beland. Die eetfestijnen werden aangericht om de banden tussen de verschillende famiglia's te versterken en om zaken te bespreken of strategieën uit te denken óf om moordopdrachten te geven. Die maaltijden vonden plaats op afgelegen erven of in een schuur met altijd iemand op de uitkijk. Op die tafels stond om te beginnen schapenkaas – vaak peperige pecorino en olijven. Daarna kwam uiteraard het urenlang gestoofde schapen- of lamsvlees met knoflook op tafel, samen met in olie gebakken aubergines of courgettes, uiensalade en ansjovis. Ook gevulde artisjokken ontbraken niet. Er was caponata. Verder stonden er schalen met worstjes en met gepaneerde prei en gevulde paprika. Het dessert was volgens de aanklager ook altijd hetzelfde: cannoli en cassata-ijs. Dat alles werd weggespoeld met liters rode wijn van het land.

De 'werkdiners' van La Cosa Nostra waren slecht voor de gezondheid. De inmiddels gepensioneerde maffiajager had vastgesteld dat veel van deze criminelen problemen hadden met hun lever. Ze leden bovendien bijna allemaal aan overgewicht. Maar een uitnodiging van hun baas konden ze niet weigeren. 'Wie wegbleef bij het eten was immers een verrader. Die man was onwaardig en kon niet langer vertrouwd worden. Maar wie wel kwam, wist ook niet altijd zeker of hij weer zou vertrekken,' vertelde de aanklager in een Italiaanse krant. 'Oompje Totò' zou na afloop van zijn diners na een teken van hem wel 'honderden familieleden' hebben laten doden. Die gasten hadden vergeten te zeggen dat zíjn wildgerechten het lekkerste waren wat ze ooit hadden gegeten. Kortom, ze hadden geen respect betoond.

Totò Riína bleef koken, ook toen hij zich jarenlang schuil moest houden voor de carabinieri. Toen hij en de andere maffiapatriarchen in de gevangenis werden opgesloten, stonden ze daar eveneens achter het fornuis en roerden in de pannen. De padrones schepten er een waar genoegen in om elkaar af te troeven met het bereiden van maaltijden. Zo konden ze tegenover elkaar hun macht in stand houden. Hoe duurder de gerechten en de drank, hoe beter en hoe meer ze in aanzien stonden in de bajes. De ingrediënten voor de maaltijden van de 'mannen van eer' werden in de gevangenis bezorgd door hun vrouwen of hun familie. Wat daar allemaal werd bezorgd was niet misselijk. In de jaren tachtig zaten er bijvoorbeeld twee maffialeden uit de provincie Trapani in de gevangenis van Marsala. Die beschikten over een eigen grote koelkast, die alleen werd gebruikt voor alle vis die voor het duo werd gebracht. Uiteraard was dit vis van de beste kwaliteit.

De maffiosi dronken champagne, niet omdat ze het lekker vonden, maar omdat je met bubbels kon laten zien dat je heel rijk was. Pas echt lekker vonden ze hun eigen huisgemaakte wijn, 'zo donker als inkt en zoet als likeur'. De maffiosi zetten soms zoveel schalen op tafel dat veel armere medegevangenen ervan konden meeprofiteren.

Pepers

Wie als Nederlander in de Italiaanse gevangenis zelf wil koken, moet daarvoor echt zijn uiterste best doen, ervoer Greg Remmers uit Amsterdam recent aan den lijve. Hij is weer op vrije voeten. Ik spreek hem in de zomer van 2015 in Amsterdam.

Remmers was in de jaren negentig een van de eerste grote drugshandelaren in Nederland. Toen hij voor de eerste keer in ons land in de gevangenis belandde, nam zijn oudste zoon, Jesse, de business over omdat er eten op tafel moest komen en de gas- en lichtrekening toch moest worden betaald. Die merkte daardoor hoe snel je geld kon verdienen met de drugshandel, en zo rolde ook hij het criminele circuit in.

Gregs reputatie snelde hem vooruit in 2005 toen de Italiaanse justitie hem verantwoordelijk achtte voor een groot cocaïnetransport uit Zuid-Amerika, dat destijds in Livorno was onderschept. Hij ontkent dat hij daar iets mee van doen had. Maar de Italiaanse justitie beschouwde Greg Remmers als een grote vis tegen wie ze eindelijk bewijs had vergaard. Men wist dat hij getrouwd was geweest met een Colombiaanse en een schoonvader had gehad die beschouwd werd als een van de leiders van een Colombiaans cokekartel. De Italiaanse justitie beschuldigde Greg er eveneens van dat hij banden had met belangrijke Italiaanse maffiafamilies.

Nederland leverde Greg Remmers in 2011 uit aan Italië. Hij

belandde daar meteen 'in eenzame afzondering', omdat justitie aldaar hem beschouwde als een grote *capo*. Hij mocht geen enkel contact met de buitenwereld hebben en moest genoegen nemen met het eten uit de gevangeniskeuken dat hem door de bewaarders door een luikje werd aangereikt. 'Dat eten was van veel mindere kwaliteit dan in de Nederlandse gevangenis,' vertelt Greg me.

Het proces waarvoor hij was uitgeleverd heeft tot heden niet plaatsgevonden.[6] Het is ook zeer de vraag of een rechter zich nog over deze drugszaak zal buigen, zegt Greg Remmers. Volgens hem klopt er veel niet in het Italiaanse politiedossier. Op het moment dat hij volgens de aanklagers het transport in Zuid-Amerika had geregeld zat hij, aantoonbaar, in een Nederlandse cel. Zelf zegt hij erover: 'Wat door justitie begon met een leugen, eindigt met een leugen.' Uit het feit dat de rechters zijn voorarrest hebben opgeheven put Greg moed. Maar voor het zover was, zat hij toch maar al een lange tijd in de Italiaanse bajes.

Greg vertelt dat het hem uiteindelijk was gelukt om in zijn cel zelf te koken. Hij had twee campingbranders kunnen aanschaffen in de gevangeniswinkel. Daarop bereidde hij zijn maaltijden. Via de kantine kon hij pasta bestellen en verse pepertjes. Greg: 'Vooral dat laatste was belangrijk, want ik kook Italiaans, maar wel met een Indonesische twist.'

Greg Remmers heeft Indonesische roots, waar hij trots op is. Zijn afkeer van gezag en regels heeft hij van zijn vader meegekregen, zegt hij. Hij is een echte familyman. 'Ik kook graag en overvloedig. Mijn bami vinden vrienden en kennissen erg lekker.' Hij somt meteen alle ingrediënten voor een maaltijd op, waarmee je inderdaad een weeshuis zou kunnen voeden.

Toen Greg in de afgelopen jaren voor drugssmokkel in de Nederlandse gevangenis zat, zorgde hij er ook voor dat er op zijn vleugel goed werd gegeten. 'Als je geen geld hebt kun je niets extra's in de gevangeniswinkel bestellen. Ik kookte wel zelf en ik nodigde aan mijn tafel altijd zo'n jongen uit die niets had en het anders alleen met het gevangeniseten moest doen. Sommigen keken op van mijn uitnodiging en waren zelfs heel verbaasd dat ze mochten aanschuiven. Maar ik vind dat je er in de gevangenis gewoon wat van moet maken.'

Vader Greg Remmers kleedt zich in mooie Italiaanse krijtstreeppakken. Als hij in een zwarte lange leren jas met bontkraag aan komt lopen, cast je hem zo in een film van Scorsese. Hij is de hoffelijkheid zelve en toont graag foto's van zijn kinderen. Op zijn allerjongste is hij erg trots. Die had net zijn zwemdiploma gehaald, zegt hij tegen me als ik hem weer eens tegenkom in het gerechtsgebouw waar in 2015 zijn oudste zoon Jesse in hoger beroep terechtstaat.

Jesse Remmers zit inmiddels al jaren in de gevangenis, maar niet voor drugshandel: hij wordt verdacht betrokken te zijn geweest bij een groot aantal liquidaties in de onderwereld. Volgens een van de kroongetuigen – zijn vroegere vriend en medeverdachte Peter La Serpe – had Jesse in opdracht van Willem Holleeder en Dino S. de moord op Kees Houtman uitgevoerd. Ook zou Jesse samen met La Serpe de moord op kroegbaas Thomas van der Bijl hebben voorbereid.

Jesse zelf claimt onschuldig te zijn. Hij zei tegen zijn rechters dat hij zelfs weet wie de echte daders en opdrachtgevers zijn voor deze afrekeningen, maar hij wil geen namen noemen. 'Zelfs al betekent dat dat ik blijf vastzitten. Je verraadt geen mensen.' Zijn vader Greg, die deze zitting bijwoonde op de publieke tribune, is daarom trots op zijn zoon Jesse. Greg Remmers tegen mij: 'Je klapt niet uit de school. Dat doen alleen ratten.'

Jesse Remmers heeft voor de ernstige beschuldigingen waarvoor hij nu vastzit een groot aantal jaren in de zwaarbewaakte inrichting in Vught moeten doorbrengen. Tegenwoordig zit hij in de penitentiaire instelling in Almere. Maar ook hier proberen de autoriteiten hem zo veel mogelijk af te schermen van contacten met de buitenwereld. Tijdens de zittingen van het liquidatieproces zegt hij soms even iets over het zware regiem. En over het feit dat hij misschien door de situatie waarin hij nu al acht jaar verzeild is geraakt behoefte heeft om met een psycholoog of psychiater te praten. Maar dat moet wel een deskundige zijn die iets van hem en zijn levensovertuiging snapt.

Jesse is inmiddels aanhanger van het 'Theravada boeddhisme', legt hij uit aan de rechters. Dat heeft ook consequenties voor zijn eten, blijkt als ik er hem naar vraag. Hij heeft in de gevangenis gevraagd om maaltijden die 'overeenkomstig zijn' met deze leer. Dat wil zeggen dat hij vegetarisch wil eten.

Toen Jesse nog 'buiten' het leven vierde, had hij een voorkeur voor Japans. Hij ging vaak en graag naar het Okura Hotel in Amsterdam. Naar het sterrenrestaurant Le Ciel Bleu. Maar als Jesse echt iets te vieren had, deed hij dat in Spanje: 'Dan ging ik naar "Val Paraiso" in Fuengirola. Op tafel stonden dan Chuletas de Cordero en Hígado de Oca. Maar dat was vroeger. Het eten van vlees en ganzenlever past nu niet meer in mijn eetgewoonten.'

Hij heeft het idee dat hij de afgelopen jaren met zijn nieuwe levensfilosofie 'extra wordt gestraft' door justitie. 'Dat vegetarische eten is een ramp,' schrijft hij me. Jesse eet dus weinig: 'Ik heb al vaak aan de penitentiaire inrichting voorgesteld om de porties minder groot te maken. Misschien dat daardoor de kwaliteit van het voedsel kan worden verbeterd.' Hij ziet om zich heen dat veel gevangenen hun maaltijden soms weggooien. ‘Het is triest om dat te zien. Doordat een hele maaltijd bij elkaar in één bakkie wordt gepleurd, is het een kleffe zooi. Op een schnitzel wordt de puree gegooid en daaroverheen nog weer de spruiten.’

Met andere woorden: eet smakelijk.

Bakken in de bajes

In het programma *Buch in de bajes* was al vaak te zien wat een gedetineerde in Nederland krijgt aangereikt in zijn cel. Hij of zij heeft recht op zes sneetjes brood met beleg per dag en een warme maaltijd tussen de middag, aangevuld met 250 ml melk en twee stuks fruit. Dit pakket voldoet aan de richtlijnen van het Voedingscentrum en bevat ongeveer 2053 kcal per persoon per dag. De maaltijden die de gevangenen zelf bereiden bevatten heel wat meer calorieën. Neem nu het speciaal voor dit boek afgestane recept van de Volendamse crimineel Martin Kok, dat hij ook vaak tijdens zijn detentie met Cor van Hout klaarmaakte.

Gevulde tong à la Vlinders[7]

Kok kreeg van jongs af aan al mee hoe hij vis moest schoonmaken en bereiden. Zijn vader liep in zijn Volendammer klederdracht achter de viskar en verkocht haring en lekkerbekjes in de rosse buurt van Amsterdam. Als jongen vergezelde hij zijn ouwe bij diens tochtje over De Wallen. 'Helemaal fantastisch was dat.' De viskar was alleen niets voor hem. Hij ging voor het snelle geld. Als geen ander kan Kok vertellen over het cocaïnegebruik in Volendam en hoe zijn vrienden daar de coke introduceerden. 'Het sneeuwde op de dijk.'

Zijn visrecept:

Mooie grote tongen
Verse zalm van de beste kwaliteit
Roomboter

Tongen zelf schoonmaken en fileren, kruiden naar wens. Leg de zalm op de tongfilet en rol deze op. Maak de boter warm en sudder daarin de rolletjes gaar. Beetje citroen erbij en peterselie.

En smullen maar, volgens de Hollandse boef.

14 KOOKKUNSTENAARS MET DE MAGNETRON

In de meeste Nederlandse keukens staat er wel één: een magnetron. Aanvankelijk was het apparaat louter bedoeld om even snel iets warm te maken, maar inmiddels zijn het wonderen der techniek waarmee elke vorm van bereiding mogelijk is, van stomen tot bakken.

Het verschilt van bajes tot bajes, maar ook hier heeft de *microwave* zijn entree gemaakt. Sommige gedetineerden hebben tegenwoordig een kleine eenvoudige magnetron op hun cel staan, waarin ze de aangeleverde maaltijden – soms diepgevroren – zelf kunnen opwarmen.

De cateringbedrijven die deze megaorder hebben binnengesleept, koken niet alleen voor delinquenten, maar ook voor bejaardentehuizen en vliegtuigmaatschappijen. Het bedrijf Marfo in Lelystad vermeldt trots op zijn website en in promoartikelen dat het een gerenommeerde sterrenkok in huis heeft. Hij kookte eerder voor restaurants met twee Michelin-sterren, zoals het Amsterdamse Vermeer.

Maar volgens de verhalen van gedetineerden is het verlangen om zélf te bepalen wat je eet kennelijk nog erg groot.

Wie vastzit mag tegenwoordig voor maximaal honderd euro eigen geld per week in de gedetineerdenwinkel besteden. Dat bedrag is niet alleen bestemd voor fruit en verse groenten en vlees, maar hiervan moeten ook nog toiletbenodigdheden, sigaretten, belkaarten enzovoort worden betaald.[1]

Receptenbijbel

In Nederland wordt tegen wil en dank gebruikgemaakt van de magnetron, hoor ik, maar in Amerika beheersen sommige gevangenen deze manier van koken al jarenlang tot in de finesses. Ze hebben het magnetronkoken tot ware 'eetkunst' verheven. Amerikaanse gevangenen hebben geen kookgereedschap maar moeten zich behelpen met lege blikjes, melkkartonnen en een kookpot zonder handvatten en plastic messen. Hoe dat in zijn werk gaat, beschrijft 'Chef' Artie Cuisine. Deze gedetineerde kok stuurde vanuit zijn New Yorkse gevangenis zijn recepten op naar zijn advocaat. Die zond op zijn beurt de bedenksels weer door naar een uitgever. Dit initiatief resulteerde in het *Jailhouse Cookbook: the Prisoner's Bible*[2]. Cuisine onthult de trucs om met minimale middelen toch een gourmet-maaltijd op cel te presenteren. Hij legt precies uit welke producten je moet aanschaffen via de gevangeniswinkel. Ook geeft hij aan hoe je benodigdheden die je intern niet kan bemachtigen via de buitenwacht regelt en door de controle kan laten komen als je verse producten laat opsturen. Hij blijkt zelfs speciale gerechten voor Pasen en Kerstmis te hebben verzonnen. 'Want ook al zitten we vast, dat betekent niet dat we niets te vieren hebben.'

Artie was, voordat hij gedetineerd raakte, een gevierd kok. Hij had zelfs een eigen tv-show. Het leven in de keuken en de studio verschilde hemelsbreed van zijn gevangenisomgeving. Uit zelfbescherming had hij geprobeerd de andere gevangenen te imponeren met zijn kennis, schrijft hij in zijn voorwoord bij het kookboek. 'Die kerels keken stomverbaasd toen ze langs mijn cel liepen en daar verse pasta te drogen zagen hangen.' Cuisine had een heuse eettafel gecreëerd: hij had een wit laken over zijn locker uitgespreid. Op die tafel stond zelfgemaakt knoflookbrood.

Artie Cuisine is inmiddels vrij en werkt aan zijn memoires

als chef-kok, drugsdealer voor de elite, en 'gast van de staat'.

Een andere habitué, Dan M. Allen, die in meerdere Amerikaanse detentiecentra verbleef, publiceerde in 2011 *Mad dogs favorite recipes.* Hij deelt behalve zijn recepten ook nog extra tips voor wie ooit komt vast te zitten in een Amerikaanse gevangenis. Bijvoorbeeld: hoe maak je van een blikje een mes? Hoe kook je een ei in de magnetron zonder dat het ontploft?

Het bezit van eieren was volgens Allen niet toegestaan in de gevangenis. Maar wat voor meer contrabande gold, in de instellingen waar hij verbleef waren met enig geritsel toch eieren voorhanden. Het koken ervan was risicovol en leidde soms tot onderlinge spanningen. Want wat gebeurde er? Sommige gedetineerden legden zo'n ei zomaar in de magnetron. Het gevolg was dat die eieren ontploften. Door zo'n knal werden de bewaarders gealarmeerd. Dat moest te allen tijde worden voorkomen, schrijft Allen. Zo'n uit elkaar spattend ei was voor de bewaarders het sein dat er nog meer 'contrabande' in het cellencomplex aanwezig kon zijn. Voor hen was het een reden om meteen een extra scherpe inspectieronde uit te voeren en elke cel binnenstebuiten te keren. Bij zo'n doorzoeking werd vaak ook echte contrabande gevonden. Met alle gevolgen van dien voor de betrapte bezitter.

Allens goede raad voor zijn medegedetineerden luidt aldus: leg een ei niet zomaar in de magnetron, want dat gaat gegarandeerd mis. Zorg eerst voor een pannetje of kopje met water, leg het ei erin en dan heb je gegarandeerd geen problemen.

Lunches, diners, snacks en drank en toetjes – alles maakte Allen in de magnetron. Ook andere Amerikaanse gevangenen probeerden deze nieuwe kunst om maaltijden te bereiden uit en vertrouwden hun recepten, die ze maakten gedurende de jaren dat ze vastzaten, toe aan kleurrijke kookboeken.[3]

Maar niet in alle gevangenissen in de Verenigde Staten gaat koken in een magnetron van een leien dakje.

De Nederlandse drugshandelaar Henk Rommy, alias 'De Zwarte Cobra', weet daar alles van. Hij is een leeftijdgenoot van Greg Remmers en zit al sinds 2003 vast in een Amerikaanse gevangenis. Hij moet een straf van twintig jaar uitzitten. Hij zou zich schuldig hebben gemaakt aan 'voorbereidingshandelingen' om xtc naar de Verenigde Staten te smokkelen. Volgens Rommy zelf werd hij 'uitgelokt' en zou hij nooit van plan zijn geweest om die xtc te leveren. Rommy had een deal kunnen sluiten met de Amerikaanse justitie voor strafvermindering als hij schuld bekende en informatie over anderen verstrekte, maar dat heeft hij niet gedaan: hij dacht dat hij de rechters kon overtuigen van zijn onschuld. Dat bleek niet het geval: hij kreeg het volle pond aan straf. Over zijn verblijf in de Amerikaanse gevangenis heeft Rommy een dagboek bijgehouden, waaruit gedeelten werden gepubliceerd op *crimesite.nl*.[4] Henk belde me ook nog eens op. Hij hoopt nog altijd op een uitlevering naar Nederland om hier zijn eigen zaak te bepleiten. Hij wilde bovendien in persoon komen getuigen en opening van zaken geven op het grote liquidatieproces in Amsterdam, waar Jesse Remmers en Dino S. terechtstaan. De Amerikaanse autoriteiten gaven daarvoor geen toestemming, ook al hoopte het hof deze getuige van de verdediging zelf te kunnen horen.

Alcohol

De Verenigde Staten hebben de twijfelachtige eer dat ze het hoogste aantal gevangenen per hoofd van de bevolking hebben. Ook de straffen zijn er erg hoog in vergelijking met Europa. Gevangenissen zijn geprivatiseerd, de overheid heeft daardoor nauwelijks controle over de manier waarop gedetineerden worden behandeld. Gevangenen worden regelmatig overgeplaatst. Telkens opnieuw moet iemand zijn eigen plek veroveren in deze aparte – soms ook gevaarlijke – wereld met eigen regels. Henk Rommy zat daardoor in verschillende detentiecentra aan de Amerikaanse oost- en westkust. In Fairton bijvoorbeeld beschikte de afdeling waar hij terechtkwam over drie magnetrons. Daar moesten honderdtweeënzestig mannen gebruik van maken. 'Als je al aan de beurt kwam kon je er niet in koken, hooguit iets warm maken. [...] Soms kreeg je wel eens iets te eten van een ander, maar je kunt dat niet zomaar aannemen, want dat kan gevaarlijk zijn,' vertelt de Zwarte Cobra in zijn gevangenisdagboek. Er bleken bendes te zijn die de nieuwkomers in de inrichting meteen inlijfden, ervoer hij. 'Je wordt verwelkomd door iemand van jouw ras. Er is een soort "intakegesprek" en er blijken strikte "familieregels" te zijn. Schend je die, dan volgt er een pak slaag. Je kijkt met jouw eigen "gang" naar de tv, dat geldt ook voor de eettafels. Wat je achtergrond ook is, je behoort tot een van die gangs.'

Rommy legt in zijn gevangenisdagboek ook uit hoe gevangenen onder elkaar wat bijverdienen. Ze maakten alcohol in hun cel van fruit, suiker en brood. 'Niet zelden heavy en het wordt verkocht voor tien dollar per glas.'

Rommy komt tijdens zijn detentie ook heel wat illustere Italiaans-Amerikaanse maffiosi tegen. In 2005 zat hij in de gevangenis in New York een paar weken samen met John Gotti jr. Nadat diens vader – de beruchte 'Teflon Don', die jarenlang uit handen van justitie wist te blijven – uiteindelijk toch een heel zware straf kreeg, werd junior hoofd van de Gambino-familie. 'Teflon-junior' raadde Rommy aan om een deal te sluiten, ook al had de Amerikaanse justitie volgens de maffioso niet voldoende bewijs om Rommy te veroordelen.

In het volgende detentiecentrum, Fairton, zaten tien 'mannen van eer' opgesloten. De oudste was 81 jaar. Die had twintig jaar gevangenisstraf opgelegd gekregen. 'Levenslang dus,' stelt Rommy.

Na Fairton werd Rommy overgeplaatst naar Fort Dix. Daar is gelukkig een Italiaan, 'een Mario' die een paar keer per week een salade voor hem maakte. 'Gezond en erg lekker.' Daarna, in 2010, verhuist Rommy naar de gevangenis Gilmer in West-Virginia, waar hij nu nog verblijft. Net als in de eerdere instellingen zijn de afdelingen weer overvol. Rommy zit hier samen met een neef van Meyer Lansky in de cel en hoort allerlei mooie verhalen over diens oom, 'de kleine Man'. Die neef doet hem ook uit de doeken dat 'de maffia van tegenwoordig heel anders in elkaar steekt dan vroeger'. Heel veel maffiosi werken nu samen met de politie, noteert hij. 'Vroeger was er volgens de neef meer eergevoel en trots, maar ze maakten je ook veel eerder een kopje kleiner.'

De Zwarte Cobra heeft nog een lange tijd te gaan in zijn Amerikaanse cel. Hij moet nog tot 2021. Hij schildert en hij leest. De autoriteiten in de Verenigde Staten lijken, ondanks de verwoede pogingen van zijn advocaat Mark Teurlings om hem naar Nederland te laten overbrengen, onvermurwbaar. Ze zijn niet van plan om Rommy de nog resterende straftijd in een Nederlandse cel met een eigen magnetron te laten uitzitten.

Rommy zal het dus moeten doen met de kookkunsten van de 'inmates', en als hij zelf aan de slag wil, ligt er inmiddels een hele stapel receptenbundels van andere Amerikaanse gevangenen die zich achter de tralies ontpopten als 'Martha Stewart wannabees'.[5] Zelfs deze keurige Amerikaanse 'huishoudgodin' met een eigen blad en tv-show belandde immers in 2005 enkele maanden in de cel omdat ze had gelogen tegen de aanklager. Het betrof een rechtszaak over voorkennis bij het handelen in aandelen, fraude dus. Stewart zat in een gevangenis in West-Virginia en gedroeg zich als een modelgedetineerde. Ze leerde haar medegevangenen bloemschikken en gaf zelfs kookcursussen. Zij kreeg wel toegang tot de keuken en zou zelfs een heus nieuw gerecht hebben verzonnen: een gelei gemaakt van valappels van de bomen op het gevangenisterrein. Ook zou ze heel handig geweest zijn met de magnetron.

Maar niet alles lukt, schreef een andere gevangene die eveneens met voedsel experimenteerde in de magnetron. Soms smaakt ravioli gemaakt van Aziatische ramen en salsa toch echt als rubber.

Koken voor de maffia

Het is een kunst om in de Amerikaanse gevangenis te overleven. Maar als de juiste famiglia zich over je ontfermt, kan dat je redding zijn. Dat ervoer Conrad Gallagher, die begin jaren 2000 furore maakte als Ierlands meesterchef-kok.[6] Hij belandde in detentie in New York en dankzij de leden van the Mob keerde hij heelhuids terug naar Dublin.

Hoe kwam deze jonge kookgod daar terecht?

Voor Conrad Gallagher leek alles voor de wind te gaan. Op zijn zesentwintigste had hij al zijn eerste Michelin-ster en bestierde hij een gerenommeerd restaurant in Dublin, Peacock Alley. Het was voor Gallagher 'booming business' en privé wist hij zich verzekerd van sportauto's, mooie vrouwen en celebrity-vrienden. Gallagher was te zien op de televisie en werkte aan een tweede kookboek. 'Het leek niet mis te kunnen gaan,' zei hij tegen een verslaggever van *The Guardian*[7]. Maar in zijn haast om tot de top te blijven behoren, struikelde Gallagher. Als je goed kunt koken, betekent dat niet automatisch dat je ook een goede boekhouder bent of een supermanager.

Gallagher belandde in de rode cijfers, maar dat remde zijn ambities niet af. Hij gaf zelfs extra gas: hij opende nóg een restaurant, nu met zijn eigen naam op de gevel, Conrad Gallagher. Deze keer in Londen op Shaftesbury Avenue. De opening vond plaats een dag na de tragedie op 9/11 in New York. Sting was er die dag in Londen bij. Opnieuw wisten ook andere beroemdheden zijn restaurant te vinden. Op een avond dineerden hier zelfs Bill Clinton en Bono samen. Alleen het beste leek goed genoeg voor Gallagher. Op de heren-wc liet hij in zijn Londense restaurant geen muzak draaien, er werd een bandje afgespeeld van de speech van Martin Luther King: 'I have a dream.'

Maar het financieel wanbeheer nekte de chef-kok. Zijn zaken

kon hij vaarwel zeggen. Hij droop af naar New York om opnieuw een eigen zaak te beginnen – op een bescheidener leest, dat wel. Maar zijn schuldeisers in Ierland betichtten hem van faillissementsfraude en deden aangifte. De sterrenkok werd daarna op verzoek van de Ierse justitie in New York van zijn bed gelicht en belandde in Amerikaanse uitleveringsdetentie. In de hel dus, in zijn ogen.

Toen Gallagher de Amerikaanse gevangenis werd binnengebracht, zag hij de ratten wegschieten. Hij werd direct bedreigd door Colombiaanse medegedetineerden. Maar het allerergste wat hem overkwam was het eten dat hij kreeg. 'Gehaktballen van brood en nepvlees. Ik had nog nooit zoiets smerigs geproefd. Het was hondenvoer. Maar toen ik het liet staan, was het in een mum weggegrist door tien anderen.'[8]

Na vijf dagen werd Gallagher overgeplaatst naar een andere vleugel, waar gedetineerde maffiosi de dienst uitmaakten. De kok kreeg bescherming als hij voor hen beloofde te koken. Zijn Italiaans-Amerikaanse celgenoten bleken er een uitvoerige ruilhandel op na te houden met de moslims en de joden op de afdeling, die vanwege hun geloof veel meer groenten en blikken tomaten kregen uitgereikt dan zij. Zo kon de Ier beschikken over verse broccoli, knoflook, aardappelen, bloemkool en wortelen. Met behulp van bouillonblokjes en geritselde kruiden lukte het Gallagher om er in de simpele magnetron geweldige stoofmaaltijden mee te maken. De sterrenkok achteraf: 'Als je niets anders hebt om te koken, kun je daar heel wat meer mee dan alleen opwarmen.'

Na zijn uitlevering aan Ierland werd Gallagher door de rechter vrijgesproken van de faillissementsfraude. Maar verder was hij alles kwijt: zijn restaurants en zijn reputatie.

Aan *The Guardian*, die hem na zijn rechtszaak uitvoerig interviewde, gaf hij het recept van het diner dat hij had gekookt voor de New Yorkse maffia in het detentiecentrum: 'Hun favorieten.'

Vooraf: een groenteschotel

4 grote paddenstoelen – eekhoorntjesbrood – schoongemaakt en grof gesneden
8 grote geschilde stukken pompoen
+/- 60 gram paprika (geroosterd en ontveld)
4 tenen knoflook (licht gepocheerd)
4 babyvenkels
475 ml madeira
1 eetlepel olijfolie
475 ml volvette room
+/- 60 gram Parmezaanse kaas
25 gram boter
25 gram 1ste kwaliteit zwarte Italiaanse olijven

Verwarm een beetje olijfolie in een grote pan en voeg de paddenstoelen toe, 2 à 3 minuten bakken op een hoog vuur. Doe daarna de blokjes pompoen, paprika en knoflook erbij. Bestrooi de venkel met peper en zout en sprenkel er een beetje olie over. Deze groente licht grillen. Voeg alles bij elkaar en meng dit met madeira, room en de olijven. Doe de paddenstoelenmix in een schaal en bestrooi deze met Parmezaanse kaas en leg er daarna nog de laatste paar olijven bovenop.

Geroosterd lamsvlees

(4 personen)
600 gram nieuwe aardappelen, schoon geschrapt
4 eetlepels olijfolie
6 tenen knoflook, klein gehakt
2 theelepels verse tijmblaadjes
4 malse stukjes lamsvlees van ieder +/- 175 gram
2 courgettes, grof in driehoekjes gesneden
4 rijpe tomaten in vieren gedeeld

De oven voorverhitten tot 180 graden Celsius .

De aardappels in plakjes van één centimeter snijden. Leg deze in een ingevette braadslee, besprenkel met twee lepels olie.

20 minuten in de oven.

Strooi er de knoflook en de tijm over en draai de aardappelplakjes om en om, bak ze dan nog 8 à 10 minuten in de oven tot de aardappels gaar en knapperig zijn.

Laat de knoflookstukjes, tijm en de olie op de bodem van het bakblik zitten.

Zorg dat het lamsvlees ondertussen is gekruid en verhit een grillpan met de overgebleven olie en bak daarin het vlees in één minuut aan beide zijden goudbruin. Rooster de stukjes lam daarna ieder apart (+/- 10 à 12 minuten). De binnenkant moet nog mooi roze blijven.

Leg het vlees op een verwarmde schotel en houd het warm.

Voeg dan de courgettestukjes met de tijm en de knoflook toe aan dezelfde grillpan, door elkaar husselen en rooster de courgettes vijf minuten. Voeg daarna de tomaten toe, hussel het geheel weer door elkaar en roerbak het geheel nog eens vijf minuten.

De aardappelen leg je eerst op een bord, daarna volgen de groenten en daarbovenop het vlees. Het geheel bedruip je vervolgens met het vlees- en groentevocht uit de grillpan. Serveer direct.

(Dit recept werd ook opgenomen in Conrad Gallaghers *Take Six Ingredients: Simple Ideas Make Delicious Meals.* In 2003 verscheen hiervan een Nederlandse uitgave: *Neem 6 ingrediënten*[9]. Gallagher werd voor zijn 'geroosterde lamsbout met knoflook' geïnspireerd door zijn grootmoeder, die altijd uitvoerige zondagse lunches bereidde toen hij klein was.)

15 EEN IJSJE TOE

Willem Holleeder kwam er graag. IJssalon Venetië in de Amsterdamse Scheldestraat – schuin tegenover de koosjere broodjeszaak van Sal Meijer. Het lijkt alsof de tijd in deze tradtionele zaak heeft stilgestaan. Het interieur doet denken aan de jaren vijftig. Achter een koord staan sierlijke pluchen stoelen en banken met tafeltjes waar je alleen mag gaan zitten als je een ijscoupe bestelt.

Aan het buffet waar de keuze gemaakt moet worden – er is ijs in vele smaken – trof Holleeder regelmatig zijn latere medeverdachten in het afpersingsproces. Volgens justitie zou de crimineel in de ijssalon met hen zijn plannen hebben gesmeed om zakenlieden uit de onroerendgoedwereld te chanteren. In dit geval ging het om investeerder John Weismuller, die ze geprobeerd zouden hebben af te persen. Volgens Holleeder moest de rechtbank achter die gezamenlijke bezoeken aan de ijssalon echter niet te veel zoeken. 'Als we daar kwamen, aten we een ijssie.'

Ook criminelen kunnen van lekker ijs houden, wilde hij maar zeggen. De aanklacht over de chantage van Weismuller hield inderdaad geen stand.

Niet alleen Holleeder vond het ijs van deze salon van hoge kwaliteit. Deze ijsmakers behoren tot de beste van Amsterdam, volgens *Het Parool.* Bij een ijstest onder de hoofdstedelijke ijsmakers deelde het dagblad – in navolging van de Michelin-sterren – aan Venetië zelfs vier bollen uit. In het vanille-ijs zijn de zwarte puntjes van de merg uit vanillestokjes te zien. Er is ook limoncello-ijs, en hun pure chocolade-ijs is evenmin te versmaden, heb ik zelf vastgesteld.

Ambachtelijk

Amsterdam is een waar walhalla voor de ijsliefhebber. In 2010 telde de stad nog maar 24 ijsverkopers, in 2015 waren er 37 officieel geregistreerde ijssalons. Sommige van deze kleine ijssalons zijn in korte tijd zelfs uitgegroeid tot een waar imperium met vestigingen over de hele stad en zelfs daarbuiten, zoals bijvoorbeeld het succesvolle IJscuypje. Een van de ondernemers legde aan de pers uit dat ijs maken tegenwoordig makkelijker is door de geavanceerde en computergestuurde ijsmachines die geleverd worden door de fabrikanten uit Italië. Er blijken bovendien weinig ambtelijke hindernissen te nemen om een ijssalon te kunnen starten.

Horeca Nederland stelt bovendien dat ijs 'hip' is. Het wordt beschouwd als een delicatesse. Mensen gaan weer voor ambachtelijke hoorntjes.

Deze eenvoudige uitleg over de plotseling onstuimige opmars van de ijssalons in de hoofdstad geloofde echter niet iedereen. IJsondernemers hadden zich ineens gevestigd in het centrum, in de Damstraat en op andere plekken in de Nieuwmarktbuurt. De huren zijn hier hoog, de panden duur. Er moet dus een flinke omzet worden gehaald om met winst te kunnen draaien. Zou zo'n beginnend bedrijfje dat wel allemaal zelf kunnen opbrengen?

Een van die kritische geluiden kwam uit onverwachte hoek. Een bekende jazzmusicus, Hans Dulfer[1], die deze buurt ook kent, waarschuwde in de media voor de oprukkende ijsboerenmaffia in de hoofdstad. Volgens de saxofonist kun je in een ijssalon makkelijk zwart geld witwassen. Een snelle conclusie van de saxofonist, die lijkt te zijn gebaseerd op ijs = Italië. Dus dan moest het wel om maffia gaan. Nogal stigmatiserend.

Of hebben hij en andere argwanende Amsterdammers gelijk?

Vanille

De eerste ijsbereiders kwamen uit Noord-Italië en hadden niets te maken met de maffia uit Zuid-Italië.[2] Dat waren werelden van verschil. Toen deze families uit de provincie Belluno tachtig jaar geleden naar Nederland vertrokken, had La Cosa Nostra zijn tentakels zeker nog niet uitgestrekt tot boven Milaan. De Noord-Italiaanse ijsmakers letten er bovendien goed op in welke plaats ze zich vestigden met hun salon, om niet met elkaar te hoeven concurreren. Ze integreerden ook volledig in de Nederlandse samenleving. De *gelatieri* van weleer kwamen veelal uit dezelfde dorpjes, zoals Cadore, maar vooral waren ze afkomstig uit Vodo di Cadore. Tegenwoordig staan in deze bergstreek bordjes langs de weg met *Valle del Gelato*, de ijsvallei.

Volgens een mare werd het ijs in de dertiende eeuw door Marco Polo vanuit China naar Venetië gebracht. Dat zou het begin zijn geweest van de traditie van het ijs maken ten noorden van de stad, in de Dolomieten. Veel Nederlandse ijsmakersfamilies gaan jaarlijks terug naar hun dorpen en bezoeken dan de oudste ijsvakbeurs op hun vakgebied in Longarone, de *Monstra Internazionale del Gelato*. Deze beurs werd vijfenvijftig jaar geleden opgericht. Hier worden de nieuwe smaken gepresenteerd, de trends aangekondigd en de apparatuur om ijs te maken gedemonstreerd. Wie daar rondloopt waant zich Alice in Wonderland, zoveel kleuren, smaken en vormen van ambachtelijk ijs staan er uitgestald. Van ijs gemaakt met rozenwater tot en met ijs bereid met olijfolie.

Eind november 2014 was er in het gemeentehuis in Langarone tijdens de vakbeurs ook een feestelijke fototentoonstelling over de migratie van de Noord-Italiaanse gelatieri naar Duitsland en Nederland: *100 jaar Italiaans ijs.* Een reden om erheen te gaan. Maar enige verwantschap tussen ijs en criminaliteit kwam ik hier niet tegen. Er hingen alleen nostalgische kiekjes aan de muur uit de archieven van de Talamini's, de Lorenzo's, Ghiani's, Granucci's, Garrones en De Marco's, veel ijsbereiders met hun vrouwen en kinderen waren ook zelf aanwezig bij de feestelijke opening door de Nederlandse ambassadeur uit Rome. Paolo de Mas, sociaal-geograaf en zoon van een ijsbereider, herkende zichzelf als jonge jongen op een foto van hun ijssalon in Alkmaar. De Mas legde me uit waarom de Noord-Italiaanse immigratie naar Nederland geslaagd was. 'Je had nooit massa's Italianen om je heen. Je ging met Nederlandse klanten om. Je richtte je op de Nederlandse samenleving.'

De samenstelster van de tentoonstelling en documentairemaakster Daniëlle Tasca was ook de Nederlandse krantenarchieven in gedoken: het enige bericht dat ook maar in de verte met misdaad te maken had, was een steekpartij in de relatiesfeer. Een jaloerse ijsmaker die kwaad was op een rivaal.

Op de internationale vakbeurs zelf werden de jaarlijkse prijzen uitgereikt. De Utrechtse ijsmaker Roberto Coletti hield bij die gelegenheid een hartstochtelijk betoog voor het eerlijke vakmanschap – want de computergestuurde machines die Jan en alleman de mogelijkheid bieden om ijs te maken, rukten op. Die waren hem een doorn in het oog. IJs maken is meer dan een druk op de knop, vond hij. IJs maken moet een echt ambacht blijven. Roberto staat als enige Nederlandse gelatiere in de mondiale top-50 voor ambachtelijke ijssalons. Een luid applaus van de aanwezigen viel hem ten deel.

Tussen de tweehonderd kramen in het beursgebouw wandelde de Nederlandse romancier Ernest van der Kwast rond, die hier inspiratie opdeed voor zijn roman *De ijsmakers.* Ook Italië-correspondent Marc Leijendekker was aanwezig en sprak er met de Nederlandse ijsbereiders van het eerste uur. Beiden berichtten over het evenement in de NRC[3]. Van der Kwast interviewde Coletti over de trends en nieuwe smaken. Van veganistisch ijs tot lichtblauw superijs van spirulina, een kruid dat als godenspijs werd beschouwd door de Azteken en Maya-indianen. Zelf wilde Coletti ook nog experimenteren met onder andere ijs gemaakt van ansjovis, tomaten en basilicum.

Leijendekker liet in zijn verhaal Riccardo Talamini, de voorzitter van de Italiaanse vereniging van IJsmakers in Nederland (ITAL) uitleggen wat het moeilijkste ijs was om te maken. Talamini kan namelijk zelfs nog langer dan Roberto bogen op zijn vakmanschap. Goed vanille-ijs maken is het lastigst, volgens deze ijsbereider. De merg die uit de vanillestokjes wordt geschraapt, moet goed door het roomijs worden verspreid. Ook smaken met alcohol vergen een hoog niveau van vakmanschap. Talamini: 'Alcohol en vriezen gaat niet goed samen.'

In het vraaggesprek volgde ook opnieuw een sneer naar al die nieuwkomers in de markt die doen alsof ze Italiaan zijn. Volgens Talamini waren maar tachtig van de vierhonderd ijssalons in Nederland daadwerkelijk in handen van Italianen. 'Er zijn natuurlijk ook goede Nederlandse ijsbereiders, net zoals er ook onder de Italianen wat mindere zullen zitten. Geen probleem. Nederlanders zijn aan het leren om kwaliteitsijs te eten, dat is voor ons alleen maar goed. Wat ons steekt is de benaming van nieuwe salons. Ik open toch ook geen zaak met de naam *Jansen ijs.* Waarom begint Jansen dan een zaak met de naam *Roma*?'

Voor Talamini's opmerking valt zeker wat te zeggen, als

het gaat om kwaliteitsnormen van de nieuwe ijszaken. Maar dat is niet het enige waardoor deze nieuwe ijsverkopers *in the picture* staan.

Hoorntjes

De snelle opmars van de huidige supermoderne ijssalons met *frozen yoghurt* en fancy smaken als smurfenijs in hartje Amsterdam wordt namelijk wel degelijk in verband gebracht met verhalen over vermoedens van witwassen in de ijsverkopersbranche; *gelataio*. (Let op het verschil, gelatieri zijn traditonele ambachtelijke ijsbereiders.)

Een aantal van deze nieuwe ijssalons kwam in de plaats van de eerder ook zo plotseling uit de grond schietende minimarkets en massagesalons. Bedrijfjes waarvan de gemeente Amsterdam vermoedde dat die waren opgezet als witwasvehikels. De hoofdstedelijke bestuurders waren niet de enigen die sommige nieuwkomers in de ijsbranche met argwaan bekeken. Vanaf 2003 waren opsporingsdiensten ook al wakker geworden. IJszaken behoren namelijk tot de horeca en dát is een gevoelige sector als het gaat om witwassen van crimineel geld, meent justitie.

De politiek heeft het bestrijden van witwassen uitgeroepen tot een topprioriteit. De overheid wil niet alleen de boeven hun kapitaal afpakken, ook de facilitators die criminelen helpen om hun drugswinsten in de bovenwereld te beleggen, zullen eraan moeten geloven. Deze facilitators blijken creatieve cijferaars en voortvarende onderhandelaars, die lieden uit het legale milieu soms toch weten over te halen om toe te treden tot de wereld van het snelle geld. Het criminele kapitaal kan er immers op meerdere manieren worden witgewassen.[4] De opsporingsgeschiedenis laat zien dat de overheid er niet ver naast zit als het om horeca gaat. De al in eerdere hoofdstukken genoemde consigliere Evert Hingst is hiervan een schoolvoorbeeld. Hij trad op als raadgever voor een aantal Hollandse gangsters, onder wie Stanley Hillis. Hingst probeerde destijds inderdaad crimineel geld wit te wassen, onder andere via de aankoop van restaurant Valaire in de Amsterdamse Scheldestraat.

Om de witwassers een halt toe te roepen zijn er inmiddels piketpalen opgezet. Dat gaat als volgt. Een gemeente is belast met het verstrekken van horecavergunningen, maar kan zo'n licentie weigeren als er vermoedens zijn van illegale praktijken. De wet die toeziet op de integriteit van (horeca) ondernemers, de Bibob-wet, maakt dit mogelijk. Een eigenaar van een café of restaurant mag niets van doen hebben met criminele zaken. Zelfs de schijn van betrokkenheid, zoals het eten van een broodje met bijvoorbeeld Holleeder, kan een ondernemer al de das om doen, waardoor zijn oude al jarenlang geldende vergunning wordt ingetrokken.

Justitie waarschuwt ook voortdurend de controleurs – accountants en administratiekantoren – om toch vooral alert te zijn op witwaspraktijken. Er wordt speciaal aandacht gevraagd om restaurants goed na te trekken; hetzelfde geldt sinds een aantal jaren dus ook specifiek voor de ijssalons.

Daar ligt een speciale reden aan ten grondslag. Voor die tijd gold in deze branche een eis voor vakbekwaamheid. Nu kan iedereen zich als ijs-ondernemer vestigen. Het is bovendien een gevoelige sector omdat bij de verkoop van ijs veel contant geld omgaat.

Het Functioneel Parket van het Openbaar Ministerie geeft op zijn website aan wanneer bij een controleur een rood lampje moet gaan branden: 'Een klant van u heeft een ijssalon. Ondanks de slechte zomer is er toch een enorme (ongebruikelijke) omzet [....] dit dient u aan te melden bij de *Financial Intelligence Unit* (FIU) als een ongebruikelijke transactie.' Ook in het VNG *Magazine*, het tijdschrift voor ambtenaren en beleidsmakers, wordt in 2013 specifiek aandacht gevraagd voor dit fenomeen. Er wordt gewezen op het gevaar dat onderwereldfiguren via deze branche listig proberen door te dringen in de bovenwereld. En niet alleen in de grote stad. In het artikel komt een deskundige uit de praktijk aan het woord, Erwin Rouwenhorst, die vanaf het eerste uur nauw betrokken was bij deze tak van opsporing.[5] Hij wees ook al eerder met nadruk op de mogelijkheden die een ijssalon zou kunnen bieden aan wie iets slechts in de zin heeft. 'Je moet (als opsporingsambtenaar) gespitst zijn op verdachte activiteiten. Als een ondernemer veel investeert maar weinig activiteiten ontplooit, is dat reden om te gaan kijken. Mogelijk is er dan sprake van een dekmantel van witwassen. Een alerte wijkagent ontdekte dat een nieuwe ijssalon wél bakken ijs had, maar géén hoorntjes om het ijs in te scheppen. Dat bleek een ontmoetingsplek voor drugshandel te zijn.'

In een gerechtelijke uitspraak uit die tijd die te vinden is op *rechtspraak.nl* wordt ook al gewezen op de ijssalon als witwasmogelijkheid. Het ging om een wietkweker in het oosten van het land, zijn vrouw had een ijssalon. Justitie vervolgde het paar voor onder andere het witwassen van crimineel geld via de omzet van verkoop van de ijsjes. De eigenaresse had de ijszaak sinds 2003. Zij ontkende uiteraard dat ze betrokken was bij witwassen. Maar in 2011 was de Hoge Raad onverbiddelijk. Zoveel keurige winst zou de dame in kwestie nooit hebben kunnen maken met de verkoop van bolletjes ijs. Het geld voor de dure kleding en de vakantiereizen van het stel die zij had betaald moest wel voortkomen uit de verkoop van de drugs.

Wiet-ijs

In het voorjaar van 2015 presenteerde een ijsondernemer in Gelderland zijn nieuwste ijsvariant in *De Telegraaf*:[6] wiet-ijs.

Eigenaar Antonio Mulder: ‘Het smaakt een beetje naar caramel en is gemaakt van hennepzaadjes.’ Het was dus volledig legaal, zei Mulder van de Antonio-salons in Ede, Veenendaal en Wageningen. ‘Niet meer dan een gimmick aan het begin van het seizoen. Met echte wiet heeft het niets te maken.’ Het ijs kwam volgens hem van een importeur rechtstreeks uit Italië.

De nieuwe ijsverkopers in Amsterdam met hun fancy machines hebben tegenwoordig ook al geen horecavergunning meer nodig. Ze zijn winkelier en denken met hun ijsjes genoeg winst te kunnen maken om de huur van hun panden op peperdure locaties te kunnen blijven betalen. De gemeente Amsterdam zag het in de zomer van 2015 allemaal met lede ogen aan en oriënteerde zich op een besluit om de wildgroei in te dammen. Gedacht werd aan de zogenaamde ‘keerklepregeling’[7], die ook al gold voor de Wallen om de overdaad aan snackbars en coffeeshops een halt toe te roepen.

Pistache

De beroemdste ijsbereider van Nederland, Roberto Coletti uit Utrecht, en de andere gelatieri zijn geen ijsverkopers maar ambachtslieden in de goede traditie van het woord. Roberto heeft in menig trendy magazine de afgelopen jaren verteld over zijn passie voor ijs maken. Van haring-ijs tot sigaren-ijs, bier-ijs met echt bier tot bloed-ijs van koeienbloed. Zelfs van kindertranen maakte hij ijs.

In de vitrine van het buffet van de ijssalon in de Poortstraat in Utrecht lijkt het smakenaanbod van Roberto in 2015 wat minder avontuurlijk: vanille, witte chocolade en pistache[8]. Het ijs is gemaakt volgens Coletti’s eigen principes: ‘Elke dag vers voor een redelijke prijs en vooral eerlijk.’

Eén ding is zeker: dit ‘eerlijke’ ijs is verslavend lekker.

Take the cannoli

'We kunnen niet over eten praten zonder het over de maffia te hebben, want de maffia heeft diepe wortels op Sicilië. Wie het gebied beheerst, beheerst het transport en de prijs van het voedsel, maar voedsel brengt ook mensen samen,' concludeert de beroemde Italiaans-Engelse chef-kok Giorgo Locatelli. Hij stelde een fantastisch kookboek samen: *Made in Sicily. Recepten en verhalen*. Hierin ontbreekt uiteraard de cannoli niet. Locatelli vraagt in de receptenbundel aandacht voor de antimaffia-beweging Libera Terra[9] en steekt deze mensen samen met de Slow Food Movement een hart onder de riem. Maar hij sluit zijn ogen niet voor die maffia-verhalen die samenhangen met eten.

Sicilianen zijn niet patserig als het om hun dagelijkse eten gaat, stelt Locatelli, maar ze willen indruk maken met hun desserts. Hij citeert Giuseppe Tomasi di Lampedusa uit de beroemde roman *De Tijgerkat* om dit te onderstrepen. 'De tafel met dranken versmadend waar het kristal en het zilver rechts van hem fonkelden, ging hij linksaf naar die van de zoetigheden…'

Er volgt daarna een uitvoerige beschrijving van de kleurige Siciliaanse taartjes, ijs, parfaits en een gebak dat 'triomf van de vraatzucht' of 'maagdentietjes' heet. De chef-kok: 'De Sicilianen zijn de ergste zoetekauwen van Italië.'

Cannoli is waarschijnlijk het beroemdste en meest geliefde Siciliaanse dessert. De naam komt van *canna*, het Siciliaanse woord voor stengel of loop van het pistool waar de gefrituurde deegrolletjes op lijken.

Maffiosi konden niet van deze zoetigheden afblijven, getuige een andere scène in *The Godfather*-trilogie. Een van de rivaliserende dons keek verheugd op toen hij een cannolo kreeg aangeboden. Zonder enige argwaan hapte hij er meteen gretig in – helaas, er zat vergif in. Ook de Soprano-familie was er dol op.

Cannoli à la Locatelli

Een metalen buisje van 1,5 cm doorsnede om de cannoli omheen te wikkelen – het moet van metaal zijn omdat het in de hete olie gaat.
200 gram bloem
20 gram fijne kristalsuiker
35 gram eendenvet, reuzel of boter
1 ei plus wat losgeklopt ei om de cannoli te sluiten
3 eetlepels muskaatwijn
1 eetlepel vanillesiroop
plantaardige olie om te frituren

Doe bloem, suiker en vet/boter in een keukenmachine met de deeghaak en meng twee minuten op de middelste stand, tot het mengsel eruitziet als broodkruim. Voeg het ei toe, meng weer kort, voeg dan de muskaatwijn en één eetlepel vanillestroop toe en meng tot het deeg is. Wikkel het in plastic folie en leg het deeg een paar uur in de koelkast.

Rol het deeg 1mm dik uit en snijd het in 12 vierkanten van 7 x 7 cm. Wikkel een lap rond een metalen buis en plak de randen vast met het losgeklopte ei.

Vul de frituurpan (een diepe braadpan kan ook) tot een derde van de rand met plantaardige olie. Verhit de olie tot 180 graden. Laat een cannolo met behulp van een (draad)schuimspaan voorzichtig in de hete olie glijden en frituur hem tot hij lichtbruin is. Schep de cannolo eruit met de schuimspaan en laat deze uitlekken op keukenpapier. Schuif de cannolo als hij genoeg is afgekoeld van het metalen buisje en wikkel er een nieuwe lap deeg omheen. Frituur op dezelfde wijz, enzovoorts.

Pas als de cannoli helemaal zijn afgekoeld mogen ze worden gevuld.

Vulling (basis – er zijn meerdere mogelijkheden)
250 gram goede kwaliteit ricotta
25 gram gekonfijte citroenschil in fijne blokjes
25 gram gekonfijte sinaasappelschil in fijne blokjes
10 gram pure chocolade in net zulke kleine blokjes als de gekonfijte schilletjes
15 gram geroosterde hazelnoten, eveneens in kleine blokjes hakken
45 gram fijne kristalsuiker
50 gram slagroom
Meng al deze ingrediënten door elkaar. En vullen maar.

EPILOOG

Crimineel eten of crimineel lekker?

Wat heeft een kogelbiefstuk te maken met kogels? Niets. Tenzij je 'Rooie Ron' heet.[1] Hij dronk bij zijn excellente kogelbiefstuk een goed glas wijn. Juister gezegd: hij dronk erg veel. Wat er daarna gebeurde had alles te maken met kogels. Plotseling pakte deze drugshandelaar zijn pistool en schoot in het plafond van een illuster restaurant. Had het rode vlees hem agressief gemaakt? Of was er iets anders aan de hand?

'De Rooie' is Ron de Jong, een ras-Amsterdammer die gouden tijden beleefde in de jaren negentig met de softdrugshandel. Containers vol met wiet gingen door zijn handen, vertelt hij. Hij was zo rijk dat hij zijn geld niet telde, maar woog. Stanley Hillis, Johnny Mieremet en Sam Klepper rekende hij tot zijn vrienden. Maar wie het snel verdient, geeft het ook snel weer uit.

De overheid zit in 2015 nog altijd achter De Jongs vermeende criminele winsten van vroeger aan. Ondertussen vermaakt hij zich uitstekend. Op zijn Twitter-account staat een plaatje van hem waarop hij lijkt op Marlon Brando als 'Don Corleone'. In de *Panorama* is hij de chroniqueur van zijn eigen leven vol penozefeesten en ander uitbundig vermaak. Zijn party's uit het verleden leken op de feesten in maffiafilms, vertelt De Jong. Hij bereidde ze in stilte voor om zo geen argwaan bij de politie te wekken. Hij zorgde op die partijtjes voor topartiesten als Gerard Joling en Marianne Weber om zijn familie en kennissen te vermaken. De Dom

Pérignon stroomde rijkelijk. 'Voor zo'n geintje moet je wat overhebben,' vindt Rooie Ron.

Zo zat hij in de goede oude tijd dus op kerstavond met zijn criminele vrienden uitvoerig te eten in het Okura Hotel in Amsterdam. Het diner blijft niet beperkt tot zijn smakelijke kogelbiefstuk. Het ene gerecht na het andere volgt uit de keuken, maar de wijn en sterkedrank krijgen allengs de overhand. De Rooie en zijn kompanen werden starnakel dronken. Dat was op zichzelf nog niet zo erg, zegt hij.

Wat gebeurde er waardoor de stemming omsloeg?

Aan het eind van de avond heeft de Rooie de rekening betaald. De ober had een meer dan vorstelijke tip gekregen. Vervolgens komt er een andere gerant langs hun tafel. Die informeert beleefd of het gezelschap misschien nog van plan was om te betalen. Wat blijkt? De eerste ober – een invalkracht – is er met het geld vandoor gegaan.

De Jong ervoer dat als een klap in zijn gezicht, zegt hij. Hij ging naar de wc, schrok van zijn eigen spiegelbeeld, pakte zijn pistool en schoot wild om zich heen. Terug in de lobby werd 'de Rooie' meteen gearresteerd en belandde een nacht in de politiecel.

's Ochtends is hij er slecht aan toe. Men vermoedt dat hij een hartinfarct heeft gehad en hij wordt in een ambulance met gierende banden naar het ziekenhuis gebracht. 'Toen ik daar eenmaal aan het infuus lag, heb ik zelf de naald eruit getrokken en heb de benen genomen,' vertelt De Jong in 2015 lachend. Hij wilde naar huis om over een paar dagen zelf oliebollen te kunnen bakken en klokslag twaalf opnieuw de champagne open te trekken.

Het schietincident kwam voor de rechter. Die veroordeelde hem tot een maand gevangenisstraf. Maar De Jong bleef procederen om te voorkomen dat hij de cel in moest, zegt hij. 'Ik kreeg uiteindelijk gratie van de koningin,' klinkt het trots.

En lachend: 'Maar als je weet hoeveel het me allemaal heeft gekost, had ik beter even die paar weken kunnen gaan zitten.'

Hoe open deze 'vertegenwoordiger van de georganiseerde misdaad' ook is over zijn maffiose levensstijl in het verleden, hij wil niet al zijn eetgeheimen over 'dure flessen wijn' prijsgeven. Want stel dat oplettende opsporingsambtenaren ineens gaan terugrekenen en checken. 'Je weet immers nooit. En wat zijn daar dan weer de gevolgen van?'

Vroeger zou ook het kogelbiefstukverhaal tot de criminele inner circle beperkt zijn gebleven. Maar bij de polderpenoze is tegenwoordig eveneens doorgedrongen dat alles wat met *maffia* heeft te maken *sells.* De Rooie is niet de enige uit het zware milieu die anekdotes met de pers deelt en trots kond doet van zijn wilde verleden. Ook andere broeders in crime toonden zich tegenover mij de afgelopen jaren minder terughoudend dan voorheen. Maar misschien spiegelen ze zich toch nog meer aan de maffiosi in Italië dan ze willen toegeven. Hun opening van zaken valt namelijk (nog altijd) in het niet bij de schaamteloze anekdotes die Italiaans-Amerikaanse mobsters en hun familie delen met het publiek over hun privéleven en hun criminele zaken.

Vlees op de botten

Niet alleen de Amerikaanse gangsters, maar ook hun vrouwen en kinderen weten tegenwoordig de schijnwerpers op zich gericht. In 2004 trad een ravissante blondine naar voren met haren die reikten tot haar billen: Victoria Gotti, de dochter van de Amerikaanse maffialegende John Gotti. Ze kreeg een eigen personality-show op de televisie. In een aantal afleveringen trok ze met haar camerateam naar haar familie in Italië. Zo kwam ze voor het eerst in het land van haar grootouders Carmine Gotti en zijn vrouw Rose, die eind negentiende eeuw naar New York emigreerden. Victoria Gotti gaf niet alleen veel familiegeheimen prijs op de buis, ze publiceerde ook meerdere boeken, waaronder: *This Family of Mine: What it was Like Growing up Gotti.*[2] Ze vertrouwde daarnaast Gotti's familierecepten toe aan het papier. In haar *Hot Italian dish*[3] deelde ze zelfs nog een sneer uit aan gangsterliefjes die liever niet in de keuken wilden staan: 'Wie denkt dat koken niet glamorous of sexy is of niet past bij een mooie vrouw, weet niet waar een "moderne man" naar kijkt.' Ze citeerde met instemming haar Italiaanse nonna. Die hield haar voor dat mannen graag wat vlees op de botten zien bij een vrouw, míts dat op de juiste plaats zit. Victoria Gotti sierde als een Amerikaanse Sophia Loren zelf de omslagen van haar boeken. De setting: een dure villa. De Gotti-familie lijkt ondanks alles toch in goeden doen.

Het leven van de meeste *Mob Wives* anno 2015 is een stuk harder, getuige de real life-soap die over hen op tv te zien is. Maar hun kerels zijn dan ook geen capo dei capi zoals John Gotti. Een aantal van hen zit gevangen. Bij Mob Wives is alle schaamte over een leven in de maffia voorbij. In hun tv-serie delen de vrouwen hun hele hebben en houden met de kijker. Ze kankeren tegen elkaar over hun maffiose echtgenoten en luie vrienden, ook is er onderlinge wedijver. De Mob Wives koken nog wel, maar voornamelijk voor de kinderen. Zelf nemen ze liever hun problemen door bij een luxe etentje in een restaurant:[4] waar kunnen ze anders hun nieuwe outfit showen? Drie van de reality-tv-sterren sieren het omslag van *How to use a meatclover*[5], dat in 2014 is verschenen. Mob Wife Renee Graziano heeft het hakmes in de aanslag. Ze schreef het kookboek samen met Lana en Jennifer Graziano. Zij verklappen eveneens de geheimen van hun maffiafamilie en de recepten van hun emigrantengrootmoeder. Zo speelt het drietal in op de romantiek van de maffia in het oude land.

Hoe anders is het leven op Sicilië zelf.

Wijn

Lang werd er in Italië publiekelijk gezwegen over de maffia en de invloed ervan. Na de Tweede Wereldoorlog was het land een voorbeeld voor andere Europese landen omdat de economie hier groeide. Scooters, auto's en luxe leren tassen kwamen uit Italië. Met de economische groei nam ook de macht van de georganiseerde misdaad in het land toe. In de jaren negentig brak de strijd van justitie tegen de maffia pas echt los, met dramatische gevolgen. Twee aanklagers, Giovanni Falcone en Paolo Borsellino, die al vergevorderd waren met hun onderzoek tegen de dons en hun mannen, werden in 1992 kort na elkaar op Sicilië vermoord. Nooit eerder had La Cosa Nostra zo openlijk en zo brutaal zijn vinger opgestoken tegen de staat. En die sloeg na deze gruweldaden hard terug.

De nasleep van deze strijd is nog altijd merkbaar in Italië, volgens historicus John Dickie in *De maffiarepubliek* (2013). Hij legt uit hoe de maffia gebruik wist en nog steeds weet te maken van het politieke en economische systeem, ook al zijn er 'mannen van eer' en vele tientallen maffiosi in de gevangenis beland. Een van de laatste legendarische capo dei capi – Bernardo Provenzano alias 'de Tractor' – kon pas in 2006 worden gearresteerd. Hij was de opvolger van Totò Riína toen die kwam vast te zitten. Provenzano was al vanaf 1963 op de vlucht en kon alleen bij verstek worden veroordeeld. Hij leidde La Cosa Nostra vanuit zijn 'onderduikadressen' via boodschappers, totdat justitie hem traceerde.[6]

De vele recente aanhoudingen in Italië maken ook de rol van de vrouwen binnen de maffiaclans zichtbaarder. Ze dienden taken over te nemen. De economische belangen van de famiglia's moesten immers worden veiliggesteld. De maffia had aandelen in de productie van buffelmozzarella in de provincie Lazio en in andere voedingsmerken. In Napels hadden de clans ook het monopolie op de afvalindustrie. Bij het verwerken van giftige stoffen overtraden ze de regels en veroorzaakten zo een soort 'Italiaans Tsjernobyl'. Een spijtoptant vertelde justitie dat hij van zijn baas te horen had gekregen: 'Wie kan het een barst schelen als wij het grondwater vervuilen, wij drinken zelf toch mineraalwater.'[7]

De beroemde Italiaanse wijn blijkt eveneens niet veilig te zijn geweest voor de hebzucht van de maffia. *Death in the Pot*[8] van voedseldeskundige Morton Satin bijvoorbeeld bevat een verzameling *case histories* die onder andere gaan over gif in de voedselindustrie. Satin is een moleculair bioloog en oud-directeur van de voedsel- en landbouworganisatie (FAO) van de Verenigde Naties. Hij beschrijft de eerste affaire met gif (methanol) in Italiaanse wijn in de jaren tachtig. Twintig mensen stierven, tien werden blind. De betrokken fabrikant uit Piemonte ging de gevangenis in, maar de Italiaanse slachtoffers kregen niet meer dan mooie beloften van hun overheid. Toegezegd was dat er een betere controle op de kwaliteit van de wijnen in Italië zou gaan plaatsvinden. Of het alleen hieraan lag is de vraag, maar vastgesteld kon worden dat daarna de wijnexport naar het buitenland enorm in omvang toenam.

Nadien barstten nieuwe schandalen los. Het ging om de kwaliteit van goedkopere wijn voor de supermarkten in Italië zelf. Die wijn bleek aangelengd met andere stoffen om het alcoholpercentage op te krikken. Hierbij zou ook de maffia in Sicilië betrokken zijn geweest.

Wie zou daarover aan de bel durven trekken?

Beste plaatsen

Ook verslaggevers die het andere gezicht en de donkere werkelijkheid van de maffia weergaven zijn bedreigd, er werd zelfs daadwerkelijk geweld tegen hen gebruikt. Sommige Italiaanse reporters verdwenen of zijn vermoord teruggevonden. Ook de onderzoeksjournalist Roberto Saviano moet sinds 2007 vrezen voor zijn leven. Dat jaar kwam zijn op feiten gebaseerde roman *Gomorra*[9] uit, waarin hij de keiharde werkelijkheid van een leven in de maffia heeft beschreven. Het boek maakt duidelijk dat deze criminelen maar één belang kennen: hun investeringen veiligstellen, waarbij ze niet terugdeinzen voor omkoping, geweld en moord. De clans van de Napolitaanse Camorra blijken bijna nog wreder dan die van de Siciliaanse La Cosa Nostra.

De bedreigde Saviano had na het uitkomen van zijn boek een interview met een FBI-agent, Joe Pistone, die ook al jaren ondergedoken leeft om wraak van de maffia te voorkomen. Als Donnie Brasco was Pistone doorgedrongen tot twee van de grote maffiafamilies in de Verenigde Staten en zijn verklaringen waren zo'n honderdvijftig mobsters in de gevangenis beland. Het leven van Pistone werd verfilmd onder de titel *Donnie Brasco*, met Johnny Depp en Al Pacino in de hoofdrollen.

In werkelijkheid lijkt Pistone niet op Depp, volgens Saviano. Hij beschrijft hem in het interview als een kalende Amerikaanse oom die zijn bedreigde neefje – Roberto – een hart onder de riem kwam steken. Pistone moedigde de Italiaanse journalist aan om toch vooral door te gaan met zijn kritische boeken over de Camorra. Zelf had de ex-FBI-agent ook al pogingen gedaan om de maffiamythe van haar glans te ontdoen.

Maar beiden beseffen wat voor sisyfusarbeid dat is.

In Amerika waren het alleen de jongens van de straat geweest die mobster werden, in Italië signaleerde Pistone ook al universitair geschoolden onder de maffia.

Saviano: 'In het dorp waar ik vandaan kom, betekent het dat je sexappeal hebt als je bij de maffia zit. Je hebt zo een stoet groupies om je heen.'

Pistone: 'In de Verenigde Staten is het niet anders. Vrouwen hangen meteen aan je arm als je een boss bent. Als je bij de maffia bent, krijg je de beste plaatsen in de restaurants.'

Pina colada

De Italiaanse Amerikanen imiteerden aan het begin van de negentiende eeuw de ouderwetse manier van leven op Sicilië. In het huidige Italië lijkt het leven soms die geromantiseerde Italiaans-Amerikaanse way of life weer te imiteren. Maar de werkelijkheid breekt regelmatig door die schone schijn van het gefantaseerde maffialeven heen. Clare Longrigg, verslaggeefster van de Britse krant *The Guardian*, getuigt hierover. Ze is de auteur van *Maffiavrouwen*[10] (1998), een boek waarvoor ze ook bij de Camorra-families thuiskwam. Zo belandde ze in Italië op een maffia-bruiloft. Longrigg: 'Er was de grootste taart die ik ooit had gezien, pina colada's en de gasten droegen Valentino en Versace.'

Twee weken later vernam ze dat de bruid en de bruidegom in de gevangenis waren beland. De tante van de bruid was opgepakt. Ook waren een tweelingbroer en de advocaat van die tante vermoord.

Saviano heeft voor de research van zijn boek *Gomorra* ook een bezoek aan een villa van een van de hoofden van de Napolitaanse clans[11] gebracht. Het huis bleek een exacte kopie te zijn van het pand van Tony Montana uit de film *Scarface*. Onder de villa bevond zich zelfs een geheime tunnel, een vluchtweg, die alleen via een luik in de eetzaal was te bereiken. Volgens Saviano had de Camorra-baas verwacht dat hij als bewoner van dit enorme Hollywood-gebouw nog meer respect zou krijgen. Om het in de woorden van de auteur zelf te zeggen: de maffioso hoopte op 'een aura dat zich vermengt met een legende, met heuse mythes in het moederland'.

De villa stond echter leeg, de Italiaanse 'Scarface' was al tijden geleden gearresteerd.

Gomorra van Roberto Saviano is inmiddels ook verfilmd. Niet door Hollywood, maar door een kritische landgenoot, Matteo Garrone, waardoor er weinig van de valse glamour rond het criminele bestaan in terug te zien is. Nadien is er ook nog een televisieserie *Gomorra* vervaardigd, die volgens de makers over een fictieve Napolitaanse misdaadclan gaat, maar wel dicht tegen Saviano's boek aan leunt. De schrijver was blij met de verfilmingen, zei hij in *de Volkskrant*. Volgens Saviano zouden de kijkers waarschijnlijk weinig sympathie gaan voelen voor de karakters op het scherm. 'Criminelen moorden en worden vermoord vanwege geld, een paar woorden of een blik. Ze vermoorden hun eigen broeders. Er is geen loyaliteit, geen eer. [...] Onschuldige mensen zijn het slachtoffer van de maffia. De goede mensen worden gedwongen te leven zoals zij. Zij hebben geen keus en moeten hun dagen doorbrengen in een hel, bevolkt door demonen.'

Hoe innig het werkelijke maffialeven en de fictie met elkaar zijn verstrengeld, blijkt na de opnamen van het tweede seizoen van *Gomorra* in 2015.[12] Behalve acteurs speelden er ook de jongeren mee die in dezelfde grauwe buitenwijken van Napels woonden waaruit de Camorra haar soldaten en huurmoordenaars rekruteerde. Sommigen van deze amateur-acteurs werden na de opnamen opgepakt. Zij zitten sindsdien in de gevangenis wegens hun activiteiten voor de georganiseerde misdaad.

Citroenen

De maffiaclans investeren hun geld overal, volgens officier van justitie Nicola Gratteri. Samen met de journalist Antonio Nicasso schreef hij *Bloedbroeders*.[13] Ze schetsen hierin

Ron 'de Rooie' de Jong: altijd te porren voor feesten en lekker eten. Alleen het nuttigen van een kogelbiefstuk in het Ukura Hotel liep voor hem slecht af.

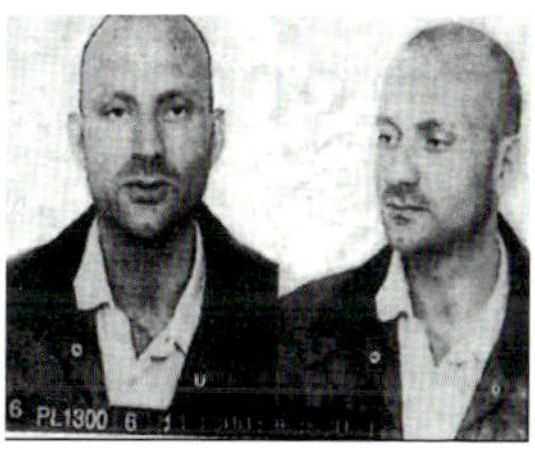

Sam Klepper en John Mieremet aten graag 'een broodje Rai' met Willem Holleeder.

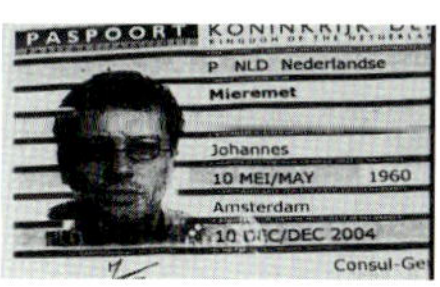

Evert Hingst: altijd op zoek naar witwasmogelijkheden zoals het aankopen van een restaurant in de Amsterdamse Scheldestraat.

Willem Holleeder, Cor van Hout, Jan Boellard en Frans Meijer aan de champagne in Las Vegas. Ze gedroegen zich als rijk geworden maffiosi en logeerden daar in het majestueuze Stardust Hotel. (Collectie Sjerp Jaarsma)

STARDUST
HOTEL

Jonge mocro's vieren feest en laten de champagne knallen.

Als Badr Hari in training is laat hij pasta en frites staan, hij eet in plaats daarvan twaalf à dertien eieren per dag.

Klaas Bruinsma las in zijn heel jonge jaren maffiabiografiën. Hij wilde leven als een godfather en deed dat vervolgens ook.

Martin Kok kreeg in zijn detentietijd koosjer eten. Hij liet in dezelfde tijd ook postzegels van zichzelf maken. Met keppeltje.

Willem Endstra. Hier op vakantie. Zijn creditcardafschriften in strafdossiers maakten duidelijk dat hij veel sterrenrestaurants frequenteerde.

Tommaso Buscetta's Pasta di Tutti Pasta: linguine met kokkels.

Zondagse saus, uren sudderen geeft het beste resultaat.

Kreeft à la Fra Diavola – lievelingseten van veel maffiabazen: een schaal vol schelpdieren, een pittige tomatensaus en linguine.

Blintzes voor 'de Kleine Man', Meyer Lansky.

Cannoli: gefrituurde deegrolletjes, gevuld met verse ricottacrème, kleine stukjes gekonfijte zuidvruchten, noten en soms ook nog stukjes chocolade. Hier met geconfijte sinaasappelschil.

Op het menu van Da Gennaro: vloeibare tiramisu.

Op de Monstra Internazionale del Gelato in Longarone 2014: van ijs gemaakt met rozenwater tot en met ijs bereid met olijfolie.

Wijn- en olijfboomgaarden die toebehoorden aan de maffia werden geconfisqueerd door de staat. Nadien mochten coöperaties deze en andere langbouwgrond overnemen. Hun producten herken je aan het keurmerk *Libera Terra*.

Niet alleen op Sicilië is Libera-Terra-wijn te koop. Begin oktober 2015 stonden deze flessen (met keurmerk) in de schappen van AH. Bij de online AH is er overigens geen enkele verwijzing naar het feit dat het hier gaat om een wijnhuis dat duidelijk wil maken dat het niets met de maffia van doen heeft.

het gevaar van de criminele geldstromen die leiden tot valse concurrentie. 'Bij het openen van een restaurant hoeft de maffia geen geld te lenen, ze betaalt geen rente. Ze kunnen een lagere prijs vragen om mensen naar hun restaurant te trekken. Italiaanse ondernemers moeten protectiegeld betalen, terwijl de maffia dit zelf niet betaalt.' Met dit soort activiteiten vergiftigen de maffiosi de economie, concluderen de auteurs. De anti-maffiawetgeving is volgens hen in 2008 nog niet voldoende ontwikkeld, al probeerden de Italianen de handschoen op te nemen. 'Er zouden werkkampen moeten komen voor maffiosi, zodat ze leren te werken als ze willen eten,' vinden de auteurs. In hun ogen hebben nog te veel criminelen gratie gekregen, met alle gevolgen van dien.

De maffiaclans hadden in het eerste decennium van de eenentwintigste eeuw niet alleen belangen in de afvalindustrie en de drugshandel, ze hadden zich ook ingegraven in de agrobusiness[14]. Zij konden zo bepalen wat de Italiaan en anderen op hun bord krijgen. *La Repubblica* onthult in 2011 dat de maffia de hand lichtte met de handel in biologische landbouwproducten. Er werd gesjoemeld met het land van herkomst. De 'Italiaanse kwaliteitsproducten' kwamen elders vandaan. Het ging bijvoorbeeld om 'Siciliaanse' citroenen (uit Argentinië), biologische 'Italiaanse' olijfolie (uit Tunesië) of duurzaam geteelde 'Italiaanse' artisjokken (uit Egypte). Het schandaal kwam aan het licht door een inval van de politie bij een biologisch landbouwbedrijf op Sicilië. De arbeiders werden op heterdaad betrapt. In opdracht van hun bazen plakten ze stickers met 'prodotto biologico Italia' op de Argentijnse citroenen. De 'Siciliaanse citroenen' lagen ook in de schappen van Nederlandse winkels.

Twee jaar later verscheen *Cibo Criminale. Il nuovo business della Mafia Italiana*, een onderzoek van Mara Monti en Luca Ponzi. Deze journalisten beschrijven eveneens hoe de maffia het eten en de Italiaanse kwaliteitsproducten vervuilde. De misdaadclans zouden daarnaast ten onrechte miljoenen aan Europese landbouwsubsidies uit Brussel hebben opgestreken. Het Italiaanse onderzoeksinstituut Eurispes kwam tegelijkertijd ook met beschuldigingen. De famiglia's hadden een parallelle handel in 'buffelmozzarella' (8 miljoen kilo per jaar) opgezet. De winst die hiermee werd gemaakt was enorm. Maar er was nog meer. De gegarandeerde Italiaanse tomatenpuree bleek te worden gemaakt met smokkeltomaten uit China. De exquise Italiaanse kazen bleken gemaakt van slechte kaasproducten die over de houdbaarheidsdatum waren of van ander afval dat afkomstig was uit Azië en Oost-Europa. De Italiaanse kwaliteitsolijfolie zou nog steeds worden gemengd met goedkope olie, dan wel met uit afval van olijven geperste olie uit Marokko of Tunesië, of zelfs uit Azië. Ook was er olijfolie in het winkelschap beland waar überhaupt geen olijven aan te pas waren gekomen. Op het etikel stond 'Extra Virgine' en 'Made in Italy': in werkelijkheid betrof het sojaolie die was bijgekleurd met bèta-caroteen en chlorofyl, bladgroen.

Ook de Italiaanse wijn lag nog steeds onder het vergrootglas van de critici van de maffia. Deze keer ging het niet om gif of merkvervalsing, maar om degene die met de winst van de verkoop ging strijken. De Italiaanse krant *La Repubblica* had achterhaald wie de werkelijke eigenaar was van het prestigieuze wijnhuis l'Abbazia Santa Anastasia. Een bedrijf dat jaarlijks meer dan 650.000 flessen biologische wijn omzet. Het bleek de capo dei capi te zijn: Bernardo Provenzano. Via een stroman had hij het bedrijf in zijn bezit gekregen. De wijn was nog altijd ook in Nederland verkrijgbaar, schrijft de krant. Een simpele check op internet in 2015 bevestigt dit.

Olijfolie

In Sicilië is er inmiddels al jaren een antimaffiabeweging, die zich ook gesteund weet door *Slow Food* van Carlo Petrini. Slow Food zet zich af tegen de industriële productie van voedsel. Men wil terug naar het land en de eigen cultuur en heeft aanhang over de hele wereld. Slow Food krijgt steun van de antipoliticus Beppe Grillo en zelfs van paus Franciscus.

De antimaffiabeweging heeft niets op met de valse romantiek van de cultuur van 'de mannen van eer'. Stickers op hotels en restaurants moeten de toerist of gast duidelijk maken dat men geen protectiegeld – *pizo* – meer afdraagt aan La Cosa Nostra. Er is inmiddels wetgeving die bepaalt dat wie beschermingsgeld betaalt aan een maffioso zelf ook strafbaar is. Het land dat de Italiaanse overheid confisqueerde van maffiabazen is in een aantal gevallen overgegaan naar coöperaties die niet langer gecontroleerd willen worden door de criminelen: *Libera Terra.* Dat geldt zowel voor de ambachtsmensen als de producten.[15] Ze houden zich bezig met biologisch-dynamische landbouw en verkopen hun waren, zoals hun olijfolie, veelal op de lokale markten. Het label Libera Terra is voor de consument de garantie dat het product zonder enige bemoeienis van de maffia werd vervaardigd. In Corleone staat een antimaffiamuseum. In het voormalige huis van de laatste Don Bernardo Provenzano worden nu tomaten verkocht door de Libera Terra-beweging.

Een recente reisgids, *The Sicilian Mafia. A True Crime Travel Guide*[16], (geen restaurants of eten) maakt weliswaar een tour langs de huizen of monumenten van dode of gearresteerde criminelen, maar gaat nu ook langs de plekken waar de slachtoffers van de maffia vielen. Onder wie Libero Grassi, die de moed had om tegen zijn 'beschermers' op te staan. De weigering om pizo te betalen moest hij met de dood bekopen.

Maar de honger naar nieuws over het geheime leven in de maffia is en blijft groot. Een artikel in *The Wall Street Journal*[17] zomer 2015 getuigt hiervan. Een Amerikaanse toeristentour, *Overseas Adventure,* beloofde in zijn programma niet alleen Siciliaans eten en wijn, maar ook een ontmoeting met de zoon van een maffioso. Die zoon was niemand minder dan Angelo, de zoon van godfather Bernardo Provenzano. Hij had een contract afgesloten met het reisbureau om te vertellen hoe hij was opgegroeid als kind van een maffiavader die drieënveertig jaar voor justitie op de vlucht was. Uiteraard wilden de toeristen van hem weten hoe de beruchte capo dei capi zich gedroeg als hij met zijn gezin aan de eettafel zat. Volgens Angelo was hij een liefdevolle vader die nooit zijn stem verhief. De bijeenkomsten met Angelo Provenzano werden op Sicilië met argusogen bekeken omdat hij nooit helemaal afstand had genomen van zijn vader als hoogste maffiabaas op Sicilië. Op de Italiaanse televisie had Angelo zelfs gezegd dat hij ondanks de levenslange straf die zijn vader was opgelegd het recht had hierover anders te denken dan justitie. 'Ik ben er trots op dat ik Provenzano's zoon ben,' zei hij.

Het optreden van Angelo Provenzano voor de Amerikaanse toeristen bleek gevoelig te liggen, constateert de *Wall Street Journal.* Het reisbureau had voor die bijeenkomst met de maffiazoon een kamer geregeld in een viersterrenhotel in Palermo. Toen de eigenaar erachter kwam dat deze ontmoeting had plaatsgevonden onder zijn dak, kregen de organisatoren te horen dat ze maar op zoek moesten naar een ander zaaltje. Hij was er niet van gediend. Angelo Provenzano, die zelf ook om commentaar was gevraagd, wilde de verslaggeefster niet te woord staan, liet hij via zijn advocaat weten.

In het hartland Sicilië zijn maffia-zaken nog altijd lastig te bespreken.

De Italiaanse, maar vooral de Siciliaanse keuken is anno 2015 in Nederland hot – net als alle andere zaken die Italië betreffen, getuige de glossy's over de *Italian way of life.* Ook nieuwscorrespondenten die jarenlang voor hun media Italië volgden roemen in hun boeken de maaltijden, de mooie wijnen en de unieke pasta's.

Zomer 2015 verscheen *Italiaanse streken*, het fantastische boek van Bas Mesters (NOS, *NRC Handelsblad*).[18] Hij maakt hierin een wandeling langs alle plekken die er voor hem toe doen. Hij verklaart ook zijn eigen fascinatie en die van de Italianen met eten. Eten is volgens hem de grote pacificator in dit tot op het bot verdeelde land. 'Het brengt de Italiaan steeds opnieuw tot het inzicht dat het uiteindelijk nergens beter toeven is. Politiek, corruptie, maffia, bedrog en sluwheden worden irrelevant. Warmte, menselijkheid, *morbidezza* (zachtheid) tellen en troosten dan. En wie zijn vete toch wil voortzetten, doet dat aan tafel in culinaire termen.'

Mesters beschrijft in zijn boek vervolgens de bejaarde moeders – de nonna's – van zijn vrienden, die elkaar niet kunnen luchten of zien, maar met feestdagen wel altijd samen aan tafel zitten te kibbelen over hoe je het beste *biscottini* (koekjes) bakt. 'Voor een Noord-Europeaan is het wellicht oppervlakkig, en wordt dat uren praten over eten gezien als een vlucht. Maar voor Italianen is het behalve een kunst vaak ook de essentie, en inderdaad een noodzakelijke vlucht uit de werkelijkheid, al zullen ze dat zelden zo uitspreken. Voor hen ís het de realiteit.'

Mesters heeft gelijk. Zelf zag ik in Bari in het hartland van de *Sacra Corona Unita* – een onbekendere loot aan de maffiastam – de gasten geduldig in de rij staan voor een onooglijk restaurant bij de haven. De maffia weet waar het eten goed is, de andere eters volgen als vanzelf, verzekerde een insider me weer eens. Hij had daarvoor verteld over restaurants waar de boeven komen voor de meest verse vis en de lekkerste kaas. Waar je zelfs een enkele keer revolvers op tafel zou zien liggen. Hij kende al die adressen tot ver in het diepe zuiden van 'de laars' op zijn duim. De eettent in Bari was uitgekozen door mijn gezelschap, een voormalig dagbladjournalist die al jaren in Italië verblijft: dáár zou je pas eten krijgen in de overtreffende trap, beloofde hij. Hij had geen woord te veel gezegd.

Eten staat echter voor zoveel meer dan aan tafel gaan, en de maffiamethodes blijken grenzeloos.

In de zomer van 2015 verscheen er een uitvoerig onderzoek in opdracht van de Europese Commissie, *From illegal Markets to Legal Business. The portfolio of Organized Crime in Europe*, met alarmerende cijfers over de criminele investeringen. Niet alleen Italië, ook Nederland behoort inmiddels tot de toplanden waar de gangsters en hun facilitators hun zwarte geld wegwerken in de bovenwereld. Behalve in de bouw, het transport en het onroerend goed staat de wereld van de hotels, bars en restaurants er zwaar gekleurd op. En natuurlijk de handel in voedsel. Crimineel eten dus.

NOTEN

Noten hoofdstuk 1

1 Een noodzakelijke beperking. Als ook het eetgedrag van de leden van Yakuza, Triades, Kangpae,Vor, Le Eme, Mumbai Mafia, et cetera en de films en boeken over deze gangsters bij dit onderzoek was betrokken, zou het nog vele jaren duren voordat er een eindresultaat in zicht was.

Noten hoofdstuk 2

1 Histor Press, 2011.

2 *The First Family*, Mike Dash, Simon & Schuster UK, 2009.

3 De afperspraktijken speelden zich niet alleen in New York af. Hetzelfde gebeurde al rond 1890 in de Italiaanse wijk in New Orleans, waar de eerste immigranten naartoe gingen, en in Chicago.

4 Alexandre Dumas (1802-1870), onder andere bekend van *De graaf van Monte Cristo,* schreef ook non-fictie: *La Speronare (Impressions of Travel in Sicily)* en *Pascal Bruno,* een historische roman die gebaseerd is op de gelijknamige historische Siciliaanse bandiet. Ook schreef hij het *Groot Keukenwoordenboek,* dat na zijn dood werd gepubliceerd.

5 Dit is Siciliaans en een afkorting van *cacocciula,* in het Italiaans is het *carciofo* en *cosche.*

6 Harper Torchbooks, 1975.

7 Deze rituelen worden in de verhoren van spijtoptanten en in menig non-fictieboek over de maffia beschreven.

8 Morello en zijn mannen bleken zich behalve met valsemunterij ook nog bezig te hebben gehouden met afpersing. Hun slachtoffers ontvingen dreigbrieven die waren opgesierd met tekeningen van doods-

hoofden, revolvers en messen waar het bloed af droop. Ook stond er in die aanmaningen soms een tekening van een hand met een dreigende en waarschuwende vinger. Daar hadden de kranten lucht van gekregen en al snel schreven die over deze groep misdadigers als 'De bende van De Zwarte Hand'.

9 Voor de 'vatmoord' was er een liquidatie geweest in New Orleans. De leden van een Italiaanse valsemuntersbende waren voor deze afrekening aangehouden. Over deze criminelen ging het gerucht dat ze tot de maffia zouden behoren. In het hoofdcommentaar in het Italiaanse dagblad uit New Orleans werd het bestaan van deze criminele organisatie echter ontkend: 'Bij elke dronken ruzie tussen Italianen roept iedereen: "Maffia". Die organisatie bestaat niet en heeft ook nooit bestaan.'

10 In 1946 organiseerde Lucky Luciano de 'Havannaconferentie' op Cuba. Hier besloten de maffiosi om beter samen te werken voor 'onze zaak': *La Cosa Nostra.* Het werd ook meteen de nieuwe naam voor hun criminele organisatie.

11 Nederland kent 'georganiseerde misdaad', maar niet zoals in de Verenigde Staten. Hier hebben de criminelen nooit binnen de vakbonden voet aan de grond gekregen.

12 Een *Teamster* is een chauffeur van een vrachtauto. Hier wordt bedoeld de vakbond van truckers.

13 De film *On the Waterfront,* die hoofdrolspeler Marlon Brando zijn eerste Oscar opleverde, gaat over deze problematiek.

14 Jo Bonanno vertelt hierover aan historicus Mike Dash, *De Eerste Familie,* AP, 2009.

15 Salvatore Maranzano (1886-1931)

16 De Britse wetenschapper David Critchley deed meer dan veertig jaar studie naar de maffia in Italië en Amerika. Ook hij stelt in zijn boek *The Origen of Organized Crime in America* (2009) dat de Siciliaanse traditionele methoden dominant bleven, al 'veramerikaniseerde' de maffia in New York door de komst van de nieuwe leiders in 1931.

17 De gerenommeerde Britse culinair auteur en historica Bee Wilson

(*Consider the Fork*) in een recensie in *The New York Times* over een boek van een collega, William Sitwell, *A history in 100 Recipes.*

18 *The Mafia Cookbook*, Joe Cipolla, Ballantine Books Inc. 1970.

Noten hoofdstuk 3

1 *McMaffia Misdaad zonder grenzen*, Misha Glenny, Ambo/Manteau, 2008.

2 *Octopus, The Long Reach of the Sicilian Mafia*, Claire Sterling, W.W. Norton & Co, 1990; *Leven in de Mafia*, Pino Arlacchi, Nijgh & Van Ditmar, 1993.

3 *Justitiële Verkenningen*, De culturele erfenis van Don Corleone, F. Bovenkerk en M. Husken, 2005.

4 Voor bronnen films zie leeslijst.

5 Zijn Italiaanse grootvader maakte wijn in de kelders van hun appartement in New York, waar de familie woonde. Hij liet druiven uit Californië komen. Die traditie van wijn maken nam de regisseur over. De wijnen van Coppola zijn nog altijd verkrijgbaar, ook in Nederland.

6 Ook bij of na een bezoek aan de kapper zou een crimineel minder op zijn qui-vive zijn. Geruchtmakende maffiamoorden in Amerika in de vorige eeuw zijn daar een voorbeeld van.

7 *Playboy's Illustrated History of Organized Crime*, Richard Hammer, 1975.

8 Niet alleen filmregisseurs of auteurs lieten zich inspireren door de maffiadons uit het begin van de twintigste eeuw. De song 'Joe' van Bob Dylan gaat bijvoorbeeld over Joe Gallo, die mensen doodschoot als ze bij de kapper zaten.

9 Jerry Agiulo in *The Underboss. A Dramatic Inside Look at the Rise and Fall of a Maffia Family*, Gerard O'Neill & Dick Lehr, St Martin's Press, 1989.

10 Puzo heeft atijd volgehouden dat hij zijn 'Don Corleone' heeft verzonnen en de persoon heeft gebaseerd op de verhalen van en over meerdere maffiosi in de jaren zestig.

11 Het boek verscheen in 1970 in Amerika. Vijf jaar later lag er in Nederland een door Ronnie Potsdammer bewerkte versie met twaalf

maffiamenu's in de winkel. In 2009 werd Cipollo's receptenbundel opnieuw uitgegeven. Nu door Fontaine en Noe voor 'een kook of ik schiet'-prijs van 9,95.

Noten hoofdstuk 4

1 Senaatscommissie onder leiding van Estes Kefauver die onderzoek deed naar de invloed van de georganiseerde misdaad, het illegale gokken en corruptie.

2 Dvd-box *The Sopranos*: Familiefeest, VN, 15 december 2007

3 Ook Nederlandse criminelen zagen in Tony Montana een rolmodel. Mink K. speelde een scène voor mij na uit *Scarface*, zodat ik iets van zijn motivatie zou begrijpen. In een restaurant waar iedereen naar Tony Montana kijkt roept deze – *bad guy* – uit dat hij tenminste ballen heeft en niet zo laf is als de rest van de gasten. *De criminele carrière van Mink K.*, De Boekerij, 2007.

4 Zijn onderzoek publiceerde hij onder de titel *The Italian American Table. Food, Family, and Community in New York City*, Simone Cinotto, University of Illinois Press, 2013.

5 *Sopranos Family Cookbook*, Alan Rucker, met recepten van Michele Scicolone, de maker van de serie is David Chase, Warnerbooks, 2002.

6 Uit de bundel *The Sopranos and Philosophy. I Kill Therefor I Am,* Open Court 2004. Al Gini is een van de auteurs.

7 *The Sopranos Family Cookbook,* Allen Rucker; met recepten van Michele Scicolone; de maker van de serie is David Chas, Warner books, 2002.

Noten hoofdstuk 5

1 *Crime Top 100*, Crimesite, Karakter Uitgevers, 2015.

2 *In de ban van Klaas Bruinsma,* Marian Husken, De Boekerij, 2004.

3 *De Godmother in Panama – Thea Moear achter de tralies*, Hendrik Jan Korterink, Nieuw Amsterdam, 2008.

4 Ik sprak Voskuil eerder voor *In de ban van Bruinsma,* Marian Husken, De Boekerij, 2005.

5 In 2015 spreek ik Voskuil opnieuw voor dit boek.

6 Just Publishers, 2014.

Noten hoofdstuk 6

1 Just Publishers.

2 Maffiabaas John Gotti legde als tip altijd nog eens het bedrag van de totale rekening erbij.

3 Uva's zoon heeft inmiddels de zaak overgenomen. Hij heeft ook nog een eigen restaurant, *Saporetti* aan de Koemarkt in Purmerend, dat werd uitgeroepen tot 'het beste Italiaanse restaurant van 2015'.

4 Arjen Kaale sr. Hij is inmiddels overleden, kort voordat hij in juni 2014 moest getuigen in het Passageproces tegen de huurmoordenaars van de andere goede vriend van Cor – de kroegbaas Thomas van der Bijl, die in 2006 was doodgeschoten. Van der Bijl beschuldigde Holleeder van de moord op Van Hout.

5 Ik sprak ze samen met Harry Lensink voor *De jacht op Crimineel Geld* (2013). Het echtpaar stelt in dit boek dat ze jarenlang ten onrechte werden beschuldigd van het witwassen van een deel van het Heineken-losgeld.

6 De eigenaar Ludwig 'Loetje' Klinkhamer had vroeger een slagerszaak in de Jordaan op de Elandsgracht. Zijn vader had een groentezaak, maar de zoons werden slager – vanwege de honger. 'Een slager die zichzelf verhuurde aan een baas had 's woensdags recht op een bal gehakt en in het weekend op een pan soep en vleeswaren. Daar at het hele gezin van.' Jaap, de zoon van Loetje, nam in 1995 de zaak over, gooide het biljart eruit en maakte er een eettent van met biefstukken, schnitzels en kipsaté, geserveerd met sla en friet. (Jannetje Koelewijn, NRC, 7 augustus 2008 en 14 juli 2015).

7 *Trouw*, 1 februari 2003.

8 *de Volkskrant*, 1 februari 2003.

9 In Italië werd al in de jaren zeventig en tachtig gebruikgemaakt van meewerkende verdachten die optraden als kroongetuigen tegen hun vroegere vrienden. Het ging aanvankelijk om terroristen, later werd

de pentito-regeling ook gebruikt voor leden van de maffia die verklaringen aflegden tegen hun voormalige godfathers. Amerika kent het systeem van *plea-bargaining*, dat grofweg neerkomt op schuld bekennen in ruil voor strafvermindering.

10 Het boek is uitgegeven door Simon & Schuster, New York. In 2001 werd een aangevulde en geactualiseerde versie op de markt gebracht.

11 Op www.whatculture.com staat een lijst met de werkelijke laatste maaltijden van zeventien ter dood veroordeelden. Een van hen weigerde de maaltijd omdat hij zeker wist dat het niet zijn laatste zou zijn. Een ander beperkt zich tot 'een ontpitte zwarte olijf'. Er zijn veel verzoeken om kreeft, biefstuk, ijs en taart. De ter dood veroordeelde Thomas Grasso maakte er een geweldige feestmaaltijd van met gestoomde mosselen, schelpdieren, een cheeseburger, spare ribs, milkshakes, taart en spaghetti met gehaktballen. Hij beklaagde zich, want hij kreeg niet de speciale spaghetti, maar heel gewone. 'Ik wil dat de pers dit weet.'

Noten hoofdstuk 7

1 Of de camerabeelden er zijn of iets duidelijk kunnen maken is op het moment dat dit boek naar de drukker ging – oktober 2015 – nog niet bekend.

2 Wielertijdschrift *De Muur*, maart 2008.

3 *Love and Honor in Las Vegas* van maffia-auteur Nicholas Pileggi en nadien zijn scenario voor *Casino*, de film van Martin Scorsese (1995), gaan over dit gokpaleis.

4 Proces-verbaal van verhoor getuige, 4 januari 2006. Het diende als bewijs in de rechtszaak tegen Holleeder.

Noten hoofdstuk 8

1 Ianni, Francis A.J., *A Family Business: kinship and social control in organized crime*, Russel Sage, NY, 1972 Anderson, Annelise Graebner, *The Business of Organized Crime*, Hoover Institution Press, Stanford 1979.

2 *Stille Willem*, Harry Lensink, Balans, 2006.

3 *Verraad, de misdaadbiografie van Willem Holleeder*, Jan Meeus, Nieuw Amsterdam, 2015.

4 Onder andere bij RTL *Boulevard* en in *Trouw*, 23 mei 2006.

5 De eetgelegenheid heeft meer beroemde dan beruchte gasten gekend. Van Sting en Mick Jagger tot Cecilia Bartoli. Van captains of industry tot de Herenclub van Harry Mulisch, Adriaan van Dis en Jeroen Henneman. *Le Garage. 25 jaar culinair theater*, Joop Braakhekke, Uitgeverij Komma, 2015.

6 Interview *Het Parool*, 17 september 2011. In 2012 werd restaurant Spring na 9 jaar gesloten. Ralph van Woerde – dan inmiddels eigenaar van de zaak – ging zich naar zijn zeggen meer concentreren op zijn andere ondernemingen: visrestaurant *De Oesterbar* aan het Leidseplein en restaurant *Oud-Zuid* in de Johannes Verhulststraat.

7 *The Maffia Handbook*, Douglas Le Vien, jr. en Juliet Papa, Penguin, 1993.

8 *The Sopranos Family Cookbook.*

9 *Cooking with Capone. The Encyclopedia of the American Mafia's links to Italian Cuisine*, Black Scorpion Press 2013. Het boek verscheen eerder onder de titel: *Dinner with dons & other uninvited guests, dead at the table: The American Underworld's links to Italian Cuisine.*

Noten hoofdstuk 9

1 FD, 18 januari 2003.

2 Uit de biografie *Stille Willem*, die na zijn dood over hem werd geschreven door *VN*-collega Harry Lensink.

3 NRC, (Hemelse vis), Joep Habets, 19 maart 2005.

4 Herman Buurman in *Stille Willem*, Harry Lensink, Balans, 2006.

5 Henk Willem Smit, *Quote*, 24 januari 2014.

6 Idea Factory, een rekening die aan Hillis gelinkt kon worden.

7 De Endstratapes – gesprekken met de CIE op de achterbank van een politieauto.

8 De toenmalige advocaat van Holleeder Bram Moszkowicz haalde deze uitspraak aan tijdens de tweede pro-formazitting van het 'Afpersings'-proces.

9 *La Cosa Nostra. De geschiedenis van de Siciliaanse Maffia,* John Dickie, Ambo, 2004.
10 *The Mafia Handbook,* Douglas Le Vien jr. en Juliet Papa, Penguin, 1993.

Noten hoofdstuk 10

1 Auteur (samen met Tom Robbins) van onder andere *Mob Boss. The First Boss to Turn Government Witness,* St. Martin's Press, 2013.
2 *De dodenlijst,* Marian Husken en Harry Lensink, Balans, 2009.
3 Jocic.
4 Zie literatuurlijst.
5 Het ging om Ali Acgün. Na zijn vrijspraak bij de rechtbank ging het OM in hoger beroep omdat justitie geloof hechtte aan de beschuldigingen van hun kroongetuige Peter La Serpe. Die beweerde dat Ali achter de moord op Imaç zat. Het dossier werd in 2015 gesloten nadat de Turkse autoriteiten Acgüns dood officieel hadden bevestigd.
6 Schietpartijen ín een eetgelegenheid maakten de klandizie echter kopschuw. In 1979 werden bij Joe and Mary, een familierestaurantje in Brooklyn, een hoofd van de Bonanno-clan en zijn lijfwacht geliquideerd op het binnenplaatsje waar ze lunchten. De eigenaar van de zaak verloor daarbij ook het leven. Zijn weduwe hoefde daarna niet te rekenen op veel nieuwe extra eters.
7 Twee gerenommeerde New Yorkse misdaadverslaggevers, Jerri Capeci en Tom Robbins, schreven het levensverhaal van 'Little Al' op: *Mob Boss: The First Boss to turn Government Witness,* St. Martins's Press, 2013/2015.
8 Wikipedia.

Noten hoofdstuk 11

1 Uitgeverij Ambo, 2004.
2 Uitgeverij Ambo, 2013.
3 *Enkele reis Corleone,* Petra Reski, Lebowski, 2011. Eerder verscheen *Maffia. Over peetvaders, priesters en pizzeria's,* Lebowski, 2009.

4 Zie geraadpleegde literatuur.
5 *Inzake Opsporing*, Bijlage VIII, Cyrille Fijnaut en Frank Bovenkerk, SDU, 1995.
6 *De Volkskrant*, 20 november 2011.
7 *De Italiaanse Maffia in Nederland*, Stan de Jong en Koen Voskuil, Nieuw Amsterdam, 2010.
8 Stan de Jong, 'Maffiosi zijn gek op Nederland', www.deondernemer.nl, 17 januari 2012.
9 *De Telegraaf*, 2 augustus 2014.
10 *De Telegraaf*, 2 november 2007.
11 *De Italiaanse maffia in Nederland*, Stan de Jong en Koen Voskuil, Nieuw Amsterdam, 2010.
12 Eerste St. Book Library, 2000.
13 Broadway Fifth Press, 2013.
14 Broadway Fifth Press, 2015.
15 Pelgrave Macmillan LTD, 2011.
16 *In Nonna's Kitchen. Recipes and Traditions from Italy's Grandmothers*, Carol Field, HarperCollins, 1997.

Noten hoofdstuk 12

1 *Daughter of the King*, 2010, Weinstein Books. De memoires van de 72-jarige Sandra 'Sandi' Lansky, dochter van Meyer Lansky. Ze was de 'Paris Hilton' van de jaren vijftig, zestig. Ging veel uit in clubs en kende veel beroemdheden.
2 Idem
3 Het ging hier om de Commissie Van Traa, die onderzoek deed naar de uit de hand gelopen opsporingsmethoden in 1995-1996. De andere leden waren F. Bovenkerk, H. van de Bunt en G. Bruinsma.
4 Uit oude politiedossiers blijkt dat ze de shoarmazaak in Leiden begin jaren negentig verkochten en daarna een croissanterie begonnen. Daarnaast hadden ze 'Amsterdam'. Ook kochten ze een pizzeria in Den Haag.
5 Een weigering van de gemeente tot afgifte van een vergunning kan worden aangevochten via de bestuursrechter.

6 *De oorlog in de Amsterdamse onderwereld,* Bart Middelburg en Paul Vugts, Nieuw Amsterdam, 2006.

7 *Misdaadprofielen,* Frank Bovenkerk, Meulenhoff, 2001.

8 *Kapsaloneten.blogspot.nl:* Het personeel van een Kaapverdiaanse kapsalon, 'Tati' in Rotterdam, bestelde regelmatig een lunchschotel bij het Turkse eethuis *El Aviva.* Het ging om een bak waarin alles bij elkaar werd gedaan: frites met daarop shoarma en veel sausen en daarop salade. Het zou gebaseerd zijn op het Kaapverdiaanse 'Cachupa', een eenpansgerecht waarbij alle ingrediënten die voorhanden zijn bij elkaar worden gegooid – in dat geval meestal maïs, bonen en vlees. Bij het Turkse eethuis noemden ze 'het gerecht' al snel de 'kapsalon' en omgekeerd duidde ook het Tati-personeel hun bestelling als zodanig aan. Het zag er kennelijk goed uit, want ook andere bezoekers van *Aviva* gingen om een 'kapsalon' vragen. Sinds 2003 is de 'kapsalon' ook bij andere shoarmazaken en verschillende snackbars in Nederland en België verkrijgbaar.

9 Copyright Judith Gethers en Elizabeth Lefft, 1975, Ballantine Books en Random House, 1983. Het recept komt uit een 'privately' editie uit 1991.

Noten hoofdstuk 13

1 *Mocro Maffia. Geld Ambitie en verraad in de onderwereld,* Walter Laumans en Marijn Schrijver, Lebowski, 2014.

2 De Kring, 2014.

3 *Poldermarokkanen. Tragikomische verhalen over emigratie,* Faoud Laroui, De Geus, 2010.

4 *Inzake opsporing. Bijlage VIII. Deel I onderzoeksgroep Fijnaut: Autochtone, allochtone en buitenlandse criminele groepen,* 1995-1996.

5 *Marokkaan in Europa, crimineel in Nederland,* Frank Bovenkerk, Boom/Lemma, 2014.

6 Idem. Bovenkerk publiceerde een lijst met namen van beroemde Marokkanen in allerlei sectoren. Hij noemde daarbij geen kickboksers van Marokkaanse komaf, al zijn ze bekend. Nordin Ben Saleh (2004),

Redouan Boutaka (2012) en Tarik el Idrissi (2014) werden geliquideerd. Bovenkerk: 'In eigen kring zijn ze populair en ze gaan graag door voor voorbeeldfiguren voor jongens die op het slechte pad dreigen te gaan.'

7 Bouzamours 'schelmenroman' *De belofte van Pisa* gaat over een geslaagde scholier en een broer die een carrière in de zware criminaliteit heeft.

8 *Babel*, Maandblad voor de Faculteit der Geesteswetenschappen UvA, nr 4, 2013.

9 *Casa Benali. Het Marokkaanse huis-, tuin- en keukenkookboek*, Abdelkader Benali & Saida Nadi-Benali, Arbeiderspers, 2014.

10 *Badr Hari, mijn verhaal*, Maarten Bax, Kosmos, 2014.

11 Via Gwenneth kwam Badr Hari aan zijn door hem zeer gewaardeerde advocate Benedicte Ficq, die overigens 'om haar moverende reden' aan het slot van de hogerberoepszaak haar verdediging neerlegde. Tien dagen later kwam Ficq op dit besluit terug.

12 Op internet circuleert inmiddels een gefakete sterreclame over pindakaas met Badr Hari in de hoofdrol.

13 Club Air, de kleine 'Cooldown', club Blinq en de Jimmy Woo in Amsterdam.

14 Op het moment dat dit boek naar de drukker ging, had het Amsterdamse gerechtshof nog geen uitspraak gedaan in de zaak Badr Hari.

15 *Wiseguy. Het levensverhaal van een gangster*, Nicholas Pileggi, Lebowski, 2009.

16 *The Wiseguy Cookbook*, Henri Hill and Priscilla Davis, New American Library, 2002.

Noten hoofdstuk 14

1 *Wiseguy*, Nicolas Pileggi, door Martin Scorsese verfilmd als *Goodfellas*, De Boekerij, 1987/Lebowski, 2009.

2 *Vrij Nederland*, 12 mei 1986.

3 *De laatste Godfathers. De opkomst en ondergang van de Corleones; de machtigste maffiafamilie van Italië*, John Follain, Karakter, 2010.

4 *La Repubblica*, 2 maart 2001.

5 Hij werkte samen met de later vermoorde magistraat Giovanni Falcone.

6 September 2015.

7 Koks website voor zijn escortservice heette Vlinders, in 2015 bericht hij over misdaad op zijn site 'Vlinderscrime'.

Noten hoofdstuk 15

1 Tot september 2014 mochten de gedetineerden voor 135 euro kopen. De limietverlaging is in 2015 nog niet strikt in alle penitentiaire inrichtingen doorgevoerd.

2 Uitgegeven door GoodReadBooks, 2006.

3 *Creative Snacks, Meals, Beverages and Desserts*, Kevin Bullington; *Mad Dogs Favorite Prison Recipes*, Dan M. Allen; *FED Up-Prison Cookbook*, Charles Keith; *From the Big House To Your House. Cooking in Prison*, Celeste Johnson.

4 Nadien verschenen deze aantekeningen ook in boekvorm: *Berichten uit de bajes. De Zwarte Cobra in Amerika.* Crimesite, 2012.

5 *The Dallas Morning News*, 3 februari 2012.

6 'Cooking for the mafia', *The Guardian*, 10 augustus 2003.

7 'Cooking for the mafia', *The Guardian*, 10 augustus 2003.

8 Interview *The Guardian*, 10 augustus, 2003.

9 Uitgeverij BzztôH, vertaling: Studio Imago Cora Kool.

Noten hoofdstuk 16

1 *De Volkskrant*, 5 juni 2015.

2 *IJscomannen en schoorsteenvegers: Italiaanse ambachtslieden in Nederland*, Frank Bovenkerk e.a., Meulenhoff/Manteau 1983 en 2004.

3 Het artikel van Ernest van der Kwast verscheen op 10 januari 2015, de reportage van Marc Leijendekker op 20 januari 2015.

4 Zie: *De Jacht op Crimineel Geld*, Marian Husken en Harry Lensink, Balans, 2013. In 2015 is een geactualiseerde versie verschenen.

5 Betrokken bij Bibob-procedures in de gemeente Den Haag en inmid-

dels hoofd van het RIEC Den Haag, VNG *Magazine*, 8 november 2013.

6 6 maart, 2015.

7 De naam voor een maatregel van het Dagelijks Bestuur om monocultuur (van bepaalde bedrijfssoorten) in een wijk tegen te gaan.

8 Wie zelf ijs wil maken kan raadplegen: *IJs. Recepten van ijssalon Roberto Gelato*. Het boek is geschreven door zijn vrouw Carlina Coletti De Lorenza (eveneens een telg uit een beroemde ijsbereidersfamilie), House of Books, 2012.

9 Zie ook de epiloog.

Noten hoofdstuk 17

1 Zie meer over de miljoenen van 'Rooie Ron' in *De jacht op crimineel geld*, Marian Husken en Harry Lensink, Balans 2014. Geactualiseerd in de herfst van 2015 met: 'De Teeven-deal' en 'De Endstra-erfenis'.

2 Simon and Schuster, 2009.

3 Regan Books, 2006.

4 In *Mob Wives* zat ook Karen, de dochter van Sammy 'the Bull' Gravano – rechterhand van John Gotti, die tegen zijn baas getuigde. Karen schreef ook haar familiememoires: *Mob Daughter*, St. Martin's Press, 2013.

5 Perigee Book, Penguin, 2014.

6 Van het leven en de arrestatie van Provenzano werd een docudrama gemaakt: *Scaco el Provenzano* (*Checkmate*). Ook de makers van *Corleone* baseerden een nieuwe fictieserie op het leven van Provenzano: *L'ultimo Padrino* (De laatste Don).

7 *Maffiarepubliek*, John Dickie, Ambo, 2013.

8 Prometheus Books, NY, 2007.

9 *Gomorra. Een reis door het imperium van de Camorra*, Robert Saviano, Rothschild & Bach, 2007.

10 *Maffiavrouwen*, Claire Longrigg, Meulenhoff/Kritak, 1998.

11 Walter Schiavone, vele jaren hoofd van de betonbusiness van de Casalesi-clan.

12 *De Volkskrant*, 27 mei 2015.

13 *Bloedbroeders. De geschiedenis, de verhalen, de bazen en de business van de 'Ndrangheta, de machtigste maffiaclan ter wereld,* Nicola Gratteri & Antonio Nicasso, Lebowski, 2009.

14 *Humo* 30 september 2014. 'Dossier; Namaakvoedsel'.

15 *Het land van de krul. Cultuurwijzer voor het Italiaanse leven,* Marc Leijendekker, Bert Bakker, geactualiseerde versie, 2012.

16 Auteur: Carl Russo, Strategic Media Inc., 2013.

17 'Siciliy Tour: Food, Wine and a Mafioso's son', *The Wall Street Journal,* 23 juni, 2015.

18 *Italiaanse streken,* Bas Mesters, Prometheus, 2015.

LITERATUUR

Anastasia George, *Gotti's rules. The Story of John Alite, Junior Gotti and the Demise of the American Mafia*, HarperCollins, 2015

Arlacchi, Pino, *Leven in de mafia*, Nijgh & Van Ditmar, 1993

Baggini, Julian, *Deugden van de tafel. Een filosofie van het eten*, Nieuw Amsterdam, 2014

Barreca, Regina, e.a., *A Sitdown with the Sopranos*, Palgrave MacMillan, 2002

Bax, Maarten, *Badr Hari. Mijn verhaal*, Kosmos, 2014

Blok, Anton, *The Mafia of a Sicilian Village 1860-1960. A Study of Violent Peasant Entrepreneurs*, Harper & Row, 1974

Bonanno, Joseph, *A Man of Honour. The autobiography of a Godfather*, Andre Deutsch, 1983

Bouzamour, Mano, *De belofte van Pisa*, Prometheus, 2013

Bovenkerk, Frank, *La Bella Bettien*, Meulenhoff, 1995

Bovenkerk, Frank, *Misdaadprofielen*, Meulenhoff, 2001

Bovenkerk, Frank, *Marokkaan in Europa, crimineel in Nederland. Een vergelijkende studie*, Boom/Lemma, 2014

Brasco, Donnie (a.k.a. Joseph Pistone), *The Way Of The Wiseguy*, Running Press, 2004

Calvi, Fabrizio, *Het Europa van de Peetvaders. De maffia verovert een continent*, Kritak/Balans, 1993

Capeci, Jerry, en Tom Robbins, *Mob Boss. The First Boss To Turn Government Witness*, St Martin's Press, 2013/2015

Capacchione, Rosaria, *Het goud van de Camorra*, Lebowski, 2009

Cinotto, Simone, *The Italian American Table. Food, Family, and Community in New York City*, University of Illinois Press, 2013

Crimesite, *Crime Top 100*, Karakter Uitgevers, *2015*

Critchley, David, *The Origin of Organized Crime in America. The New York City Mafia 1891-1931*, Routledge, 2009

Dash, Mike, *De eerste familie. Terreur, afpersing en de geboorte van de Amerikaanse maffia*, De Arbeiderspers, 2009

Dickie, John, *Cosa Nostra. De geschiedenis van de Italiaanse maffia*, Ambo/Anthos, 2004

Dickie, John, *Delizia! De geschiedenis van de Italianen en hun keuken*, Ambo, 2008

Dickie, John, *Maffia Republiek. De vloek van Italië*, Ambo, 2013

Ferrara, Eric, *Manhattan Mafia Guide*, History Press, 2011

Follain, John, *De laatste Godfathers. De opkomst en ondergang van de Corleones; de machtigste maffiafamilie van Italië*, Karakter, 2008

Glenny, Misha, *McMaffia. Misdaad zonder grenzen*, Ambo/Manteau, 2008

Gotti, Victoria, *This Family of Mine*, Pocket Star Books, 2009

Gratteri, Nicola & Antonio Nicaso, *Bloedbroeders. De geschiedenis, de verhalen, de bazen en de business van de 'Ndrangheta, de machtigste maffiaclan ter wereld*, Lebowski, 2009

Green, Richard en Peter Vernezze, *The Sopranos and Philosophy. I Kill Therefore I Am*, Open Court, 2004

Grimes, William, *Appetite City. A Culinary History of New York*, North Point Press, 2009

Heuvel, John van den en Bert Huisjes, *Tijdperk Willem Holleeder. Vijfentwintig jaar poldermaffia*, House of Knowledge/*De Telegraaf*, 2008

Husken, Marian, *In de ban van Klaas Bruinsma,* De Boekerij, 2005

Husken, Marian en Harry Lensink, *Handboek Holleeder. Wie*

is wie in het proces van de eeuw, Balans, 2007
Husken, Marian en Harry Lensink, *De dodenlijst. Wie is wie in het liquidatieproces*, Balans, 2009
Husken, Marian en Harry Lensink, *De jacht op crimineel geld*, Balans, 2013
Ingle, Bob en Sandy McClure, *The Soprano State. New Jersey's Culture of Corruption*, Martin's Press, 2009
Jacobs, James B., *Mobsters, Unions, and Feds. The Mafia and the American Labor Movement*, New York University Press, 2006
Jong, Stan de, en Koen Voskuil, *De Italiaanse maffia in Nederland*, Nieuw Amsterdam, 2010
Kok, Auke, *Holleeder. De jonge jaren*, De Bezige Bij, 2011
Korterink, Hendrik Jan, *De Godmother in Panama*, Nieuw Amsterdam, 2008
Korterink, Hendrik Jan, *De BV Bruinsma*, Just Publishers, 2011
Korterink, Hendrik Jan, *Cor. Het levensverhaal van een ras-Amsterdammer en beroepscrimineel*, Just Publishers, 2013
Lane, David, *In het hart van de maffia*, Bert Bakker, 2009
Laumans, Wouter en Marijn Schrijver, *Mocro Maffia*, Lebowski, 2014
Laroui, Faoud, *Poldermarokkanen. Tragikomsiche verhalen over emigratie*, De Geus, 2010
Lensink, Harry, *Stille Willem. De dodelijke spagaat van vastgoedbaron Endstra*, Balans, 2006/2014
Leijendekker, Marc, *Het land van de krul. Cultuurwijzer voor het Italiaanse leven*, Bert Bakker, 2012
Longrigg, Claire, *Maffiavrouwen*, Meulenhoff/Kritak, 1998
Mariani, John F., *How Italian Food Conquered the World*, Palgrave Macmilan Ltd, 2011
Meeuws, Jan, *Verraad. De misdaadbiografie van Willem Holleeder*, Nieuw Amsterdam, 2015

Mesters, Bas, *Italiaanse streken,* Prometheus/Bert Bakker, 2015
Meynendonckx, Fien, *Mafia. Misdaad in stijl,* Tectum, 2011
Middelburg, Bart, *De Dominee. Opkomst en ondergang van maffiabaas Klaas Bruinsma,* Veen, 1992
Middelburg, Bart, *De Godmother,* Veen, 2000
Middelburg, Bart en Paul Vugts, *De oorlog in de Amsterdamse onderwereld,* Nieuw Amsterdam, 2006
Newark, Tim, *Boardwalk Gangster. The Real Lucky Luciano,* Thomas Dunne Books, 2010
Newark, Tim, *Mafia Allies, The True Story of America's Secret Alliance with The Mob in World War II,* Zenith Press, 2007
Oldekater, Jens, *Badr. De harde werkelijkheid achter Badr Hari,* Prometheus 2013
O'Neil, Gerard en Dick Leher, *The Underboss. A Dramatic Inside Look at the Rise and Fall of a Mafia Family,* St.Martin's Press, 1989
Paoli, Letizia, *Mafia Brotherhoods. Organized Crime Italian Style,* Oxford University Press, 2008
Pileggi, Nicholas, *Wiseguy. Het levensverhaal van een gangster,* Lebowski, 2009
Pistone, Joey, *Donnie Brasco,* Lebowski, 2009
Raab, Selwyn, *Five Families. The Rise, Decline, and Resurgence of America's Most Powerful Mafia Empires,* St. Martins Press/Thomas Dunne Books, 2005
Reppetto,Thomas, *De Amerikaanse Maffia. Een geschiedenis,* Ambo/Anthos, 2004
Reski, Petra, *Maffia. Over peetvaders, priesters en pizzeria's,* Lebowski, 2009
Reski, Petra, *Enkele reis Corleone,* Lebowski, 2011
Rob, Peter, *Midnight in Sicily. On art, Food, History, Travel & Cosa Nostra,* (1996) The Harvill Press, 1999
Rommy, Henk, *Berichten uit de bajes. De Zwarte Cobra in Amerika,* Crimesite, 2012

Russo, Carl, *The Sicilian Mafia. A True Crime Travel Guide*, Strategic Media Books, 2013
Rijn, Elle van, *Mijn ontvoering. Voor het eerst verteld door Toos van der Valk*, Artemis & Co, 2011
Satin, Morton, *Death in the Pot. The Impact of Food Poisening on History*, Prometheus Books NY, 2007
Saviano, Roberto, *Gomorra. Een reis door het imperium van de Camorra*, Rothschild & Bach, 2007
Saviano, Roberto, *De schoonheid en de hel*, Lebowski, 2009
Scarpinato, Roberto en Saverio Lodato, *De terugkeer van de heerser*, Lebowski, 2010
Silver, Alain en James Urini, *Gangster Film Reader*, Limelight Edition, 2007
Sifakis, Carl, *The Mafia Encyclopedia*, Facts On File, 1987
Vien jr., Douglas Le and Juliet Papa, *The Mafia Handbook*, Penguin Books, 1993
Voskuil, Bert, *Alle dertien fout. De criminele top 13*. Just Publishers, 2014
Vries, Peter R. de, *De ontvoering van Alfred Heineken*, De Fontein, 2013
Vugts, Paul, *Doorgeschoten. De nieuwe generatie onstuitbare criminelen*, De Kring, 2014
Wilson, Bee, *Consider the Fork. A History of How We Cook and Eat*, Basic Books, NY, 2012
Wrangham, Richard, *Koken. Over de oorsprong van de mens*, Nieuw Amsterdam, 2009
Zee, Sietze van der, *De maffia. Het masker valt*, Bzztoh, 1997

Kookboeken

Chiocca, Olindo Romeo, *Cooking with Capone. The Encyclopaedia of the American Mafia's Links to Italian Cuisine*, Black Scorpion Press, 2013
Cipolla, Joe, *Das Mafia-Kochbuch. Italo-amerikanische*

Küche, Hölker Verlag, 1976/1998 met kogelgat
Cipolla, Joe, *Het Maffia Kookboek. De Italiaans-Amerikaanse keuken*, Fontaine & Noë, 2010
Field, Carol, *In Nonna's Kitchen. Recipes and Traditions from Italy's Grandmothers*, HarpersCollins, 1997
Gallagher, Conrad, *Neem 6 ingrediënten*, Bzztôh, 2003
Gethers, Judith, en Elizabeth Lefft, *Ratner's Meatless Cookbook*, Ballantine Books/Random House, 1983. In 1975 en in 1991 in eigen beheer uitgegeven
Gotti, Veronica, *Hot Italian Dish. A Cookbook*, William Morrow, 2006
Hill, Henry en Priscilla Davis, *The Wiseguy Cookbook. My Favorite Recipes From My Life As A Goodfella To Cooking On The Run*, Penguin, 2002
Iannuzzi, Joseph 'Joe Dogs', *The Mafia Cookbook. Revised and Expanded*, Simon & Schuster, 2001
Iannuzi, Joseph 'Joe Dogs', *Cooking on the Lam*, Simon & Schuster, 2005
Janssen Miraglia, Loes, *Sicilicious. Een culinaire ontdekkingsreis door Sicilië*, Karakter Uitgevers, 2010
Kamali, Annahita, en Florian Böhm, *Cookbook Book*, Phaidon, 2014
Locatelli, Giorgio, *Made in Sicily. Recepten & verhalen*, Fontaine, 2012
Rucker, Allen, *The Sopranos Family Cookbook. As compiled by Artie Bucco*, Recipes by Michele Scicolone, Serie created by David Chase, Warner books, 2002

VERANTWOORDING

Het is niet de bedoeling van dit boek om verlekkerd over misdaad te schrijven. Bij dezen wil ik de indruk wegnemen dat iemand die, of een bedrijf dat in dit boek wordt genoemd, crimineel zou zijn of deel zou uitmaken van de georganiseerde misdaad. Niet iedere Italiaan of Italiaanse Amerikaan is een maffioso, etcetera. De overgrote meerderheid heeft er zelfs niets mee te maken. Net als iedereen kopen criminelen – dus ook in Nederland – hun brood bij de bakker en gaan ze naar de supermarkt, uit eten en vieren ze feest. Maar al betalen ze met contanten een taartje, tomaten of een broodje, daardoor is zo'n bedrijf of onderneming nog niet een verdachte van het witwassen van crimineel geld. Daar worden andere maatstaven voor aangelegd. En let wel: de in dit boek genoemde restaurants worden meer gefrequenteerd door mensen die níet dan mensen die wél in de onderwereld figureren – en zelfs dat laatste maakt de restaurants niet crimineel.

Voor dit boek heb ik geput uit diverse strafdossiers, vonnissen en arresten, uit de research voor artikelen in het weekblad *Vrij Nederland* en uit de boeken die ik eerder schreef (samen met Harry Lensink). Voor *Crimineel eten* heb ik daarnaast verder aanvullende interviews en onderzoek gedaan. Verder is gebruikgemaakt van diverse publicaties (*The New York Times, La Repubblica,* NRC *Handelsblad, De Telegraaf, Algemeen Dagblad, Trouw, Het Parool, Justitiële Verkenningen, Panorama, Blauw* en *Koud Bloed*) en internetbronnen (onder andere Wikipedia, Crimesite, Vlinderscrimesite en Misdaadjournalist). In dit boek worden de namen van sommigen verdachten voluit genoemd. Van anderen is de achternaam vervangen door een initiaal. De afweging die ik daarbij heb gemaakt is de volgende: mensen die zelf eerder de publiciteit hebben gezocht of niet hebben geschuwd zijn met hun achternaam vermeld.

Bijzondere dank voor de totstandkoming van dit boek ben ik verschuldigd aan eenieder die mij steunde, bereid was tot een interview of mij van advies en tips voorzag. Dat waren er velen. Enkelen wil ik graag noemen: mijn meelezers Frank Bovenkerk en Martje Breedt Bruyn, en mijn collega's met wie ik eerder onderzoek deed dan wel artikelen schreef over de misdaad: Jos Slats, Harry Lensink, Freke Vuijst en Rudie Kagie.

Ook dank aan degenen die mijn experimenten met het 'criminele eten' hebben moeten doorstaan en aan alle medewerkers van uitgeverij Balans die deze uitgave mogelijk hebben gemaakt.

PERSONENREGISTER